Marketing educativo en acción

Javier Muñoz Senra
Loles Sancho Martí

Marketing educativo en acción

Estrategias prácticas para centros educativos

EDICIONES PIRÁMIDE

COLECCIÓN «EMPRESA Y GESTIÓN»

Director: Miguel Santesmases

Diseño de cubierta: Anaí Miguel

Imágenes: freepik

Ediciones Pirámide se compromete con el medio ambiente reduciendo la huella de carbono de sus libros.

PAPEL DE FIBRA
CERTIFICADA

© Javier Muñoz Senra
  Loles Sancho Martí
© Ediciones Pirámide (Grupo Anaya, S. A.), 2025
Valentín Beato, 21. 28037 Madrid
Teléfono: 91 393 89 89
www.edicionespiramide.es
Depósito legal: M. 2.080-2025
ISBN: 978-84-368-5059-8
Printed in Spain

*A nuestras familias, por ser nuestro pilar y apoyo constante;
a nuestra compañera María Ángeles, por su incansable
dedicación y por ayudarnos a poner orden en el caos;
y, cómo no, a los colegios que han confiado en nosotros,
por permitirnos formar parte de su camino hacia el crecimiento.*

ÍNDICE

PRÓLOGO

Conozco a Javier desde el año 2009, cuando mantuvimos una primera reunión sobre marketing educativo. Y debo reconocer que, en aquel entonces, todo me sonaba lejano y, si me permiten la expresión, a chino mandarín. Pero hablaba con pasión sobre la importancia de la comunicación, crear marca, ser diferentes y, sobre todo, que todas las acciones partieran desde el núcleo del centro educativo. Y sí, me convenció porque estuvimos de acuerdo en algo que, como pedagogo, es irrenunciable: partir desde un proyecto educativo bien formulado, técnico, evaluable y vivo, es decir, cambiante, adaptable y flexible.

Y les debo decir que, quince años después, tras la lectura de este interesante libro, rememoro aquellos primeros momentos de aprendizaje del marketing educativo y enseguida acierto a entender que no tengo en mis manos una obra de marketing general con la coletilla educativo, sino un verdadero manual de estrategias y técnicas aplicadas y aplicables a los centros educativos que, por experiencia, he visto aplicar a los autores con éxito, Loles y Javier, en multitud de colegios, algunos de los cuales, y no les exagero, existen gracias a su enorme capacidad de entender el sector y concretar un plan de marketing adaptado a cada caso y lugar, sorprendentemente, además, con una idea de bajo coste económico para los centros.

Les decía que no van a leer un libro, no. Van a encontrar un completo manual con respuestas e interrogantes, soluciones y, por supuesto, sin escapar a la debida y obligada teoría, pero alejada de imposibles o, lo que es peor, generalizaciones de otros ámbitos o sectores. Desde la primera página, podrán advertir la evolución de esta disciplina, marketing educativo, estudiar los entornos para diagnosticar el punto de partida, evaluar a los clientes, en sus diferentes dimensiones y clases, dimensionar los cambios necesarios y gestionarlo de manera eficiente hasta la comunicación interna y externa del centro educativo.

Un capítulo que me gustaría reseñar especialmente es el dedicado al posicionamiento y diferenciación. No es infrecuente el encontrar voces, cada día menos, críticas con el marketing educativo, con argumentos como la indebida comercialización de alumnos, esto es solo para centros privados o comentarios parecidos. Les invitaría a sobrevolar el índice y observar preguntas maravillosas y oportunas, desde qué quieren las familias hasta cómo diferenciarnos mediante un estudio completo de nuestras bondades y nuestras debilidades en comparación con nuestra competencia y, por tanto, y esto es lo que lo une con la pedagogía, la mejora constante de nuestro proyecto educativo. Es un ejercicio obligatorio de todo colegio o institución educativa en pro de la fundamental, necesaria y obligada búsqueda de la calidad educativa.

Y esta es, en términos «marketinianos», su gran diferenciación. Los autores viven diariamente la educación, la entienden, buscan soluciones y consiguen que todo lo bueno que se hace en ellos sea conocido por su entorno, valorado, querido y estimado.

No les quiero interrumpir mucho más su próxima lectura. Pero hay un apunte más que delata la calidad de esta obra. La participación de una buena cantidad de expertos que, en cada punto fundamental, abordan con sus opiniones los interrogantes más importantes y aportan sus experiencias.

Con todo ello, es indudable que, con la necesidad de comunicar el proyecto educativo de cada centro, se abre un camino de mejora contante, de investigación de tu competencia y de la necesidad de liderar la innovación educativa. Una obra, pues, indispensable en las bibliotecas de los centros educativos.

ENRIQUE CASTILLEJO Y GÓMEZ
Presidente del Consejo General de Colegios Oficiales
de Pedagogos y Psicopedagogos de España

1
¿QUÉ ES MARKETING Y QUÉ UTILIDAD TIENE EN LOS CENTROS EDUCATIVOS?

1.1. Aproximación al marketing educativo

Este libro presenta una perspectiva única sobre el marketing educativo, que difiere de la convencional. Aquí, el enfoque que queremos ofrecerte no se limita a ayudarte a vender nada ni vender mejor, sino a enseñarte a adaptarte eficazmente a las necesidades de un entorno cambiante y a fidelizar a las familias que, en un día, eligieron o elegirán tu centro educativo.

Nosotros vemos el marketing más allá de vender y de hacer campañas de publicidad, para nosotros el marketing educativo es posicionamiento, diferenciación y satisfacción de clientes como base del marketing de coste cero. Sí, como acabas de leer, marketing a coste cero, nos encanta y es lo que llevamos aplicando en centros educativos desde hace más de 20 años.

El marketing es aplicable a cualquier sector, y en este libro te vamos a enseñar cómo podemos aplicar marketing en el sector educativo.

Si tuviéramos que dar una definición un tanto oficial de marketing, tomaríamos esta de la American Marketing Association:

«Identificar, anticipar y satisfacer las necesidades de los clientes de manera rentable.»

Como puedes ver, la definición por sí misma no habla ni de ventas ni de publicidad.

Marketing investiga un mercado con el propósito de desarrollar productos o servicios que satisfagan una necesidad. Es responsabilidad del área de marketing estudiar el comportamiento de los mercados y de las necesidades de los consumidores. Si lo traducimos a instituciones educativas, marketing se encarga de investigar el mercado (familias y/o alumnos, leyes educativas, cambios en la sociedad, etc.), adaptar la oferta del centro a la demanda o necesidades del entorno, tratar de atraer a las familias y/o alumnos, encontrar nuestra diferenciación y comunicar nuestro posicionamiento y retener y fidelizar a las familias actuales para que no quieran marcharse y, lo más importante, para que hablen bien de nuestro centro a las personas de su entorno (como base del marketing de coste cero).

En el mundo del marketing educativo es crucial conocer y abrazar el concepto VUCA: volatilidad, incertidumbre, complejidad y ambigüedad.

Volatility (volatilidad): los cambios en las políticas educativas pueden ocurrir repentinamente y tener un impacto significativo en las instituciones educativas. Por ejemplo, cambios en los currículos educativos y planes de estudios, regulaciones sobre la evaluación de los estudiantes o incluso cambios en la financiación pueden afectar a la forma en que las escuelas operan.

Uncertainty (incertidumbre): la incertidumbre se presenta cuando no hay claridad sobre cómo se implementarán nuevos programas educativos o políticas. Por ejemplo, cuando se anuncia una reforma educativa, los educadores pueden sentir incertidumbre sobre cómo se llevará a cabo en la práctica y cómo afectará a su trabajo diario.

Complexity (complejidad): el sector educativo es inherentemente complejo debido a la diversidad de estudiantes, necesidades individuales y sistemas educativos. Por ejemplo, la gestión de la diversidad en el aula, que incluye estudiantes con diferentes habilidades, antecedentes culturales y necesidades educativas especiales, añade una capa adicional de complejidad a la enseñanza y el aprendizaje.

Ambiguity (ambigüedad): la ambigüedad se manifiesta cuando las situaciones educativas no tienen una interpretación clara o hay múltiples formas de entenderlas. Por ejemplo, la introducción de nuevas metodologías de enseñanza puede generar ambigüedad sobre cuál es la mejor manera de implementarlas y cómo afectarán al rendimiento académico de los estudiantes.

Este entorno, además de ser cambiante e incierto, nos lleva a que sea más complicado estimar cómo serán las cosas de cara al curso que viene, especialmente en lo que respecta a la legislación y otros aspectos regulatorios. Antes era común que las familias consideraran normal que el colegio respondiera en un plazo de 48 o 72 horas a una solicitud de información. Sin embargo, en el mundo de la inmediatez en el que vivimos, si no respondemos en menos de 24 horas, podríamos perder a un potencial cliente.

Esta adaptación también se extiende al profesorado y al personal de administración y servicios (PAS). Ellos también pueden estar buscando otras cosas en su relación con la institución educativa, como herramientas diferentes, formación constante o una experiencia más personalizada. Es crucial entender sus necesidades y adaptar nuestras estrategias para satisfacerlas en este entorno VUCA. Por eso, necesitamos una institución educativa orientada al marketing, tal y como lo entendemos nosotros, ágil y capaz de ajustarse rápidamente a los cambios y desafíos del entorno.

Además, antes podíamos hacer un plan estratégico de centro a tres o cinco años vista, pero ahora hablar de un año ya se considera muy largo plazo. La rapidez con la que evoluciona el entorno nos exige una flexibilidad y capacidad de adaptación mucho mayor, donde la planificación a corto plazo se convierte en la norma.

No queremos acabar este apartado diciendo que marketing son todas las personas que conforman el centro y no solo un grupo o departamento. Por ello, una clara orientación y conciencia, por parte de todo el personal, será una de las claves de éxito de nuestro centro educativo.

Si estás leyendo este libro y alguna vez has colaborado con nosotros, sabrás que lo primero que hacemos cuando llegamos a trabajar en un centro es dar una conferencia de sensibilización al marketing a todo el personal. Dicho esto, te dejamos otra pista de cómo nosotros entendemos el marketing dentro de un centro educativo.

1.2. El marketing y su aplicación al sector educativo

El marketing educativo es la aplicación de los principios básicos del marketing a los centros educativos con el objetivo de mantener a los alumnos y familias actuales, y asegurar a corto, medio y largo plazo el ingreso de nuevos alumnos. Asimismo, el marketing educativo tiene como base el aportar valor a los alumnos, a los profesores y PAS (personal de administración y servicios), así como a las familias y el entorno en general.

El marketing en el sector educativo implica aplicar estrategias que permitan a los centros educativos destacar, atraer, interesar y fidelizar a estudiantes, familias y personal interno.

Cuando aplicamos marketing en el sector educativo trabajamos enfocados en:

Comunicación

La comunicación efectiva es fundamental para proyectar la imagen del centro educativo de manera coherente en todos los canales y soportes. Desde la web y las redes sociales hasta los folletos y la atención telefónica, cada interacción debe reflejar nuestras señas de identidad y valores institucionales.

Por ejemplo, un colegio que destaca por su enfoque en la creatividad y el arte debería asegurarse de que su sitio web muestre fotos y testimonios que reflejen actividades artísticas. Sus redes sociales podrían presentar trabajos de estudiantes y eventos culturales, y los espacios del centro (biblioteca, laboratorios, etc.) podrían tener nombres de museos.

Investigación

La investigación nos permite identificar las necesidades de nuestros alumnos y sus familias, así como comprender mejor a nuestros *stakeholders*. Es crucial también analizar el desempeño de la competencia para encontrar áreas de mejora y oportunidades de diferenciación.

Existen diversos tipos de análisis que podemos realizar para obtener una visión integral de nuestro entorno educativo. Uno de los métodos más comunes es la encuesta de satisfacción, que nos brinda información valiosa sobre la percepción y experiencia de nuestros estudiantes y sus familias. Estas encuestas nos permiten identificar áreas de mejora y fortalecer aquellos aspectos que son bien valorados.

Por ejemplo, un centro educativo puede realizar encuestas a padres y estudiantes para entender qué valoran más: instalaciones deportivas, programas académicos, actividades extracurriculares, etc. La típica encuesta de satisfacción que muchos centros soléis pasar todos los años.

Además, los estudios de posicionamiento nos ayudan a entender cómo nos perciben en comparación con otros centros educativos. Esto es crucial para identificar nuestras fortalezas y oportunidades de diferenciación. Asimismo, los estudios de marca nos permiten evaluar la imagen y reputación de nuestra institución, lo que es fundamental para construir y mantener una identidad sólida y atractiva.

Otro aspecto importante es el análisis de procesos comerciales, que nos permite optimizar nuestras estrategias de captación y retención de alumnos. Al entender mejor cómo se desarrolla el proceso de decisión de las familias, podemos ajustar nuestras tácticas de marketing y comunicación para ser más efectivos.

Por último, el método de *mystery shopper* es una herramienta útil para evaluar la experiencia del cliente desde una perspectiva externa. Este enfoque nos ayuda a identificar puntos de fricción y áreas de mejora en nuestra atención y servicios. Este punto lo desarrollaremos en el capítulo 8.

La investigación en centros educativos es una inversión estratégica que nos permite adaptarnos y evolucionar constantemente. Al aplicar estos métodos de análisis, podemos asegurar que ofrecemos el mejor entorno posible para el desarrollo de nuestros alumnos y la satisfacción de sus familias.

Diferenciación

Para destacar frente a la competencia, es fundamental identificar aquellas áreas en las que sobresalimos u ofrecemos un valor único que los demás no tienen. Diferenciarse significa encontrar y destacar lo que hace único a tu centro educativo, pero, ojo, esa diferenciación tiene que ser valorada por las familias. Es crucial para atraer a familias que buscan algo más que simplemente un colegio cercano o económico, pues no hay nada peor que te elijan porque eres el que más cerca está o porque eres el más barato.

En el entorno actual casi todos los centros ofrecen lo mismo y es necesario encontrar esa diferenciación. Será en proyecto (metodología, idiomas, tecnología, etc.) o en servicios (alimentación, extraescolares, actividades, etc.). Cuando los centros ofrecen lo mismo, la elección de una familia estará basada en cercanía o en precio. Si mi zona crece, no nos faltarán alumnos, pero si no crece tendremos un problema, y con respecto al coste, elegirán el más barato.

Por ejemplo, si un colegio tiene un programa de intercambio internacional que otros no ofrecen, podría centrar sus esfuerzos de marketing en destacar esa experiencia única. Podría mostrar fotos y vídeos de estudiantes participando en esos intercambios y compartir historias de éxito. Al igual que enseñar fotos y vídeos de tu personal docente intercambiando experiencias con el personal docente de centros de otros países.

Comercialización

La comercialización eficaz implica adaptar nuestros procesos de venta y promoción al perfil y las necesidades específicas de las familias. No basta con seguir las mismas estrategias de hace una década; es necesario evolucionar y ofrecer un enfoque moderno y personalizado. Este tema lo trataremos más en profundidad en el capítulo 7.

Para nosotros la clave aquí es el seguimiento que haces durante todo el proceso comercial, además de adaptar tus procesos de comercialización. Dejar que pasen dos meses sin contacto con una familia que se interesó por ti también dice mucho de tu centro. ¿Lo has pensado alguna vez? En capítulos posteriores te daremos algunas recomendaciones para evitar que el *lead* o cliente potencial se enfríe y se olvide de ti.

Fidelización

La fidelización va más allá de simplemente retener a los alumnos. Se trata de crear un sentido de pertenencia y orgullo en la comunidad educativa, desde los profesores y el personal administrativo hasta los propios estudiantes y sus familias. Cuando todos se sienten valorados y comprometidos, se convierten en los mejores embajadores de nuestro centro.

Por ejemplo, un colegio puede implementar un «programa de *mentoring* entre estudiantes» para fomentar un sentido de pertenencia y conexión. En este programa los estudiantes mayores se convierten en mentores para los estudiantes más jóvenes, guiándolos y ayudándolos a integrarse en la comunidad escolar. Este tipo de programa crea un entorno de apoyo y camaradería, reforzando el sentido de comunidad.

Sabemos que muchos centros educativos hacéis algo parecido, los alumnos más mayores reciben el primer día de colegio a los pequeños y los acompañan durante los primeros días, pero piensa si ese programa se mantiene durante todo el curso, o vamos más allá, ¿comunicáis a las familias los resultados y beneficios que ha tenido ese *mentoring* para sus hijos o hijas?

1.3. Finalidad del marketing educativo

La finalidad del marketing educativo debe ser establecer una relación de calidad con familias, personal que trabaja en el centro y con el alumnado. Si esa relación es de calidad y duradera en el tiempo, el centro se te llenará a coste cero porque tendrás a los mejores embajadores de la marca en él.

Además, el marketing educativo debe transmitir al público, o a la sociedad, las líneas de trabajo de tu centro, pues el objetivo final es dar a conocer el proyecto educativo y las líneas de innovación en las que trabajas.

Para poder conseguir el objetivo final, el marketing se sirve de una serie de estrategias y acciones que veremos a lo largo de este libro. Debes ser consciente de que alrededor del mercado (sector educativo) intervienen: competencia, entorno y tu centro educativo. Es muy importante que estas tres variables las tengas controladas. A lo largo de las páginas siguientes te iremos explicando cada una de ellas, de manera que puedas ir aplicando un mecanismo de control.

1.4. Importancia del plan de marketing

En la actualidad se ha incrementado mucho la oferta de centros educativos, que, junto al descenso progresivo de la tasa de natalidad, está provocando que la situación a la que te enfrentas sea altamente competitiva. El entorno educativo actual dispone de gran cantidad de centros de enseñanza en todos los niveles, desde la enseñanza infantil hasta la universitaria pasando por ciclos formativos. Hace años era impensable que en algún momento te pudieran quitar una línea, despedir a personal o incluso tener que quitar alumnos a la competencia. Hoy sabemos que esta es la realidad de muchos centros educativos en España.

Por ello, es importante que te vayas dando cuenta de la importancia que tiene que los centros busquen diferenciarse de su competencia a través de un posicionamiento claro y que aporte valor. Trabajando en esta dirección, puedes crear una marca sólida que ayudará a las familias a decidir a qué centro va a ir su hijo o hija. De ahí que el plan de marketing sea una herramienta imprescindible para los centros educativos, pues en ese plan vas a poder definir tus líneas estratégicas de acción para hacer frente a un mercado cada vez más competitivo.

1.5. Los diez mandamientos del marketing educativo

A continuación, te explicamos los diez mandamientos del marketing educativo, con sugerencias para que puedas aplicarlos en tu centro:

1. Analiza el entorno de tu centro y la situación del mercado para detectar oportunidades.

Es fundamental conocer el entorno en el que operas para identificar tendencias y oportunidades. Esto incluye factores demográficos, socioeconómicos y tecnológicos.

Ejemplo: analiza la demografía local para entender la composición de las familias y el número de niños en edad escolar. Observa también tendencias educativas y tecnológicas para identificar oportunidades, como la creciente demanda de programas STEM o educación bilingüe.

2. Sé creativo e innova pedagógicamente.

La innovación pedagógica es clave para destacar en el sector educativo. Buscar nuevas formas de enseñar y aprender puede atraer a más estudiantes y mejorar los resultados académicos.

Ejemplo: implementa métodos de enseñanza innovadores, como el aprendizaje basado en proyectos o el uso de tecnología en el aula. Organiza talleres y programas experimentales para ofrecer experiencias educativas únicas que diferencien a tu centro.

3. Controla a la competencia y no la subestimes.

Conocer a la competencia es crucial para entender el mercado y planificar estrategias efectivas. No subestimes a otros centros educativos; en cambio, estudia sus fortalezas y debilidades para identificar oportunidades.

Ejemplo: realiza un análisis comparativo para ver cómo se posicionan otros centros educativos en tu área. Analiza sus programas, instalaciones y enfoques de marketing para encontrar aspectos donde puedas destacar y diferenciarte.

4. Investiga a tus clientes, ellos te dirán lo que quieren.

Los padres y estudiantes son la fuente principal de información sobre lo que esperan de un centro educativo. Escucha sus necesidades y preferencias para adaptar tu oferta.

Ejemplo: realiza encuestas a padres y estudiantes para obtener retroalimentación sobre la calidad de la educación, actividades extracurriculares y otros servicios. Utiliza esta información para mejorar y adaptar tu oferta educativa.

5. Busca la diferenciación.

La diferenciación es fundamental para destacar en un mercado saturado. Identifica lo que hace único a tu centro educativo y comunícalo claramente.

Ejemplo: si tu centro tiene un programa único, como un enfoque en artes creativas o un plan de estudios internacional, destácalo en todas tus comunicaciones. Esto puede ser el factor decisivo para muchas familias a la hora de elegir un colegio.

6. Trabaja el apoyo, la implicación y la satisfacción del cliente interno.

Los empleados y el personal docente son fundamentales para el éxito del centro educativo. Asegúrate de que estén comprometidos y satisfechos, ya que son quienes interactúan directamente con los estudiantes y padres.

Ejemplo: ofrece oportunidades de desarrollo profesional, reconocimiento por el buen trabajo y un ambiente de trabajo positivo. Haz campañas de marketing en exclusiva para cliente interno. Esto crea un equipo motivado que a su vez proporciona un mejor servicio a los estudiantes y familias.

7. Realiza tu plan de marketing y escríbelo.

Un plan de marketing bien elaborado proporciona una hoja de ruta clara para alcanzar los objetivos del centro educativo. No basta con tener ideas; es necesario documentarlas y seguir un plan estructurado.

Ejemplo: elabora un plan de marketing que incluya objetivos claros, estrategias específicas y métricas para medir el éxito. Comparte este plan con todos los implicados para asegurar la coherencia en las acciones de marketing.

8. Gestiona correctamente las herramientas de comunicación interna y externa.

La comunicación efectiva, tanto interna como externa, es esencial para mantener a todos informados y alineados con los objetivos del centro educativo.

Ejemplo: utiliza plataformas digitales para la comunicación interna, como correos electrónicos o intranets, y mantén a los empleados informados sobre noticias y eventos. Para la comunicación externa, usa redes sociales, boletines electrónicos, blogs, pódcast, el sitio web y plataformas educativas para conectar con padres y estudiantes.

9. Desarrolla una marca sólida y posiciónala en la mente y el corazón de los clientes.

Una marca fuerte es esencial para crear un vínculo emocional con padres y estudiantes. La marca debe reflejar la identidad y valores del centro educativo y ser reconocible.

Ejemplo: diseña un logotipo distintivo y mantén la coherencia de la marca en todos los materiales de marketing. Desarrolla un lema o mensaje que capture la esencia del centro, haz un listado de *hashtags* y úsalo en tus comunicaciones para construir un reconocimiento de marca duradero en medios digitales.

10. Trata a cada cliente como si fuera el único.

El trato personalizado es una herramienta poderosa para generar lealtad y compromiso. Los padres y estudiantes deben sentir que son valorados individualmente.

Ejemplo: establece una relación personal con las familias, recordando detalles sobre sus preferencias y necesidades. Ofrece atención individualizada y responde atentamente a sus inquietudes. Personaliza las comunicaciones para que cada cliente sienta que es único. Un CRM (*Customer Relationship Management* o programa de gestión de relaciones con el cliente) te ayudaría mucho en este punto. Con un CRM en el centro educativo, todo está más organizado. Ya no hay que andar buscando papeles o correos perdidos. Además, te ayuda a entender mejor y a mantenerte en sintonía con padres y personal, te permite tener todo centralizado en un solo lugar para hacer la gestión más fluida y personalizada.

1.6. Evolución del marketing

Permítenos ahora que nos remontemos a los años 60 para darte una perspectiva de cómo el marketing ha ido evolucionando en consonancia con el desarrollo de la sociedad y, por ende, de sus necesidades.

En los años 60 el profesor estadounidense Jerome McCarthy definió el concepto del marketing a través de las 4P, que serían la base de actuación del llamado «marketing mix». Las 4P son las iniciales de:

— **Producto** *(product):* en un centro educativo, el «producto» se refiere a los programas educativos y servicios ofrecidos. Esto incluye el plan de estudios, las actividades extracurriculares, la atención individualizada, las instalaciones y los recursos disponibles para los estudiantes.

— **Precio** *(price):* el «precio» en un centro educativo puede referirse a las tasas de matrícula, los costes de inscripción, las cuotas adicionales y cualquier otro coste asociado con la educación. También puede incluir programas de becas, descuentos o facilidades de pago ofrecidos para hacer la educación más accesible.

— **Promoción** *(promotion):* la «promoción» implica todas las actividades de marketing y comunicación utilizadas para fomentar el centro educativo y sus programas. Esto puede incluir publicidad en medios digitales y tradicionales, relaciones públicas, eventos de reclutamiento como las jornadas de puertas abiertas u *open days,* colaboraciones con otras instituciones y presencia en redes sociales.

— **Distribución** *(place):* en el contexto educativo, la «distribución» se refiere a la accesibilidad física y geográfica del centro educativo. Esto incluye la ubicación de las instalaciones, la disponibilidad de transporte público, la accesibilidad para personas con discapacidad y la oferta de programas educativos *online* para llegar a estudiantes que no pueden asistir físicamente al centro.

Según McCarthy, todas nuestras acciones de marketing deben establecerse sobre la base de estas 4P y el éxito de nuestro centro educativo dependerá de lo acertado de nuestras decisiones sobre ellas; la calidad de nuestro producto, el precio marcado, los puntos de venta y la publicidad referida al producto serán la base de nuestro éxito.

Estas 4P fueron la base del marketing durante varias décadas y en los años 90 comenzamos a ver la importancia de la evolución de estas hacia las 4C. Fue de esta manera como comenzó a introducirse el término de «marketing relacional»: marketing de relaciones con una clara vocación hacia el cliente y ya no tanto hacia el producto.

— **Clientes** *(customers):* en un centro educativo, los «clientes» son tanto los estudiantes y sus familias como el personal que trabaja en el centro, incluyendo docentes y el personal de administración y servicios (PAS). Es muy importante que conozcas y entiendas las necesidades y expectativas de todos estos grupos para ofrecer una experiencia educativa y laboral satisfactoria.

Ejemplo: tu centro educativo puede realizar encuestas anuales para recopilar comentarios tanto de los estudiantes y de sus familias como del personal, las encuestas de satisfacción y de clima laboral. Estas encuestas ayudan a identificar áreas de mejora en la experiencia educativa y laboral, y se utilizan para implementar cambios significativos que beneficien a todos los involucrados. Para nosotros es muy importante que si pasas encuestas en tu centro prestes atención a estas tres líneas:

— Agradecer y fomentar la participación.
— Analizar y hacer lista de prioridades de acciones a acometer.
— Comunicar a los diferentes públicos las acciones a acometer.

Lo que venimos detectando en los últimos años es que los centros que pasan las encuestas no realizan acciones de mejora o, si las realizan, no las comunican, lo que acaba por dar a entender a quien las responde que no es escuchado.

— **Características** *(characteristics):* cuando hablamos de «características» nos referimos a los atributos y beneficios distintivos que ofrece el centro educativo. Esto incluye la calidad del programa educativo, el enfoque pedagógico, las instalaciones, el personal docente y cualquier otro aspecto que haga que el centro se destaque y sea valorado por su propuesta educativa, más allá del precio.

Ejemplo: el centro educativo se diferencia por su compromiso con la innovación tecnológica en el aprendizaje. Implementa un sistema de enseñanza basado en inteligencia artificial (IA) y realidad aumentada, que permite a los estudiantes interactuar con contenidos de manera inmersiva. Además, cuenta con un programa integral de desarrollo socioemocional para sus alumnos, y su campus está equipado con un laboratorio de fabricación digital y espacios de *coworking* para fomentar el emprendimiento estudiantil. Estas iniciativas son respaldadas por un personal docente especializado en tecnologías emergentes, asegurando una formación avanzada y adaptada a las demandas del futuro.

— **Canal** *(channel):* con «canal» nos referimos a los diversos medios a través de los cuales los estudiantes y sus familias acceden a nuestra oferta educativa y a conocer nuestro centro. Esto puede incluir la ubicación física del centro, la disponibilidad de programas *online,* la presencia en redes sociales, la participación en ferias educativas y cualquier otro punto de contacto que facilite la distribución y el acceso a la educación. Un centro educativo puede hacer marketing multicanal tal y como te lo describimos en el siguiente ejemplo.

> **Ejemplo:** tu centro educativo puede tener la página web bien posiciona en Google, con lo que aparecerá en las primeras posiciones en la SERP (*Search Engine Results Page*, que se traduce por páginas de resultados de buscadores). Cuanto mejor posicionada esté tu página, más visible serás en Google. También podrías estar haciendo campañas de *branding* y captación en TikTok e Instagram, acciones de *email* marketing, un buzoneo en el área de influencia y escuelas de familias cada mes para las diferentes etapas educativas a las que invitemos no solo a familias que ya son clientes sino a familias externas.

— **Comunicación** *(communication):* la «comunicación» es fundamental para establecer una relación sólida y bidireccional con los estudiantes y sus familias, así como con el personal del centro. Esto implica no solo transmitir información sobre los programas educativos y servicios, sino también escuchar activamente sus comentarios, preocupaciones y sugerencias.

Nosotros siempre decimos que lo primero que tienes que preguntar a una familia interesada es «¿qué tipo de centro estás buscando para tu hijo o hija? o ¿qué esperas del centro educativo en el que matricules a tu hijo o hija?», de esta manera serán ellos los primeros en «mostrar sus cartas» y tu sabrás cómo enfocar la entrevista.

> **Ejemplo:** el centro educativo organiza reuniones periódicas con estudiantes, familias y personal para fomentar la comunicación abierta y transparente. Estas reuniones proporcionan un espacio para discutir temas importantes, compartir

ideas y resolver problemas de manera colaborativa, fortaleciendo así la comunidad educativa. Cuando hablamos de estas reuniones nos referimos a los cafés pedagógicos, cafés con dirección o similar (de esto hablaremos en próximos capítulos).

Y en 2021 empezamos a hablar del marketing de personas. Ya no tratamos con «grupos de clientes», sino con personas y de persona a persona, de ahí que la adaptación de las 4P y de las 4C sea ahora:

— **Personalización:** cuando hablamos de personalización nos referimos a adaptar nuestros servicios a las necesidades de todos y de cada uno de los individuos. Queremos que cada cliente se sienta único. No definimos un servicio al que deban adaptarse las personas, sino un servicio adaptable a las personas.

Ejemplo: el centro educativo ofrece un programa bilingüe flexible que permite a los estudiantes elegir el nivel de inmersión en el idioma extranjero según su dominio y objetivos personales. Además, integra actividades extracurriculares diseñadas basándose en sus pasiones, como clubes de robótica, música o deportes específicos. Cada estudiante recibe un plan de desarrollo personal que incluye metas académicas, habilidades sociales y formación en valores, supervisado por un equipo interdisciplinario que trabaja en colaboración con las familias para asegurar un crecimiento integral.

— **Prescripción:** la prescripción que hacen tus familias, personal y alumnos del centro es un arma muy poderosa con la que puedes contar a la hora de captar y retener a familias. Piensa si dispones de este tipo de prescripciones y si las estás utilizando en tu estrategia de comunicación y marketing. ¡Esto es marketing a coste cero!

Ejemplo: estamos seguros de que en tu centro hay familias que están muy satisfechas con tu trabajo y que están hablando a otros sobre el centro. Y habrá familias que no estén tan contentas y que también estén enviando mensajes negativos a otros.

Vamos a explicar en cifras el poder de la prescripción para que puedas entenderlo mejor.

Cuando haces bien las cosas en tu centro educativo, cada persona satisfecha se lo cuenta, de media, a otras cinco, por lo que nuestro centro cada vez será más demandado por las familias del entorno. Esto es lo que llamamos «marketing de coste cero».

El problema surge cuando tienes a personas descontentas con tu centro (a quienes no les gusta el producto, la atención recibida, la oferta de actividades...). Cuando tienes personas insatisfechas, cada persona se lo cuenta de media a nueve personas más.

Veamos cifras:

De cada 100 personas descontentas que tengamos, hay una media de 96 personas que no se quejarán.

De esos 96, un 70% (unos 68) no vuelven a confiar en nosotros.

Y lo que es peor, esos 68 lo cuentan a una media de nueve personas; con lo que ahora tendremos unas 612 personas que no se interesarán por nuestro centro.

Nosotros siempre decimos que «una queja es un regalo» porque la familia, alumno o personal que va a quejarse es alguien que desea continuar en tu centro. Los que no se quejan y hablan mal, con mucha probabilidad se irán.

— **Participación:** cuando aludimos a la P de participación nos referimos a que debemos hacer que las familias participen del día a día del centro. Lejos deben quedar esos eventos donde los padres venían a aplaudir. Hay que pensar en actividades donde los padres vengan a «hacer».

Os dejamos algunos ejemplos de eventos donde los padres pueden venir a «hacer cosas»:

Educación Infantil

1. Talleres creativos y sensoriales: invita a los padres a participar en un taller de arte y manualidades con sus hijos, donde puedan experimentar con diferentes materiales y técnicas. Esto puede

incluir pintura con dedos, esculturas de plastilina o construcción de torres con bloques. Los padres disfrutarán interactuando con sus hijos y viendo cómo se expresan creativamente.

2. Sesión de cuentacuentos: enseña a los padres a contar cuentos a sus hijos, dale la vuelta al típico cuentacuentos.

3. Circuito de juegos y estaciones de descubrimiento: crea un circuito con diferentes estaciones de juegos sensoriales y actividades físicas que los padres y niños puedan explorar juntos. Esto puede incluir actividades como arena mágica, juegos de agua, túneles de gateo, etc. El objetivo es proporcionar un entorno lúdico y estimulante.

Educación Primaria

1. Competencia familiar de STEM: organiza una competencia amigable entre familias que implique resolver desafíos de ciencia, tecnología, ingeniería y matemáticas (STEM). Pueden construir estructuras con materiales reciclados, programar pequeños robots o hacer experimentos simples. Esto fomenta la colaboración y la innovación.

2. Taller de cocina internacional: invita a los padres a un taller donde cocinen recetas de diferentes partes del mundo junto con sus hijos. Pueden aprender sobre culturas y tradiciones culinarias, además de disfrutar de la comida juntos. Este tipo de evento crea un ambiente cálido y multicultural.

3. *Rally* fotográfico: diseña un *rally* fotográfico dentro del colegio o en un parque cercano donde los padres y los niños deban encontrar objetos específicos o recrear escenas divertidas para fotografiar. Esto estimula la creatividad y la interacción entre familias.

Secundaria y Bachillerato

1. *Hackathon* familiar: organiza un *hackathon* de un día para que padres e hijos trabajen juntos en la creación de aplicaciones o soluciones tecnológicas a problemas locales. Esto puede incluir la construcción de páginas web, aplicaciones móviles o prototipos de dispositivos. Es una excelente manera de promover habilidades digitales y el trabajo en equipo.

2. Noche de debate intergeneracional: organiza una noche de debate donde padres y estudiantes puedan discutir sobre temas actua-

les y compartir perspectivas. Puedes invitar a expertos o moderadores para guiar la conversación. Esto fomenta el pensamiento crítico y el diálogo entre generaciones.

3. *Escape room* educativo: crea un *escape room* temático en el colegio donde padres y estudiantes trabajen juntos para resolver acertijos y completar desafíos. Esto puede relacionarse con temas académicos o simplemente ser una experiencia divertida y estimulante. Los *escape rooms* son populares y generarán mucho interés y conversación.

— **Predicciones modeladas:** son esas pautas de comportamiento repetitivas que nos ayudan a establecer patrones de conducta comunes en nuestros clientes. Partiendo de datos históricos y de sistemas de análisis, podremos predecir qué pasará en los próximos cursos.

El análisis de datos juega un papel crucial en el éxito de los centros educativos. Cuando los centros educativos recopilan información sobre las personas que muestran interés en su institución, las que visitan y las que finalmente matriculan a sus hijos, obtienen *insights* valiosos que ayudan a predecir tendencias futuras y mejorar sus estrategias de captación.

Esta práctica, conocida como la «P» del marketing de predicciones modeladas, permite anticipar comportamientos y necesidades para tomar decisiones informadas. A continuación, se destacan algunas razones clave por las que esto es importante:

— Identificación de tendencias: al analizar los datos, los centros educativos pueden identificar patrones en el comportamiento de los padres y estudiantes, como qué eventos atraen más interés o qué épocas del año son más propicias para las visitas. Con esta información pueden planificar actividades de promoción y eventos de manera más efectiva.
— Segmentación de audiencia: conocer el perfil de quienes muestran interés permite segmentar a la audiencia y personalizar las estrategias de marketing. Esto significa que el centro educativo puede adaptar su mensaje para dirigirse a diferentes grupos con intereses específicos, aumentando así la probabilidad de captar su atención.
— Optimización de recursos: al conocer cuántas personas se interesan y cuántas se matriculan, los centros educativos pueden asignar recursos de manera más eficiente. Por ejemplo, pueden ajustar

sus presupuestos de marketing o enfocarse en actividades que han demostrado ser más efectivas para atraer a nuevos estudiantes.

— Predicción de demanda: el análisis de datos también ayuda a prever la demanda futura de plazas en el centro educativo. Esto es esencial para la planificación de recursos, como personal docente y capacidad de instalaciones, evitando así problemas de sobrecarga o infrautilización.

En resumen, el análisis de datos permite a los centros educativos ser más proactivos y adaptativos, mejorando tanto la captación de estudiantes como la experiencia de las familias. Al aplicar la «P» del marketing de predicciones modeladas, los centros educativos pueden tomar decisiones más inteligentes y crear una oferta educativa que realmente responda a las necesidades de su comunidad.

Actualmente, todos disponemos de herramientas de análisis digitales (Google Analytics, estadísticas de redes sociales, datos de accesos de plataformas educativas, tasas de apertura y clic en campañas de *email* marketing, etc.) que nos ayudan a poder hacer ese análisis de cara a tomar decisiones futuras.

Google Analytics es una herramienta poderosa para entender el comportamiento de los visitantes en un sitio web, y su aplicación para un centro educativo puede ser especialmente útil. Aquí te damos tres ejemplos sencillos de lo que Google Analytics puede ofrecer a un colegio:

1. **Origen del tráfico:**

    Google Analytics puede mostrar de dónde provienen las visitas a tu sitio web. Esta información te ayuda a entender qué fuentes están generando más interés en tu centro educativo. Por ejemplo, podrías descubrir que la mayoría de los visitantes llegan desde búsquedas en Google, redes sociales o a través de enlaces en sitios web de referencia. Con esta información puedes enfocar tus esfuerzos de marketing en las fuentes más efectivas o en aquellas que necesitan mayor impulso.

2. **Páginas más populares o visitadas:**

    Otra información valiosa es saber cuáles son las páginas más visitadas dentro de tu sitio web. Esto te permite identificar qué áreas o temas generan mayor interés entre los padres y estudiantes. Por ejemplo, podrías descubrir que la página con los servicios escolares recibe muchas visitas, lo cual indica que es un recurso importante para las familias. Con estos datos puedes optimizar el contenido y el diseño de esas páginas para brindar una mejor experiencia a los visitantes y reforzar la comunicación de esos puntos de interés en otros canales de comunicación, como por ejemplo en redes sociales, campañas publicitarias y canales internos de comunicación.

3. **Comportamiento del usuario:**

   Google Analytics también proporciona información sobre cómo los visitantes interactúan con tu sitio web, como el tiempo que pasan en cada página y cuántas páginas visitan en cada sesión. Este análisis te puede ayudar a entender si los visitantes encuentran lo que buscan y cómo de comprometidos están con el contenido del sitio. Por ejemplo, si los usuarios pasan poco tiempo en tu página de información sobre admisiones podría ser un indicativo de que el contenido no es claro o atractivo, sugiriendo que necesita mejoras. O si visitan un artículo de tu blog de tiempo medio de lectura dos minutos, pero solo están 30 segundos, es que no se lo han leído entero.

En resumen, Google Analytics puede proporcionar información clave para un centro educativo que desee comprender y mejorar su presencia *online*. Al analizar el origen del tráfico, las páginas más populares y el comportamiento del usuario, puedes tomar decisiones informadas para optimizar tu sitio web y mejorar la experiencia de los visitantes.

1.7. Ideas clave

1. **Marketing educativo como posicionamiento y diferenciación.**

   El marketing no se limita a ventas o publicidad. En el sector educativo, se centra en entender las necesidades de familias, alumnos y el entorno para adaptarse, fidelizar y destacar.

2. **El concepto entorno VUCA en la educación.**

   La realidad educativa está marcada por volatilidad, incertidumbre, complejidad y ambigüedad (VUCA), lo que exige organizaciones más flexibles y adaptativas para los centros educativos.

3. **Marketing de costo cero.**

   La satisfacción de familias y alumnos convierte a las comunidades educativas en los mejores embajadores del centro, impulsando el «marketing de costo cero» a través de recomendaciones positivas. Se trata de tener *influencers*, no *haters*.

4. **La importancia del plan de marketing.**
   Un plan de marketing ayuda a definir estrategias y objetivos claros para posicionar al centro en un mercado competitivo. Sin él, la diferenciación y captación se vuelven más difíciles.
5. **Todos en el centro son parte del marketing.**
   La imagen del centro no solo depende de campañas, sino de cómo todo el personal interactúa con las familias, proyectando los valores y la propuesta educativa.

1.8. Voces expertas

Ignacio Vallejo-Nájera - CEO y fundador de Micole, buscador de colegios n.º 1 en España, México, Colombia y Argentina gracias a sus más de 5 millones de usuarios anuales.

Licenciado en ADE por CUNEF, máster en Estrategia por INSEAD y máster en negocios digitales (DIBEX) por el ISDI. Desarrolló su carrera como consultor de estrategia en Accenture, responsable de estrategia y operaciones en StubHub (eBay) y fundó y dirigió hasta su venta la plataforma de servicios de belleza a domicilio Urvan.

1. **¿Cómo definirías el enfoque de marketing en los centros educativos y qué beneficios has observado con su implementación?**
   El marketing en los centros educativos es como contar una historia que conecta la esencia del colegio con las aspiraciones de las familias. No se trata solo de promocionar instalaciones o logros académicos, sino de transmitir quiénes somos y qué valores nos mueven. Al implementar este enfoque, he observado beneficios como una mayor atracción de familias que comparten nuestra visión, una comunidad escolar más comprometida y una reputación fortalecida en el entorno educativo. Es como plantar semillas en un jardín; si las cuidas y les das atención, florecen y embellecen todo a su alrededor.
2. **¿Cuáles han sido los mayores desafíos al adaptar estrategias de marketing en el entorno educativo?**
   Uno de los mayores desafíos es romper con el mito de que el marketing no es compatible con la educación. Muchos colegios temen que promocionarse pueda parecer comercial o restar seriedad a su labor educativa. Además, la falta de recursos y per-

sonal especializado dificulta la adopción de herramientas como un CRM, que es esencial para gestionar las relaciones con las familias de manera eficaz, o un buscador de colegios como Micole, fundamental para dar a conocer su proyecto educativo y conectar con familias afines. Es como intentar dirigir una orquesta sin un director; cada instrumento puede sonar bien por separado, pero sin coordinación, la sinfonía no fluye.

3. **¿Cómo ha cambiado la percepción de las familias hacia los centros con las estrategias de marketing que van implementando?**

Las familias ahora ven a los colegios como entidades más accesibles y transparentes. Al utilizar canales como redes sociales, buscadores, blogs y vídeos, los centros educativos muestran su día a día y permiten que las familias conozcan su metodología y ambiente antes de inscribirse. Por ejemplo, un colegio que comparte en YouTube las aventuras de su club de exploradores no solo muestra actividades divertidas, sino que también refleja su compromiso con la educación experiencial. Esto ha generado una mayor confianza y ha facilitado que las familias se identifiquen con el proyecto educativo del centro.

4. **¿Qué acciones consideras clave para lograr que los clientes recomienden un centro educativo?**

La experiencia del cliente es fundamental. Desde el primer contacto, es vital ofrecer una comunicación personalizada y atenta, algo que se logra eficientemente con un buen proceso de atención a las familias con sus correspondientes herramientas (CRM en este caso). Involucrar a las familias en la vida escolar, escuchando sus opiniones y creando espacios de participación, fortalece el sentido de comunidad. Por ejemplo, organizando una «noche de talentos» donde padres, alumnos y profesores pueden mostrar sus habilidades ocultas; esto no solo crea momentos memorables, sino que también estrecha lazos. Además, contar con plataformas o herramientas de comunicación que ayuden a que las familias satisfechas puedan compartir sus experiencias y recomendar el centro a otras que buscan una educación de calidad.

2
ENTORNO ACTUAL: CENTROS EDUCATIVOS Y SITUACIÓN DE PARTIDA

2.1. Evolución de la sociedad

Si te hablamos sobre la evolución de la sociedad en estos últimos 20 años, la podríamos resumir en cuatro puntos que iremos desarrollando poco a poco a lo largo de este capítulo:

— **Más de 16 años de crisis económica,** lo que ha supuesto cambios en los procesos de decisión y de compra de las familias. No es la primera vez que sufrimos épocas de crisis económicas; de hecho, en la historia económica las crisis suelen ser cíclicas. Si nos centramos en esta última y analizamos cómo ha influido en el sector educativo, vemos que esta se ha producido en un momento en el que, por primera vez, los centros se encuentran divididos en tres tipos: públicos, concertados y privados. Y cuando las familias han tenido que hacer ajustes en sus gastos mensuales se han planteado los recortes cambiando a sus hijos de un tipo de centro a otro, lo que ha puesto de manifiesto que los centros no eran tan distintos unos de otros. Lo que nos hace ver que en los centros no se ha trabajado la diferenciación.

En 2020, y debido al COVID-19, esta situación se acentuó y pudimos observar cómo familias dejaron de poder asumir el coste de una enseñanza privada o concertada o, incluso, al contrario, padres descontentos con el servicio educativo que se ha dado en momentos de confinamiento se han replanteado el cambiar a sus hijos a centros privados.

— **Los cambios políticos** también son un factor para tener en cuenta en las instituciones educativas, ya que casi con cada cambio de gobierno se realiza un nuevo cambio en el sistema educativo, lo que impide la consolidación del sistema anterior. Sería necesario un gran pacto de estado que permita consolidar las mejoras a largo plazo, en lugar de cambiar todo cada cuatro u ocho años.

Si te fijas, a continuación, verás la cantidad de cambios que se han producido en los últimos años y que han sido implantados por cada cambio político producido.

Sin duda, como puedes observar, es una situación en la que muchas veces dan ganas de lanzar un SOS. Veamos los cambios desde 1970 hasta nuestros días:

LGE
LOECE
LODE
LOGSE
LOPEG
LOCE
LOE
LOMCE
LOMLOE
...
SOS

Los cambios políticos en el ámbito educativo a menudo imponen nuevas leyes, reglamentaciones y estándares que el profesorado debe implementar de inmediato. Este proceso exige un esfuerzo considerable, tanto en tiempo como en energía. Los profesores tienen que adaptar sus planes de estudio, desarrollar nuevos materiales didácticos y volver a formarse, lo que puede llevar a jornadas laborales más largas y agotadoras. Este compromiso extra a menudo pasa desapercibido para las familias, quienes no siempre son conscientes de la cantidad de horas adicionales que el profesorado invierte fuera del aula. Como resultado, estas adaptaciones pueden restar tiempo valioso que los educadores podrían dedicar a actividades personales o a la interacción más cercana con sus alumnos, afectando tanto a su bienestar personal como a la calidad de la enseñanza.

— **La caída de la natalidad** es el factor que puede perjudicar de manera más directa a todos los centros educativos. Actualmente nos encontramos con municipios donde la tasa de natalidad es muy inferior al número de plazas ofertadas.

Permítenos que te demos unas cifras. En los últimos 12 años la natalidad ha caído cerca de un 30% y la previsión para los próximos años es que siga cayendo.

Como vemos en la figura 2.1, no solo cae la natalidad, sino que cada vez avanza más la edad de tener el primer hijo; eso también supone cambios importantes en las peticiones y necesidades de los nuevos clientes. No necesitan lo mismo las familias que tiene su primer hijo a los 24 o 25 años (como pasaba hace cerca de 30 años), que las familias que tienen su primer hijo entre los 35 y los 40 años (el tipo de familia actual).

Esto es un tema importante para que lo vayas pensando desde ya.

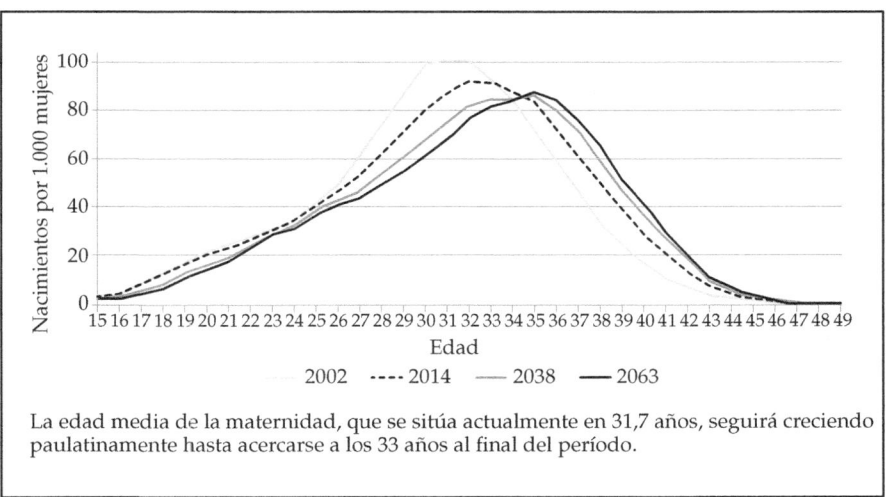

La edad media de la maternidad, que se sitúa actualmente en 31,7 años, seguirá creciendo paulatinamente hasta acercarse a los 33 años al final del período.

Figura 2.1.   Evolución proyectada de las tasas de fecundidad por edad. (FUENTE: INE.)

Vamos a darte ahora los datos de la evolución de la matriculación en España para que así también puedas ver en cifras la situación a la que se enfrenta tu centro educativo y quizá no seas plenamente consciente.

Si nos fijamos solamente en la evolución de la matriculación en la etapa de infantil, estos son los datos:

— Curso 2005/2006 + 55.000.
— Curso 2010/2011 + 57.000.
— Curso 2012/2013 – 14.000.

— Curso 2015/2016 – 38.000.
— Curso 2016/2017 – 51.000.
— Curso 2020/2021 – 28.000.
— Curso 2021/2022 – 24.000.
— Curso 2022/2023 – 38.000.
— Curso 2023/2024 – 17.000.
— Curso 2024/2025 – 14.000.

En septiembre de 2023, el Gabinete de Estudios de ESADE (EsadeEcPol Insight #48 Septiembre 2023) publicó un estudio al que acompañó el siguiente titular:

«Las escuelas se están quedando sin niños: una oportunidad para transformar el sistema educativo.»

Seguidamente, te dejamos un breve resumen de este estudio.

«Escuelas sin niños: una oportunidad para transformar el sistema educativo» de EsadeEcPol, realizado por Lucas Gortazar y Jorge Galindo, analiza la disminución demográfica en las escuelas de España y sus implicaciones para el sistema educativo. A continuación, los puntos clave del informe:

1. **Caída demográfica:**

Entre 2013 y 2023, España ha perdido 450.000 niños menores de 16 años, y se proyecta una disminución de más de un millón de niños para 2037. Esto implica una reducción significativa en el número de estudiantes en las etapas de educación obligatoria.

2. **Impacto por etapas y territorio:**

— Educación Secundaria Obligatoria (ESO): se prevé una pérdida del 25 % de estudiantes potenciales para 2037.
— Educación Primaria: alcanzará su mínimo en 2032, con menos de 2,4 millones de estudiantes.
— Provincias: algunas provincias como Zamora, León y Jaén perderán más de un tercio de su población estudiantil, mientras que otras como Madrid y Barcelona tendrán pérdidas menores.

3. **Oportunidades de recursos:**

La caída demográfica permitirá un aumento en el gasto público por alumno. El estudio plantea cómo utilizar estos recursos adicionales de manera estratégica para mejorar la equidad y la calidad educativa.

4. **Escenarios de decisión:**

— Mantener el *statu quo:* no cambiar la red escolar actual, lo que podría resultar en un sistema más ineficiente y menos equitativo.
— Reestructurar la red escolar: cerrar y consolidar escuelas y líneas, redirigir recursos y mejorar la eficiencia y equidad del sistema.

5. **Áreas de inversión propuestas:**

— Reducir la ratio alumno-profesor y el tamaño de las aulas.
— Ampliar el tiempo escolar, refuerzos educativos y cuidados.
— Mejorar las políticas docentes y condiciones laborales.
— Fortalecer el cambio educativo en los centros y promover la colaboración docente.
— Expandir la educación infantil y la formación profesional.
— Aplicar políticas contra la segregación escolar.

6. **Recomendaciones:**

El informe sugiere que las autoridades educativas deben actuar proactivamente para reestructurar el sistema, aprovechando la oportunidad de los recursos excedentes debido a la caída demográfica, en lugar de esperar a que los cambios se vuelvan inevitables y más difíciles de manejar.

Con la caída de la natalidad, los centros educativos enfrentan el reto de mantener niveles óptimos de matrícula. Para afrontar esta realidad, muchos centros están ampliando su alcance y adaptando sus estrategias para atraer a estudiantes de diversas fuentes. Una tendencia importante es el aumento de la diversidad cultural debido a la inmigración. Los centros educativos tendrán que prepararse para recibir y acomodar a estos nuevos estudiantes, lo que implica desafíos y oportunidades.

Desde el punto de vista de los desafíos, las escuelas deberán adaptarse a las necesidades lingüísticas y culturales de los nuevos alumnos, lo que puede requerir contratar profesores con habilidades en varios idiomas o proporcionar programas de inmersión lingüística. Además, habrá que trabajar en la sensibilización y formación del personal docente para fomentar la inclusión y la comprensión intercultural.

Por otro lado, esta mayor diversidad puede ser una oportunidad para enriquecer el entorno educativo. La interacción entre estudiantes de diferentes culturas puede fomentar el respeto, la empatía y el aprendizaje mutuo, creando una comunidad escolar más sólida y diversa.

En cuanto a la competencia, los centros educativos también tendrán que diferenciarse para atraer a estudiantes de otros colegios. Esto puede implicar el desarrollo de programas innovadores, la mejora de las instalaciones, la incorporación de tecnología avanzada o la creación de experiencias educativas únicas. El marketing educativo y las estrategias de comunicación eficaces serán clave para destacar en un mercado cada vez más competitivo.

Te lanzamos el reto de responder en un papel a la siguiente pregunta: ¿cuáles son los motivos por los que una familia debería elegir tu centro educativo y no a tus dos competidores más directos? Si sabes la respuesta estás de enhorabuena.

Se trata de que los centros educativos deben estar preparados para ser más inclusivos y creativos, al mismo tiempo que fortalecen sus estrategias para atraer a nuevos estudiantes y mantener un entorno académico diverso y atractivo.

Si te das cuenta, estamos constantemente hablando de adaptación y no de venta, esa es la orientación que nosotros damos al marketing educativo, ya te lo dijimos en la primera página de este libro. Tu reto es saber cómo adaptarte a esos cambios externos para poder seguir siendo competitivo.

La evolución hacia una sociedad más tecnológica, ocupada y exigente está redefiniendo las expectativas de los clientes en todos los sectores, incluido el educativo. Para mantenerse relevantes y competitivos, los centros educativos deben ser ágiles y proactivos al adaptarse a estos cambios. Aquí te presentamos algunas recomendaciones para ayudarte a abordar con éxito estas transformaciones:

1. Integración de tecnología en el aula.
2. Enfoque en el bienestar del estudiante.
3. Flexibilidad y personalización del aprendizaje.
4. Comunicación efectiva con las familias.

Debido a la crisis económica, a los constantes cambios políticos y a la caída de la natalidad, comprenderás que estamos en un entorno totalmente diferente al que nos encontrábamos hace más de 15 años y todavía hay centros que están haciendo lo mismo que hace 15 años, es decir, nadar contracorriente.

A lo largo de este libro te vamos a ir dando una serie de ideas y recomendaciones para que tu centro educativo sea capaz de abordar con éxito cualquier cambio que se produzca de aquí en adelante en el entorno en el que convive, un entorno VUCA.

2.2. Crisis y legislación

Si por un momento te paras a pensar en el significado de la palabra «crisis», probablemente los primeros pensamientos que vengan a tu cabeza sean negativos. Pero déjanos decirte que esta palabra proviene etimológicamente del griego y significa elección y/o decisión, con lo que los tiempos de crisis son oportunidades para tomar decisiones de manera inteligente y de demostrar tu valentía.

Si tú eres de los que ante una crisis solo ven riesgos, difícilmente podrás salir fortalecido o fortalecida de esta crisis, pero si, por el contrario, para ti el significado de crisis es oportunidad, sabrás sacarle el máximo provecho.

Los períodos de crisis económica pueden tener un impacto significativo en la financiación y la estabilidad de los centros educativos. Durante estos tiempos, las escuelas pueden experimentar recortes presupuestarios, lo que puede afectar a los recursos disponibles para la enseñanza, el mantenimiento de las instalaciones e incluso los salarios del personal docente. Además, la crisis también puede influir en las tasas de matrícula, ya que las familias pueden tener menos recursos para invertir en educación privada o actividades extracurriculares. «Donde antes podíamos pagar una ruta de bus para nuestros hijos, ahora nos tenemos que conformar con el colegio que tenemos al lado de casa», ¿te suena?

Por otro lado, la legislación puede introducir cambios bruscos en las políticas educativas, exigiendo a los centros adaptaciones rápidas y a menudo costosas. Nuevas normativas sobre planes de estudio, evaluaciones o incluso seguridad escolar pueden suponer un reto importante, especialmente cuando se implementan sin un período de transición adecuado. Para hacer frente a estos desafíos, los centros educativos deben ser flexibles y estar preparados para ajustar sus estrategias operativas. La capacidad de anticipar cambios legislativos y gestionar recursos de manera eficiente se vuelve fundamental en un entorno de crisis e incertidumbre normativa.

2.3. Entorno

Cuando tu centro educativo trabaja sobre una estrategia sólida de marketing, cualquier efecto que pueda producir una crisis te tiene que hacer replantearte si la estrategia que hasta el momento estabas llevando a cabo es la adecuada para ese nuevo escenario.

Asimismo, deberás analizar la gestión del marketing que estaba realizando tu centro educativo porque, probablemente, también encuentres acciones que ante este nuevo paradigma no estén dando los resultados esperados o, incluso, emerjan nuevas acciones que hasta ahora no estabas acometiendo y que se adaptan perfectamente a este nuevo cambio de paradigma.

Pero no te olvides de la gestión que hasta el momento estabas haciendo con tus clientes. Veíamos anteriormente que cualquier crisis producida por cambios políticos, por descenso de la natalidad, etc., provoca cambios en las inquietudes, percepciones o necesidades de tus clientes. Por eso te recomendamos que estés constantemente revisando también la gestión de clientes.

En capítulos posteriores te hablaremos de cómo ha sido esa evolución del cliente en los últimos años y cómo han ido cambiando sus necesidades a la hora de buscar un centro educativo para sus hijos o hijas. También te daremos claves para que la gestión de tus clientes se pueda adaptar a todos estos cambios que estábamos comentando. Ahora solo queremos ponerte en situación para que veas todos los factores, tanto internos como externos, que debes tener en cuenta cuando trabajas el marketing de tu centro, y así que empieces a desmitificar esa creencia de que marketing solo se dedica a la parte de la venta y de la publicidad.

2.3.1. *Tipo de mercados*

En las últimas décadas el sector educativo ha pasado de ser un sector en expansión a ser un sector saturado en el que la oferta educativa, en ocasiones, supera a la demanda. De ahí que el marketing educativo sea clave porque te va a ayudar a saber posicionar muy bien a tu centro, a darte a conocer, a transmitir tu propuesta de valor (uno de tus grandes activos) y te va a ayudar a saber gestionar tu cartera de clientes desde el primer momento en el que entran por la puerta.

Los tipos de mercado en el ámbito educativo varían según la estructura y la organización de las instituciones. Por un lado, tienes el mercado de la educación pública, donde el gobierno es el principal proveedor y la educación suele ser gratuita o muy asequible. En estos mercados, los centros compiten principalmente en términos de calidad educativa, recursos y programas extracurriculares. La competencia es menos directa, pero la presión por cumplir con los estándares nacionales y las expectativas de la comunidad puede ser significativa.

Por otro lado, en el mercado de la educación privada, las escuelas dependen en gran medida de la matrícula de estudiantes y las contribuciones de las familias. Aquí la competencia es más evidente, con las escuelas esforzándose por ofrecer instalaciones de alta calidad, programas especializados y experiencias únicas para atraer a los estudiantes. Estas instituciones también deben ser innovadoras en su enfoque, adoptando tecnologías modernas y creando un sentido de comunidad para distinguirse de la competencia.

Un tercer tipo de mercado es el de las escuelas concertadas, que combinan elementos del sistema público y del privado. Estas instituciones reciben fondos públicos, pero tienen cierta autonomía para establecer su propio currículo y modelo de gestión. La competencia en este sector puede ser intensa, ya que las escuelas concertadas deben equilibrar el cumplimiento de las regulaciones gubernamentales con la oferta de programas diferenciados para atraer a estudiantes.

En todos estos tipos de mercado, la comunicación y el marketing educativo juegan un papel crucial. Las escuelas deben encontrar formas de destacar sus puntos fuertes y demostrar su valor a las familias, especialmente en un entorno donde las opciones educativas son cada vez más amplias. Por tanto, el conocimiento del mercado y las estrategias para posicionarse de manera efectiva son esenciales para el éxito de cualquier centro educativo.

2.3.2. *COVID-19 y por qué nos remontamos a 2020*

¿Qué ocurrió cuando en marzo de 2020 el COVID-19 llegó a nuestras vidas sin esperarlo?

Déjanos que te recordemos que nos encontrábamos con un curso por terminar, donde dependíamos de las tecnologías para poder seguir impartiendo las clases y adaptarlas a una formación *online*. Y, lo más grave, una pérdida real del contacto tanto con las familias como con los alumnos. Esta situación puso de relieve:

— Posicionamiento real de los colegios: la pandemia de COVID-19 reveló la posición real de cada colegio dentro del ecosistema educativo. Las escuelas que ya tenían un sólido prestigio y recursos financieros pudieron adaptarse más fácilmente a los desafíos. Por otro lado, los centros con menor reconocimiento o infrafinanciados enfrentaron dificultades adicionales para mantener la calidad educativa y asegurar la continuidad del aprendizaje. El posicionamiento real determina el grado de resiliencia ante crisis y la capacidad para mantener la confianza de padres y estudiantes.

— Capacidad de reacción: la capacidad de reacción es clave en situaciones de crisis como la pandemia de COVID-19. Los centros tuvieron que adaptarse rápidamente a la enseñanza a distancia, reorganizar horarios y garantizar la seguridad de alumnos y personal. Una reacción efectiva implica una gestión ágil, toma de decisiones informada y la habilidad de implementar cambios sin afectar a la calidad educativa. Las escuelas que demostraron una alta capacidad de reacción pudieron mantener la continuidad del aprendizaje y la confianza de la comunidad educativa.

— Tecnologías en el aula: la pandemia aceleró la adopción de tecnologías en el aula. Herramientas como plataformas de aprendizaje *online*, videoconferencias y recursos digitales se volvieron esenciales para mantener la educación durante los confinamientos. Los colegios que ya tenían infraestructura tecnológica y experiencia en su uso se adaptaron más fácilmente, mientras que otros enfrentaron retos para implementar nuevas herramientas. El uso eficaz de la tecnología se convirtió en un indicador importante de la capacidad de los colegios para adaptarse al cambio.

— La preparación tecnológica de nuestros profesores: la preparación tecnológica de los profesores es crucial para el éxito de las tecnologías en el aula. Durante la pandemia, muchos docentes tuvieron que aprender rápidamente a usar nuevas herramientas y a cambiar sus métodos de enseñanza. Esto implicó formación, dedicación y flexibilidad para dominar tecnologías como plataformas de videoconferencia, software educativo y gestión de tareas *online*. Los profesores con habilidades tecnológicas sólidas pudieron ofrecer una experiencia educativa más fluida y mantener el compromiso de los estudiantes.

— Metodologías poco dinámicas y, sobre todo, un sistema de evaluación y seguimiento académico caduco: la pandemia puso de manifiesto las limitaciones de metodologías poco dinámicas y sistemas de evaluación caducos. Las escuelas que dependían demasiado de métodos tradicionales y evaluaciones centradas en exámenes enfrentaron dificultades para adaptarse a entornos de aprendizaje a distancia. Se evidenció la necesidad de metodologías más flexibles y sistemas de evaluación que valoraran la participación, el trabajo en equipo y el aprendizaje continuo. Los colegios que innovaron en este aspecto pudieron mantener la motivación de los estudiantes y asegurar un seguimiento académico más significativo.

— Cercanía con las familias y los alumnos: la cercanía con las familias y los alumnos se convirtió en un factor crítico durante la pandemia. La comunicación regular y efectiva con padres y estudiantes ayudó a mantener la confianza y la colaboración. Los colegios que lograron mantener esta cercanía a través de herramientas digitales, reuniones virtuales y apoyo emocional para los estudiantes crearon un sentido de comunidad, incluso en tiempos de aislamiento. La capacidad de mantener relaciones cercanas fue clave para abordar las preocupaciones y desafíos emocionales derivados de la pandemia.

— La forma de gestionar la comunicación en época de crisis: la comunicación durante una crisis debe ser clara, transparente y oportuna. Durante la pandemia, las escuelas tuvieron que comunicar cambios en horarios, políticas de salud y procedimientos de enseñanza de manera eficaz. Una buena gestión de la comunicación implica el uso de múltiples canales, como correos electrónicos, aplicaciones móviles y redes sociales, para mantener informadas a las familias y al personal. Los colegios que gestionaron bien la comunicación pudieron reducir la incertidumbre y el estrés asociado con la crisis, facilitando una mejor adaptación por parte de todos los actores involucrados.

Nosotros siempre decimos que la presencialidad es un plus. Aunque tengas muy bien adaptado el centro a una formación *online*, ese contacto físico, esas conversaciones en el aula o en los pasillos generan un clima de confianza, de cercanía y familiaridad que es muy difícil de suplir con tecnología.

Seguro que te has sentido identificado o identificada con muchas de las cosas que hemos expuesto anteriormente, pero no sé si recordarás que, en esas mismas fechas, las campañas de matriculación estaban llegando a su punto más álgido y el confinamiento produjo entre otros efectos:

— Retrasos en los períodos de matriculación.
— Cierre de las visitas y eventos que se estaban llevando a cabo por esas fechas: jornadas de puertas abiertas, entrevistas individuales, etc.
— Puso en relieve la realidad de muchos centros: algunos no supieron adaptarse en absoluto a la nueva realidad, y otros nos sor-

prendieron por la gran capacidad de adaptación y la rapidez con la que lo hicieron.

Durante la pandemia, muchos centros educativos demostraron una increíble capacidad para adaptarse y ser creativos. Fue un momento en el que trabajasteis más que nunca y encontrasteis soluciones innovadoras para mantener el compromiso de los estudiantes y las familias. Surgieron nuevas ideas y prácticas que tuvieron un gran éxito; por ejemplo, muchos colegios abrieron canales de YouTube para compartir recursos, lecciones y actividades con sus comunidades. Sin embargo, con el fin de la pandemia, algunas de estas iniciativas fueron abandonadas, dejando en el aire la pregunta: ¿por qué dejar de hacer algo que funcionaba tan bien?

Es comprensible que, tras un período de extrema presión, buscarais volver a la normalidad. Sin embargo, en el proceso se perdieron algunas prácticas valiosas que habían ganado popularidad durante el confinamiento. Las familias y los estudiantes apreciaban estas innovaciones, que promovían la participación y fortalecían el sentido de comunidad, por lo que su desaparición resultó un tanto desconcertante.

Afortunadamente, no todos dejasteis estas iniciativas. Muchos habéis continuado desarrollando las ideas que surgieron durante la pandemia, adaptándolas al nuevo paradigma educativo. Al mantener estos enfoques innovadores, demostráis que la creatividad y la flexibilidad pueden ser componentes permanentes en el proceso educativo. Estas prácticas no solo mantienen a las familias y a los alumnos conectados con la escuela, sino que también os brindan una herramienta poderosa para continuar mejorando la experiencia educativa en el futuro.

2.3.3. *Perfiles necesarios en momentos de crisis*

En situaciones de grandes cambios, como las que ha producido la crisis económica, y más aún después de la situación del COVID-19, es el momento:

— *De los valientes:* los que están dispuestos a tomar decisiones difíciles y a implementar cambios importantes. Ya sea en el método de enseñanza, en la estructura organizativa o en la adopción de tecnología, los valientes lideran el camino, incluso cuando no está claro cómo de efectivas serán sus decisiones a largo plazo.

— *De los comprometidos con la organización:* aquellos que reman en la misma dirección que el centro educativo y que se sienten parte integral del proyecto. El compromiso se refleja en la disposición a colaborar, a contribuir con ideas y a dar lo mejor de sí mismos para cumplir con los objetivos del centro, independientemente de las circunstancias.

— *De los atentos:* estos son los que siempre están escuchando al cliente, ya sean estudiantes, padres o comunidad en general. Su capacidad para adaptarse a las necesidades cambiantes y responder a las preocupaciones de las familias es clave para mantener la confianza y la lealtad. Estar atento significa ser sensible a las señales del entorno y actuar de manera proactiva.

— *De los despiertos:* aquellos que, en su gestión diaria, buscan constantemente formas de mejorar. Ser despierto implica tener la mente abierta a nuevas ideas, estar dispuesto a cuestionar el *statu quo* y proponer soluciones innovadoras. Estos individuos son cruciales para mantener la dinámica del centro educativo y para impulsar el progreso.

— *De los vigilantes:* se aseguran de vigilar a la competencia para ver cómo están reaccionando ante la nueva situación. Comprender las estrategias de otras instituciones educativas puede ofrecer ideas valiosas y ayudar a anticipar tendencias del mercado. Los vigilantes también identifican oportunidades para diferenciarse y destacar en un entorno cada vez más competitivo.

— *De los que tienen capacidad de trabajo en equipo:* en un centro educativo, el trabajo en equipo es esencial. No se puede avanzar si no se trabaja de manera coordinada y colaborativa. Las personas que tienen habilidades para el trabajo en equipo fomentan la cohesión, facilitan la comunicación y aseguran que todos estén alineados con los objetivos del centro. Esta capacidad se vuelve aún más crucial en tiempos de crisis, donde la unión del equipo puede marcar la diferencia entre el éxito y el fracaso.

Ejercicio

Nos gustaría que en este momento hicieras un ejercicio de reflexión y que anotaras en una libreta cómo reaccionó tu centro educativo ante la situación en la que nos encontramos en marzo de 2020.

También sería muy interesante que pensaras si en tu centro educativo hubo personas valientes, comprometidas, atentas, despiertas, vigilantes y con capacidad de trabajo. Y puesto que este es un ejercicio individual y anónimo, sería ideal que te definieras a ti mismo o misma con una o varias de estas características que hemos citado anteriormente.

2.4. Ideas clave

1. **La influencia de la sociedad en los centros educativos.**
   Cambios demográficos, tecnológicos y culturales exigen a los centros adaptar sus propuestas educativas para mantenerse como alternativa interesante para las familias y estudiantes.
2. **El desafío del descenso de la natalidad.**
   La disminución en la tasa de nacimientos incrementa la competencia entre centros, requiriendo estrategias más precisas de captación y retención de alumnos.
3. **La importancia de entender los diferentes perfiles de familia.**
   Conocer el perfil de las familias y entender qué buscan en un colegio, como seguridad, calidad educativa, valores o innovación, permite a los centros ajustar su propuesta y destacarse frente a la competencia.
4. **El rol del cambio legislativo.**
   Las regulaciones y políticas educativas influyen directamente en las operaciones del centro, haciendo esencial una capacidad de respuesta ágil y planificada.
5. **Perfiles necesarios en momentos de crisis.**
   La capacidad de liderazgo y adaptación del personal es clave para afrontar crisis, como cambios legislativos o desafíos externos, asegurando estabilidad y éxito institucional.

2.5. Voces expertas

Anabel Valera Ibáñez - Head of Education at Dukes Education Spain.

Maestra con más de 20 años de experiencia en todas las etapas educativas. Ha trabajado también como consultora educativa, coach *pedagógica y formadora en disciplina positiva. También es experta en liderazgo y dirección educativa, además de ser una apasionada del marketing educativo y la comunicación. Actualmente, es directora de educación de un grupo educativo internacional, además de impartir conferencias, ponencias y talleres por toda la geografía y ser autora del libro* Mi líder soy yo.

1. **¿Cómo ha afectado la evolución de la sociedad y la legislación en los últimos años a la gestión de tu centro?**

   En el centro privado en Madrid que dirijo, los últimos años han exigido una gran capacidad de adaptación. La crisis económica ha llevado a implementar políticas de apoyo financiero, como becas parciales y planes de pago flexibles, para atraer y mantener a las familias. Los cambios legislativos frecuentes, como las modificaciones en la LOMCE, LOMLOE y normativas sobre diversidad, han requerido revisiones constantes de los planes de estudio y políticas internas. Por otra parte, la caída de la natalidad ha intensificado la competencia entre colegios, obligándonos a diferenciarnos a través de proyectos educativos innovadores (por ejemplo, el de las 4 C y servicios complementarios (una atractiva y diferencial oferta de actividades curriculares). Además, con familias de mayor edad, más informadas y exigentes, la calidad educativa y la personalización del aprendizaje han pasado a ser aspectos clave en la gestión diaria.

2. **¿Qué estrategias utilizas para mantener tu centro educativo alineado con las nuevas demandas de la sociedad?**

   Nos centramos en proyectos educativos que fomenten competencias del siglo xxi, como el pensamiento crítico, el trabajo en equipo y la sostenibilidad. Hemos digitalizado tanto las aulas como los canales de comunicación, facilitando el aprendizaje y la relación con las familias. También desarrollamos actividades que integren valores como la diversidad y la inclusión, en línea con las demandas sociales. Organizamos escuela para padres, fortaleciendo la comunidad y mostrando el valor añadido del centro. Asimismo, trabajamos en estrategias de marketing digital para captar la atención de nuevas familias y transmitir nuestra identidad educativa. Todo esto va acompañado de una formación continua del personal para mantenernos actualizados y competitivos.

3. **¿Cómo identificas y respondes a los cambios en las expectativas de las familias en tu entorno?**

   Mantenemos canales abiertos de comunicación, como reuniones periódicas, encuestas y consultas digitales, para conocer de primera mano las expectativas de las familias. Utilizamos herramientas de análisis de datos para identificar tendencias en las solicitudes de admisión y el comportamiento de los actuales alumnos. Respondiendo a esto, hemos ampliado nuestra oferta educativa para incluir programas de idiomas, actividades extra-curriculares diferenciadas y servicios como orientación vocacional. También adaptamos el horario escolar para ofrecer mayor flexibilidad, especialmente a familias trabajadoras. Además, invertimos en tecnología educativa, una demanda creciente entre padres que valoran el desarrollo digital de sus hijos. Escuchar y actuar rápido es clave para mantener la satisfacción y la fidelidad.

4. **¿Qué perfiles de personal consideras esenciales en momentos de crisis para asegurar la estabilidad del centro?**

En un contexto de crisis, los líderes visionarios son fundamentales para planificar y ejecutar estrategias que mantengan la estabilidad. Pero después entran en juego diferentes protagonistas sin los cuales la estabilidad del centro no sería posible. Un equipo de orientación es esencial para abordar el impacto emocional en estudiantes, familias y personal. El personal de marketing y comunicación tiene un papel crucial para transmitir confianza y gestionar la imagen del centro. Contar con un responsable financiero competente asegura el manejo adecuado de los recursos y la sostenibilidad. Los docentes con habilidades digitales y de innovación educativa son clave para mantener la calidad del aprendizaje, especialmente en situaciones como la que vivimos durante la pandemia. Además, nuestro estupendo equipo técnico de soporte garantiza que las infraestructuras digitales funcionen sin problemas en entornos cambiantes. Resumiendo: es importante rodearse de grandes profesionales, comprometidos y en formación continua que funcionen como un engranaje bien engrasado.

3
EVOLUCIÓN DE LOS CLIENTES

3.1. ¿Quién es tu cliente?

Cuando hablamos de clientes lo primero que tienes que tener claro es quién es tu cliente. Probablemente, tu respuesta más inmediata o espontánea haya sido: «mis clientes son las familias que quieren matricular a sus hijos en mi centro educativo o son alumnos que desean matricularse en mi centro educativo para estudiar un ciclo de formación, un programa máster o cualquier otro tipo de curso».

En definitiva, con mucha probabilidad habrás pensado en padres y/o alumnos.

Y estás en lo cierto, pero te dejas fuera a otra tipología de clientes muy importante y que te vamos a exponer a continuación.

3.2. Tipos de clientes

Para ampliar el primer punto, que es la definición de quién es tu cliente, podemos explorar la relación entre los diferentes grupos que componen el ecosistema educativo y sus necesidades específicas. Esta ampliación puede incluir ejemplos, escenarios prácticos y el impacto que estos grupos tienen en la estrategia del centro educativo.

Para comprender quién es tu cliente necesitas identificar a todas las partes interesadas que interactúan con tu centro educativo y cómo sus necesidades y expectativas influyen en tu estrategia. Los clientes no solo son las familias y estudiantes, sino también el personal y la comunidad más amplia. Vamos a profundizar en cada grupo para entender mejor su rol y lo que buscan de un centro educativo.

3.2.1. *Clientes principales: familias y estudiantes*

Los clientes principales en un centro educativo son las familias que eligen el centro para la educación de sus hijos, así como los propios estudiantes. Ambos grupos tienen expectativas diferentes pero complementarias:

— Las familias: buscan seguridad, calidad educativa y una experiencia integral para sus hijos. Desean un entorno donde sus hijos puedan desarrollarse académica y socialmente, y esperan comunicación clara y regular del centro educativo. Un aspecto importante para las familias es también la conexión con otros padres y el sentido de comunidad dentro de la escuela.

— Los estudiantes: tienen necesidades relacionadas con el aprendizaje, pero también buscan experiencias sociales y actividades extracurriculares. Para ellos, la motivación y el apoyo emocional son tan importantes como la calidad de la enseñanza. A medida que los estudiantes crecen, su autonomía e intereses particulares también deben ser tenidos en cuenta.

3.2.2. *Clientes internos: profesores y personal administrativo (PAS)*

El cliente interno tiene un papel fundamental en el éxito de un centro educativo. Los profesores, el personal administrativo y los directivos son quienes mantienen el centro funcionando y en contacto con las familias y los estudiantes. Estos son algunos puntos clave sobre estos clientes internos:

— Los profesores: esperan un ambiente de trabajo que les permita crecer profesionalmente, con recursos adecuados y apoyo para la enseñanza. Un centro educativo que valora a sus profesores tiende a tener un ambiente más positivo y un mejor rendimiento académico. Desean ser escuchados y tenidos en cuenta.

— El personal administrativo y de servicios (PAS): aunque a menudo pasan desapercibidos, son fundamentales para la gestión diaria del centro. Necesitan claridad en sus roles, buenas condiciones laborales y oportunidades de desarrollo. También desean ser escuchados y tenidos en cuenta.

3.2.3. *Clientes secundarios: comunidad y exalumnos*

Los clientes secundarios son parte integral del entorno educativo, aunque no interactúan directamente con el proceso de enseñanza. Su importancia radica en la influencia que ejercen sobre la percepción y la reputación del centro educativo.

— La comunidad local: incluye a vecinos, negocios locales y organismos gubernamentales. Una relación sólida con la comunidad puede ser un gran activo para el centro educativo. La colaboración con empresas locales y organizaciones sin fines de lucro puede abrir oportunidades para los estudiantes y fortalecer la reputación del centro.
— Los exalumnos: son embajadores del centro educativo y su éxito puede reflejarse positivamente en la escuela. Mantener una relación activa con ellos puede ayudar a crear una red sólida y a reforzar la marca del centro educativo. De ahí que nosotros siempre insistimos en definir acciones a lo largo del año con el antiguo alumno a través de la asociación de antiguos alumnos o el «alumni». Piensa que ellos probablemente sean padres dentro de unos años.

3.2.4. *Clientes no tradicionales: gobierno y proveedores*

Además de los clientes principales y secundarios, hay otros actores que, aunque no interactúan directamente con estudiantes y familias, afectan significativamente al funcionamiento del centro educativo.

— El gobierno y organismos reguladores: aunque no son clientes en el sentido tradicional, las leyes y regulaciones que emiten impactan profundamente en la operativa del centro educativo. Una buena relación con estos entes puede ayudar a anticipar cambios y adaptarse rápidamente. Ya hablábamos en capítulos anteriores de las diferentes leyes educativas por las que hemos pasado en las últimas décadas, ¡y las que nos quedan por pasar!
— Los proveedores y socios: aquellos que suministran recursos y servicios al centro educativo, desde equipos tecnológicos hasta servicios de alimentación. Mantener buenas relaciones con ellos garantiza un funcionamiento fluido del centro y una mejor experiencia para los clientes principales.

3.3. El cliente interno

Los empleados son el corazón de cualquier centro educativo. Ellos son el primer contacto con los estudiantes y las familias, y su actitud y compromiso determinan la calidad de la experiencia educativa. ¡Son tu tarjeta de presentación! Por eso, es crucial cultivar un entorno donde los empleados se sientan valorados, motivados y estén informados para dar lo mejor de sí mismos. El estado emocional y profesional de los empleados puede tener un impacto significativo en la reputación de un centro educativo. Si están contentos, comprometidos y bien tratados, transmitirán esas sensaciones a todos con quienes interactúen, creando un ambiente positivo. Por el contrario, si se sienten desmotivados o infravalorados, es probable que esto se refleje en su trato con los demás. Tendrás a un *hater* dentro de tu institución.

¿Cómo crees que hablará de tu centro educativo en sus reuniones sociales si está desmotivado?

Dado este impacto, es esencial que el cliente interno sea parte integral del plan de marketing del centro educativo. Las estrategias para mantener empleados comprometidos y motivados no solo mejoran el clima laboral, sino que también contribuyen a la satisfacción de las familias y estudiantes, construyendo así una reputación positiva.

No tiene nada que ver cómo habla un tutor motivado a una familia que uno desmotivado. Uno motivado le va a hablar de las bondades del centro, de los proyectos a futuro, le va a insistir en que venga a los eventos del centro, etc. Uno desmotivado probablemente asuma una tutoría como un mero trámite. Es posible que eso te haga pensar por qué tienes tan poco poder de convocatoria.

3.3.1. *Impacto del bienestar de los empleados en la reputación del centro educativo*

Los empleados contentos y comprometidos tienden a ser más entusiastas y proactivos en sus roles, lo cual tiene un efecto directo en la experiencia de los estudiantes y sus familias. Esto se traduce en una mayor satisfacción, lo que puede llevar a recomendaciones positivas y, por ende, a una reputación fortalecida para el centro educativo. Aquí te dejamos algunos ejemplos de cómo un entorno laboral positivo puede beneficiar a la institución:

— **Atención personalizada y amable:** cuando los empleados se sienten valorados, es más probable que brinden una atención cálida y personalizada a los estudiantes y sus familias. Esto puede hacer que los padres se sientan más seguros y apreciados, contribuyendo a una experiencia escolar más agradable. ¡Escúchales! Si diriges un centro, ten las puertas de tu despacho abierto en ciertos momentos, llámales para preguntarles cómo se sienten, etc.

— **Mayor compromiso en el aula:** los profesores motivados tienden a ser más apasionados y creativos en sus métodos de enseñanza, lo que puede resultar en clases más dinámicas y participativas. Esto no solo mejora la experiencia educativa, sino que también puede llevar a mejores resultados académicos.

— **Mayor disponibilidad para la colaboración:** los empleados que se sienten bien tratados y parte de un equipo tienen mayor disposición para colaborar entre sí y con las familias. Esto puede fomentar un sentido de comunidad y pertenencia dentro del centro educativo.

Por otro lado, si los empleados están desmotivados o se sienten desatendidos, el impacto puede ser negativo. Esto puede manifestarse en un servicio deficiente, actitudes indiferentes o un entorno poco acogedor. Aquí te detallamos algunos de los riesgos asociados con empleados insatisfechos:

— **Mala comunicación y atención deficiente:** los empleados descontentos pueden ser menos propensos a comunicarse efectivamente con las familias y los estudiantes, lo que puede crear malentendidos y desconfianza. Cuántas veces hemos escuchado en los equipos directos en nuestras consultorías que hay tutores muy activos en las plataformas educativas y otros que casi ni se asoman.

— **Disminución de la calidad de la enseñanza:** los profesores desmotivados pueden perder el entusiasmo por su trabajo, lo que puede afectar a la calidad de la enseñanza y el compromiso de los estudiantes. Tus profesores desmotivados probablemente el domingo por la parte estén deprimidos.

— **Alta rotación de personal:** si los empleados no están satisfechos, es más probable que busquen oportunidades en otros lugares, lo que puede resultar en una alta rotación de personal. Esto no solo crea inestabilidad, sino que también puede ser costoso para el centro educativo.

3.3.2. *Estrategias para promover un entorno positivo*

Para evitar los riesgos de tener empleados descontentos y fomentar un entorno positivo, es fundamental implementar estrategias de marketing interno que cultiven la satisfacción y el compromiso del personal. Algunas estrategias incluyen:

— **Comunicación abierta y transparente:** crear canales de comunicación que permitan a los empleados expresar sus opiniones y preocupaciones sin miedo a represalias. Esto crea un ambiente de confianza y permite resolver problemas antes de que vayan a más.

> **Ejemplo:** el centro educativo implementa una plataforma digital interna donde los empleados pueden enviar preguntas, inquietudes o propuestas directamente a la dirección, recibiendo respuestas dentro de un plazo establecido. Además, se realizan sesiones trimestrales de «café con la dirección», donde los trabajadores tienen la oportunidad de dialogar en un ambiente informal sobre temas que afectan a su trabajo. Estas iniciativas han permitido identificar áreas de mejora en los procesos internos y han incrementado significativamente el sentido de pertenencia y satisfacción laboral del personal.

— **Reconocimiento y recompensas:** reconocer el buen trabajo y ofrecer recompensas por logros puede ser un gran incentivo para los empleados. Esto puede incluir bonos, promociones o incluso simples palabras de agradecimiento y reconocimiento público.

> **Ejemplo:** el centro educativo implementa un programa de reconocimiento trimestral donde se destacan los logros y contribuciones excepcionales de los empleados. Los reconocimientos van desde simples menciones en reuniones de equipo hasta bonificaciones económicas y días libres adicionales. Este sistema de recompensas motiva a los empleados a esforzarse por la excelencia y refuerza una cultura de reconocimiento y aprecio mutuo. Esta acción se puede orientar de manera individual o grupal a través de equipos de mejora que comentaremos en capítulos posteriores.

— **Oportunidades de crecimiento y desarrollo:** proporcionar oportunidades de formación y desarrollo profesional para los empleados ayuda a mantenerlos motivados y a fomentar un sentido de progreso en sus carreras.

> **Ejemplo:** el centro educativo ofrece becas de estudio y subsidios de matrícula para que los empleados puedan continuar su educación y obtener certificaciones adicionales en su campo. Además, se organizan talleres y seminarios internos impartidos por expertos en la materia para fomentar el desarrollo profesional y el intercambio de conocimientos entre el personal. Como resultado, los empleados se sienten valorados y tienen la oportunidad de avanzar en sus carreras dentro de la institución. También se pueden utilizar créditos de Fundae para este tipo de planes formativos.

— **Crear un ambiente de apoyo:** fomentar un entorno donde los empleados se sientan apoyados, tanto por sus colegas como por la administración. Esto puede incluir actividades de construcción de equipos, eventos sociales y oportunidades para la colaboración.

> **Ejemplo:** el equipo directivo del centro educativo organiza actividades de construcción de equipos periódicas, como salidas al aire libre, eventos deportivos y almuerzos de equipo. Además, se establece un programa de mentoría donde los empleados nuevos son asignados a mentores experimentados que los guían y apoyan en su integración y desarrollo profesional. Estas iniciativas fomentan la camaradería, fortalecen las relaciones interpersonales y crean un ambiente de trabajo positivo y colaborativo. En algunos centros las soléis hacer al inicio de curso, un día puntual, y no les hacéis un seguimiento.

¿Quieres *haters* o *influencers*? La respuesta es clara. Pues debes trabajar para generar un entorno laboral positivo, que no solo beneficia a los empleados, sino que también es crucial para el éxito y la reputación del centro educativo. Incorporar estrategias para el cliente interno en el plan de marketing asegura que el centro educativo pueda mantener un equipo motivado y comprometido, lo que, en última instancia, se reflejará en la satisfacción de las familias y los estudiantes.

3.3.3. *Acciones de marketing con cliente interno para centros educativos*

Ahora te vamos a dar una lista de acciones concretas que puedes llevar a cabo en tu plan de marketing con tus clientes internos.

— Comunicación interna:

La comunicación interna efectiva es fundamental para mantener un equipo comprometido y cohesionado. Cuando los empleados sienten que sus voces son escuchadas y tienen acceso a la información relevante, su participación y lealtad hacia el centro educativo aumenta.

— Reuniones periódicas y boletines internos:

Realizar reuniones periódicas permite discutir los desafíos y logros, así como compartir ideas para la mejora continua. Los boletines internos, ya sean impresos o electrónicos, pueden ser una excelente herramienta para mantener a todos informados sobre las novedades del centro.

— Objetivos alcanzables y coherentes:

Definir objetivos claros y alcanzables para el personal es esencial para mantener el enfoque y la motivación. Cuando los empleados saben qué se espera de ellos y sienten que sus esfuerzos contribuyen al logro de esos objetivos, trabajan con mayor dedicación.

— Definición de objetivos conjunta:

Establecer objetivos en colaboración con el personal garantiza que todos comprendan las metas y se sientan comprometidos con ellas. Esto también implica proporcionar los recursos y el apoyo necesarios para alcanzar esos objetivos.

— Inversión en formación:

La formación continua es clave para mantener a los empleados actualizados y motivados. Al ofrecer oportunidades de desarrollo personal y profesional, los centros educativos pueden crear un entorno que fomente el crecimiento y la innovación.

— Estabilidad y ambiente confortable:

Un ambiente laboral estable y positivo fomenta la lealtad y la productividad del personal. Reducir la rotación laboral y crear un

clima laboral favorable es esencial para mantener un equipo comprometido a largo plazo.
— Fomentar el trabajo en equipo:
    Implicar al personal en proyectos colaborativos y ofrecer oportunidades para participar en actividades fuera del aula puede fortalecer las relaciones internas y crear un ambiente de apoyo mutuo.
— Posibilidades de promoción y crecimiento:
    Brindar oportunidades de crecimiento profesional y promoción dentro del centro educativo puede incentivar al personal a permanecer y desarrollarse dentro de la organización.
— Sistema de recompensas e incentivos:
    Los sistemas de recompensas e incentivos son una forma eficaz de reconocer el esfuerzo y motivar al personal para alcanzar nuevos niveles de excelencia. Estos sistemas no siempre deben ser monetarios; pueden incluir otros beneficios que valoricen a los empleados.
— Incentivos por logros y esfuerzos adicionales:
    Los centros educativos pueden implementar sistemas que recompensen a los empleados por alcanzar objetivos específicos o por realizar esfuerzos excepcionales. Estos incentivos pueden ser monetarios, pero también pueden incluir días libres adicionales, premios o reconocimiento público.
— Aumentar la motivación del personal:
    La motivación es el motor que impulsa el rendimiento del personal. Comprender las fuentes de motivación, tanto extrínsecas como intrínsecas, puede ayudar a los centros educativos a diseñar estrategias para mantener a los empleados motivados.

3.4. Evolución del cliente

La evolución del cliente interno es un reflejo de los cambios en la sociedad y la economía. Como centro educativo, es fundamental reconocer y adaptarse a estas transformaciones para responder a las expectativas y necesidades de tus clientes. Aquí están los aspectos clave en los que han evolucionado y cómo puedes enfrentarte a esos cambios:

3.4.1. *El cliente ahorrador*

Antes tus clientes no solían negociar precios ni pedir descuentos en centros educativos, pero ahora sí lo hacen. Este cambio se debe en parte a la conciencia del coste de la vida y al acceso a más información sobre precios y comparaciones. Para abordar esto, necesitas demostrar claramente el valor que tu centro educativo proporciona, destacando por qué el coste es justo y qué beneficios adicionales ofrecen tus servicios. Por ejemplo, puedes enfatizar la calidad de tus programas, el nivel de preparación del personal docente, las actividades extracurriculares y la reputación del centro.

3.4.2. El cliente informado

Hoy en día, tus clientes tienen acceso a mucha más información que antes, gracias a internet y las redes sociales. Pueden investigar sobre tu centro, leer reseñas, ver clasificaciones y consultar lo que otros usuarios dicen sobre tu institución. Como centro educativo, debes mantener una imagen positiva y coherente en todos los canales *online,* responder a las reseñas de Google y ser activo en redes sociales con una estrategia de contenido que se salga de contar el día a día de lo que hacen los niñas y niñas en las aulas (de esto hablaremos en capítulos posteriores).

3.4.3. El cliente reflexivo

El proceso de toma de decisiones para elegir un centro educativo se ha alargado. Los clientes ahora pasan más tiempo investigando y comparando antes de tomar una decisión final. Esto significa que debes anticipar tus campañas de captación y comenzar a interactuar con los clientes potenciales mucho antes de los plazos de matriculación. Si antes el ciclo de toma de decisiones era de unos meses, ahora puede ser de hasta un año. Una estrategia efectiva es realizar eventos y actividades de promoción con anticipación para mantener el interés de tus clientes potenciales.

3.4.4. El cliente que busca personalización

Los clientes actuales quieren ser tratados como individuos únicos. Ya no se conforman con ser uno más en la multitud. Para abordar este aspecto, debes ser empático y escuchar activamente a tus clientes. Esto te permitirá comprender sus necesidades y expectativas específicas. Puedes ofrecer experiencias personalizadas, como entrevistas individuales con los padres y *tours* personalizados por el centro, para mostrarles que te importa su experiencia personal.

3.4.5. *El cliente con tiempo limitado*

El ritmo de vida actual ha hecho que los clientes tengan menos tiempo para dedicarse a entrevistas y reuniones largas. Donde antes un cliente estaba dispuesto a una entrevista de dos horas, ahora querrá que todo se resuelva en menos de 45 minutos. Para adaptarte a esto, necesitas ser eficiente y conciso en tus interacciones. Por ejemplo, puedes preparar presentaciones claras y enfocadas, y proporcionar materiales informativos fáciles de entender para que los clientes puedan informarse rápidamente.

3.4.6. *El cliente desconfiado*

Dada la abundancia de información *online*, los clientes tienden a ser más desconfiados. Comparan lo que dices en persona con lo que aparece en tu sitio web y tus redes sociales, y buscan referencias de otras personas que hayan tenido experiencias con tu centro. Para abordar esto, debes ser coherente en tus mensajes y demostrarlo, como testimonios de estudiantes y padres satisfechos.

3.4.7. *El cliente conectado socialmente*

Tus clientes forman parte de redes sociales, tanto *online* como *offline*, donde comparten sus experiencias y recomendaciones. Estas redes pueden ser una fuente de referencia o una vía para la difusión de tu centro educativo. Para aprovechar esto, participa en grupos y comunidades *online* relacionados con la educación y colabora con organizaciones locales. Estar presente en estos espacios te ayudará a mantenerte en contacto con tus clientes, hacerte visible y a fortalecer tu reputación.

3.4.8. *El cliente impaciente*

Con el ritmo acelerado de la vida moderna, tus clientes esperan respuestas rápidas y eficientes. La inmediatez de Google se ha convertido en la norma. Esto significa que debes ser ágil en tus respuestas y proporcionar a tus clientes la información que necesitan rápidamente. Utiliza herramientas como chatbots, respuestas automáticas en el correo electrónico y un equipo de atención al cliente bien entrenado para responder rápidamente a las consultas.

3.4.9. *El cliente emocional*

Aunque el proceso de toma de decisiones debería ser racional, cada vez más clientes son influidos por las emociones. Buscan experiencias que les hagan sentir bien y conectados emocionalmente con el centro educativo. Para abordar esto, crea historias y experiencias que resuenen emocionalmente con tus clientes. Por ejemplo, comparte historias inspiradoras sobre tus estudiantes y profesores, y destaca los valores y la cultura única de tu centro educativo.

3.5. Miopía del marketing

La miopía del marketing es un fenómeno que puede afectar a cualquier industria, pero tiene un impacto especialmente negativo en los centros educativos. Theodore Levitt acuñó el término para describir a las organizaciones que se enfocan demasiado en sus propios productos o servicios y pierden de vista las necesidades cambiantes de sus clientes y del entorno. Este tipo de miopía puede llevar a la falta de innovación, a la desconexión con el mercado y, finalmente, a la pérdida de relevancia.

En el contexto de un centro educativo, la miopía del marketing se manifiesta cuando la institución no logra adaptarse a las necesidades de los estudiantes, las familias y el entorno. Pongamos algunos ejemplos para ilustrar mejor este problema:

Horarios de apertura y cierre

Los centros educativos con miopía de marketing a menudo tienen horarios rígidos que no se adaptan a las necesidades de las familias modernas. Por ejemplo, una escuela que abre a las 9:00 a. m. y cierra a las 3:00 p. m. puede ser conveniente para el personal docente, pero para los padres que trabajan de 8:00 a. m. a 5:00 p. m., estos horarios representan un problema importante. La miopía del marketing en este caso implica no darse cuenta de que un simple cambio en los horarios podría ser de gran ayuda para las familias y haría que el centro educativo fuera más atractivo.

Actividades extraescolares arraigadas

Otra señal de miopía del marketing es cuando un centro educativo ofrece las mismas actividades extraescolares año tras año sin considerar si siguen siendo relevantes o atractivas para los estudiantes y las familias. Por ejemplo, un colegio que solo ofrece actividades tradicionales como música clásica y deportes convencionales puede estar perdiendo interés frente a instituciones que incorporan actividades más modernas como programación, robótica, claqué, bailes urbanos, *lettering*, etc. Un centro educativo que padece miopía del marketing no se adapta a las tendencias emergentes y, por tanto, pierde la oportunidad de captar la atención de clientes potenciales.

Falta de innovación en la enseñanza

Los centros educativos con miopía del marketing también pueden tener un enfoque rígido en sus métodos de enseñanza. Por ejemplo, seguir utilizando exclusivamente métodos tradicionales, como clases magistrales y libros de texto antiguos, sin incorporar tecnologías modernas o enfoques más interactivos, puede ser una clara indicación de miopía. Los estudiantes y las familias buscan experiencias educativas que sean atractivas e innovadoras, y un centro que no evolucione puede quedar obsoleto.

Miopía en el cliente interno

Como mencionamos anteriormente, uno de los errores más comunes de la miopía del marketing es ignorar a los clientes internos, es decir, al personal docente y al personal de administración y servicios (PAS). Estos empleados son fundamentales para el funcionamiento del centro educativo, pero a menudo se les pasa por alto. Un ejemplo clásico de miopía en el cliente interno es cuando el centro no proporciona oportunidades de crecimiento profesional ni fomenta un ambiente de trabajo positivo. Esto puede llevar a una alta rotación de personal, desmotivación y, en última instancia, afectar a la experiencia de los estudiantes.

Otro ejemplo que nos encontramos mucho en los colegios donde trabajamos consultoría es el siguiente, seguro que te suena: profesores y/o PAS que se enteran por redes sociales de proyectos, eventos, etc., que va a acometer el centro. O peor todavía, se enteran por el grupo de WhatsApp de clase, porque son papás de un alumno o alumna.

Soluciones para la miopía del marketing

Para combatir la miopía del marketing, un centro educativo debe enfocarse en las necesidades de sus clientes y del entorno. Te dejamos por aquí algunas estrategias para lograrlo:

— Escucha activa: escuchar a los estudiantes, las familias y el personal interno para comprender sus necesidades y expectativas. Esto puede hacerse a través de encuestas, reuniones regulares o sesiones de retroalimentación.
— Innovación continua: estar al tanto de las tendencias educativas y adaptarse a las necesidades cambiantes. Esto incluye la adopción de nuevas tecnologías y enfoques pedagógicos innovadores.
— Flexibilidad: ser flexible en términos de horarios, actividades y servicios para satisfacer las necesidades de las familias modernas.
— Inversión en el cliente interno: valorar a los empleados y proporcionarles oportunidades de desarrollo y crecimiento para mantenerlos motivados y comprometidos.

En resumen, la miopía del marketing puede ser peligrosa para un centro educativo porque puede desconectarlo de las necesidades reales de sus clientes. Al abordar esta miopía, el centro puede convertirse en una institución más dinámica, flexible y orientada al cliente, lo que conducirá a una mayor satisfacción y éxito a largo plazo.

3.6. Conceptos esenciales

3.6.1. *Adaptación continua al entorno cambiante*

Ya hemos comentado que el sector educativo está en constante evolución, y los centros deben ser ágiles para adaptarse a las nuevas tendencias y expectativas. Esto implica mantenerse al día con las innovaciones tecnológicas, las leyes educativas y los cambios demográficos. Si tu centro educativo que no se adapta, corre el riesgo de quedarse atrás y perder relevancia.

3.6.2. *Cambio en el perfil de los clientes*

El perfil de tus clientes ha cambiado, y esto exige una adaptación en tu gestión de marketing y de relaciones con los clientes. Los clientes son más informados, reflexivos y exigentes. Para satisfacer sus necesidades, debes anticipar sus expectativas y ofrecer experiencias personalizadas. Mantener una comunicación abierta y transparente con ellos es crucial para generar confianza y fidelidad. Debes hacer mucha investigación.

3.6.3. *Marketing de coste cero*

El marketing de coste cero es aplicable a cualquiera de las tipologías de clientes a las que te enfrentes. Esto incluye estrategias como el boca a boca, las recomendaciones de clientes satisfechos y el uso eficaz de las redes sociales y Google. Un ejemplo de marketing de coste cero es fomentar la participación de los padres para que informen a sus amigos o familiares que en tu colegio habéis empezado a hacer entrevistas a familias o que estáis organizando un *open day*.

3.6.4. *Estrategia de marketing orientada al cliente*

Tu estrategia de marketing debe centrarse en las necesidades y deseos de los clientes, no en los productos o servicios que ofreces. Esto significa escuchar activamente a tus clientes y adaptar tu oferta para satisfacer sus expectativas. Un centro educativo que pone a los clientes en el centro de su estrategia tiene más probabilidades de tener éxito y lograr una reputación positiva.

3.6.5. *Definición de productos y servicios basada en investigación*

Antes de definir tus productos y servicios, es fundamental realizar una investigación exhaustiva del entorno y de los clientes. Definir primero un producto o servicio sin conocer el mercado puede llevar a errores costosos. Por ejemplo, antes de lanzar un nuevo programa académico o actividad extracurricular, asegúrate de que existe demanda y de que se alinea con las necesidades de tus clientes. En ocasiones una simple consulta en Google Trends nos da mucha información.

Google Trends es una herramienta de análisis que muestra la popularidad de términos de búsqueda en línea a lo largo del tiempo y en diferentes regiones geográficas. Permite comparar varios términos, identificar patrones de búsqueda y comprender las tendencias de interés en diversos temas. Esta herramienta es especialmente útil para centros educativos, ya que ayuda a tomar decisiones informadas al definir productos y servicios.

¿Cómo puede ayudar a un centro educativo?

1. Identificación de tendencias populares.
2. Antes de implementar un programa académico o actividad, puedes buscar términos como «clases de programación para niños»

o «actividades STEM para adolescentes». Esto te permite medir el interés en estos temas y evaluar su relevancia.

3. Segmentación geográfica.
4. Si tu institución opera en un área específica, puedes analizar qué términos relacionados con la educación son más buscados en tu región, ayudándote a ajustar tu oferta a las necesidades locales.
5. Estacionalidad de la demanda.
6. Las búsquedas relacionadas con ciertos servicios, como campamentos de verano o cursos de idiomas, tienen picos específicos en el año. Google Trends ayuda a prevenir estas épocas para planificar tus campañas de marketing y lanzamientos estratégicamente.
7. Comparativa entre opciones.
8. Puedes comparar conceptos como «educación bilingüe» y «educación STEM» para determinar cuál tiene mayor relevancia.

3.7. Ideas clave

1. **¿Quién es tu cliente?**

   Los clientes de un centro educativo no solo son las familias y estudiantes, sino también el personal interno, exalumnos y la comunidad. Identificar sus necesidades específicas es clave para alinear las estrategias.

2. **La importancia del cliente interno.**

   El bienestar de los profesores y el personal administrativo impacta directamente en la reputación del centro. Crear un entorno positivo y motivador para mejorar la experiencia educativa y la imagen institucional.

3. **La transformación del cliente externo.**

   Las familias actuales investigan más, buscan personalización y valoran la calidad. Adaptarse a estas expectativas implica ofrecer experiencias únicas y transparentes desde el primer contacto.

4. **Miopía del marketing.**

   No centrar las estrategias en las necesidades reales de los clientes puede llevar a desconexión con el entorno y pérdida de relevancia. La innovación y la escucha activa son fundamentales.

5. **Marketing orientado al cliente.**

   Las decisiones estratégicas deben basarse en investigación y en entender las demandas cambiantes de los clientes. Ofrecer soluciones personalizadas genera fidelidad y diferenciación.

3.8. Voces expertas

Jesús Martín Béjar - Responsable de comunicación y marketing de Maristas Málaga y la Provincia Marista Mediterránea.

Experto en marketing educativo. Profesor de Economía y Emprendimiento, es licenciado en Administración y Dirección de Empresas (ADE) y cuenta con un Máster en Marketing, además de posgrados en Marketing Digital, Experiencia de Cliente y Captación de Clientes. Formador, conferenciante y ponente habitual, colabora con instituciones educativas como Loyola, Escuelas Católicas, ESIC y Eduketing, entre otras.

1. **¿Cómo has identificado y gestionado los diferentes perfiles de clientes en tu centro educativo?**

   Las estrategias que desarrollamos en el centro educativo están diversificadas a los distintos perfiles de clientes. Hemos realizado estudios de perfiles de nuestras propias familias, de familias de nuestro entorno y de la familia ideal para el centro. Además, cuidamos mucho el proceso de selección del profesorado y tenemos una política de apertura del centro, fomentando las relaciones institucionales.

   Somos un colegio con arraigo en el barrio y la ciudad. Por ello, no solamente desarrollamos estrategias directas a familias potenciales. La participación en actividades y búsqueda de colaboración con entidades públicas y privadas son fundamentes para impulsar nuestra propuesta educativa y ponerla en valor.

   En todos los casos, intentamos poner el foco en las personas.

2. **¿Qué impacto crees que tiene el bienestar de los empleados en la satisfacción y percepción de los estudiantes y sus familias?**

   La clave del servicio educativo está en la experiencia de los clientes durante la prestación de este, como en cualquier servicio. El profesorado es el que imparte la clase, atiende en primera instancia a la familia... en definitiva son los creadores de la mayor experiencia de los usuarios. De nada sirve tener el mejor proyecto educativo sin un profesorado comprometido con el mismo. El que se sientan cuidados y motivados genera estabilidad, que mejora la productividad en su día a día. Eso repercute positivamente en la experiencia de alumnos y familias. Por ello, debemos cuidar que se sientan auténticos líderes porque tienen que conectar con ellos. El líder entusiasma y transmite la esencia del centro educativo, lo que favorece una adecuada percepción y optimiza la satisfacción.

3. **¿Cómo has adaptado las estrategias de marketing en tu centro para satisfacer a un cliente cada vez más informado y exigente?**

Las familias cada vez acuden al centro educativo sabiendo más sobre metodologías, diversidad, proyectos... por la información previa en internet, redes sociales o conversaciones con otras familias, pero no tienen conocimientos de los procesos educativos. Si en algo hemos evolucionado en los procesos de marketing educativo ha sido en aprender a conocer y entender mejor a nuestros alumnos, familias y familias potenciales. Saber qué les preocupa con antelación es clave, ya que nos permite adaptar nuestra propuesta educativa para ofrecerles lo que realmente buscan. La anticipación, además, nos permite controlar buena parte de las dudas que les puedan surgir, de manera que podamos darles respuestas que aporten valor a sus inquietudes y que justifiquen y sustenten nuestra propuesta educativa.

4. **¿Qué estrategias de fidelización funcionan mejor para mantener una relación sólida con familias, estudiantes y exalumnos?**

Es fundamental que un colegio se centre en ofrecer algo más que aulas. Enseñar el currículum que establece la ley educativa y que los alumnos lo aprendan no es ningún mérito, cualquier otro centro hace lo mismo. Es fundamental que hagamos del paso de alumnos y familias una auténtica experiencia que deje huella. Sentirse parte de una familia que se siente escuchada y partícipe de lo que ocurre en el colegio; ofrecer oportunidades de crecimiento personal, además del académico; poder vivir experiencias multidisciplinares desarrollando proyectos; estar en contacto con el entorno... en definitiva, preparar al alumnado no en el currículum, sino en el desarrollo de habilidades que son esenciales para nuestra sociedad hoy y que les permitan ser personas de éxito, estudien lo que estudien o vayan donde vayan.

4
LOS RETOS DEL PERSONAL DEL CENTRO

4.1. Introducción: adaptarse a los nuevos cambios

Dado que el entorno educativo ha cambiado, como te hemos comentado, tu centro educativo también debe adaptarse a estos nuevos desafíos. La adaptación no solo debe centrarse en los servicios que ofreces a tus familias, sino también en la gestión del equipo que conforma toda la institución educativa.

Si en capítulos anteriores te hablábamos de que marketing es la constante adaptación a entornos cambiantes e inciertos, el personal de tu centro deberá ser parte de esa adaptación continua.

Para crear equipos de éxito y mantener un entorno laboral positivo es esencial abordar varios aspectos relacionados con el personal del centro. En este capítulo exploraremos algunos de los principales retos a los que se enfrenta el personal y las estrategias para superarlos.

4.2. Cómo crear equipos de éxito

Un centro educativo exitoso necesita un equipo cohesionado y comprometido. Aquí te dejamos algunas recomendaciones para construir equipos sólidos y con alto rendimiento.

4.2.1. *Atraer el talento*

Para atraer talento a tu centro educativo es importante contar con una sólida estrategia de *employer branding*. Los profesionales talentosos buscan lugares de trabajo donde puedan crecer y desarrollarse. Si puedes crear un ambiente que fomente el aprendizaje y la innovación, tendrás un equipo que se esfuerce por dar lo mejor de sí mismo.

Ejemplo: un centro educativo que ofrezca oportunidades de desarrollo profesional, como programas de formación y talleres, atraerá a profesionales talentosos. Si transmites esa cultura positiva del centro a través de las redes sociales y otros canales de comunicación podrás atraer a candidatos que compartan tus valores.

Muchos sabemos que LinkedIn es la red social ideal para encontrar y poner en valor el talento del equipo humano.

4.2.2. *Aportar valor a la estrategia del centro educativo*

Para que el equipo aporte valor necesitas una estrategia de comunicación interna eficaz. Un buen plan de comunicación garantiza que todos los empleados comprendan los objetivos del centro y sepan cómo contribuir a ellos.

Ejemplo: un centro educativo puede organizar reuniones regulares para compartir la estrategia del centro y obtener retroalimentación del equipo. Además, puedes establecer canales de comunicación interna, como boletines o aplicaciones, para mantener a todos informados y fomentar la participación. Pero no olvides lo más importante: tener una dirección que escuche a sus empleados.

4.2.3. *Tecnología y digitalización*

En la era digital, el uso de tecnología avanzada es fundamental y en estos momentos la inteligencia artificial (IA) está escalando puestos a una velocidad de vértigo. Es esencial asegurarse de que el personal tenga las habilidades necesarias para trabajar con estas tecnologías. Si tus recursos humanos no están preparados, la inversión en tecnología puede ser inútil. Queda muy bien decir a las familias que somos un centro tecnológico y digitalizado, pero ¿lo somos de verdad o simplemente contamos con *tablets*, *Chromebooks* y pizarras digitales?

Ejemplo: un centro educativo puede ofrecer formación en herramientas digitales para el personal docente y administrativo. Esto puede incluir el uso de plataformas de gestión escolar, herramientas de colaboración *online* y recursos educativos digitales.

Hay infinidad de cursos bonificables a los que puede optar tu centro educativo. Sin ir más lejos, en 2023 el personal docente tuvo que hacer el curso de competencias digitales.

4.2.4. *Gestión del cambio*

La gestión del cambio es crucial en un entorno educativo en constante evolución. Las instituciones deben ser capaces de adaptarse rápidamente a nuevas tendencias y requerimientos. Crear un departamento de gestión del cambio puede ayudar a administrar estas transformaciones de manera eficaz.

Ejemplo: un centro educativo puede implementar un equipo de gestión del cambio para abordar transformaciones como cambios en el currículo, nuevas tecnologías o actualizaciones en regulaciones educativas. Este equipo puede trabajar con el personal para asegurar una transición suave y minimizar el impacto en los estudiantes y las familias.

4.2.5. *Responsabilidad social corporativa (RSC)*

Fomentar la responsabilidad social entre el personal puede tener un impacto positivo en el compromiso del equipo. La RSC implica actividades que contribuyan al bienestar social y al medio ambiente, lo que puede inspirar a los empleados y darles un sentido de propósito.

Ejemplo: un centro educativo puede participar en actividades de voluntariado, como limpieza de parques o campañas de recolección de alimentos, y animar a los empleados a participar. También puedes incorporar iniciativas sostenibles en el centro, como programas de reciclaje y ahorro de energía, para crear conciencia sobre la importancia de la sostenibilidad.

4.2.6. *Liderazgo y motivación*

El liderazgo eficaz y la motivación son fundamentales para un equipo exitoso. Las organizaciones con estructuras horizontales y líderes que delegan tienden a tener empleados más motivados. Los líderes deben ser inspiradores y fomentar un entorno de colaboración.

Ejemplo: un centro educativo con un liderazgo participativo puede organizar reuniones regulares para obtener ideas y sugerencias del personal. Los líderes que reconocen el buen trabajo y brindan oportunidades de crecimiento personal suelen tener equipos más comprometidos y motivados.

4.2.7. Trabajo en equipo

El trabajo en equipo es esencial para el éxito de un centro educativo. Para fomentar la colaboración y la comunicación efectiva es importante crear un ambiente donde todos trabajen hacia objetivos comunes.

Ejemplo: un centro educativo puede organizar actividades de trabajo en equipo para fomentar la colaboración entre el personal. Esto puede incluir talleres de resolución de problemas, actividades deportivas o retiros de equipo para fortalecer la cohesión.

4.2.8. Todos somos parte del proceso comercial

Cada persona en tu institución educativa forma parte del proceso comercial. Desde la persona que atiende el teléfono hasta los profesores, todos deben comprender su papel en la experiencia del cliente.

Ejemplo: un centro educativo puede proporcionar formación sobre atención al cliente a todo el personal, incluso a quienes no están directamente involucrados en el proceso de enseñanza. Esto puede mejorar la experiencia de las familias y estudiantes, creando una impresión positiva del centro.

4.2.9. Todo el personal representa la marca

El personal del centro educativo representa la marca de la institución. Por tanto, cada empleado debe proyectar una imagen positiva y profesional, tanto dentro como fuera del centro. El atuendo, el comportamiento y la actitud del personal son parte integral de la marca del centro, al igual que su actividad en las redes sociales.

— Comportamiento y actitud.

Cada interacción que el personal tiene con estudiantes, padres y colegas afecta a la percepción de la institución. Esto incluye el trato que reciben las familias, la comunicación entre compañeros y la forma en que el personal aborda los problemas. Para mantener una imagen positiva y coherente es importante que el personal siga políticas claras que fomenten el respeto y la cortesía.

Ejemplo: un centro educativo puede establecer políticas que describan las expectativas de comportamiento y actitudes en el lugar de trabajo. Esto podría incluir un protocolo sobre el uso del lenguaje, el tono de voz y la gestión de conflictos. Además, el centro podría organizar talleres de sensibilización para asegurar que todos comprendan la importancia de mantener un ambiente profesional y respetuoso.

— Atuendo y presentación.

El atuendo y la presentación personal también influyen en la percepción de la marca del centro educativo. Un código de vestimenta apropiado y la promoción de valores como la limpieza y la profesionalidad ayudan a crear una imagen positiva.

Ejemplo: un centro educativo puede implementar un código de vestimenta que especifique estándares para el personal docente y el PAS. Esto puede incluir directrices sobre ropa formal o semiformal, uso de insignias o uniformes y normas de aseo personal.

— Presencia en redes sociales.

El comportamiento del personal en las redes sociales también impacta en la imagen del centro educativo. Dado que los profesores y el PAS son personajes públicos, es fundamental que cuiden y protejan sus perfiles sociales. Los empleados deben ser conscientes de que lo que publican en redes sociales puede afectar a la reputación del centro educativo.

Ejemplo: un centro educativo puede ofrecer orientación sobre el uso responsable de las redes sociales para su personal. Esto podría incluir recomendaciones sobre privacidad, límites entre la vida personal y profesional, y cómo evitar publicaciones que puedan ser consideradas ofensivas o inapropiadas. Se puede establecer una política clara sobre qué tipo de contenido es adecuado para compartir, tanto en perfiles personales como en cuentas asociadas al centro educativo.

En resumen, todo el personal del centro educativo representa la marca, no solo en el centro, sino también en el entorno digital. Para mantener una imagen positiva es esencial establecer políticas claras y ofrecer orientación sobre el comportamiento, el atuendo y la actividad en redes sociales. Al hacerlo, los centros educativos pueden garantizar que su personal proyecte una imagen profesional y respete los valores de la institución.

4.3. Grupos de mejora

En el dinámico entorno educativo actual, los grupos de mejora juegan un papel fundamental para fortalecer la calidad educativa, fomentar la innovación y potenciar el desarrollo profesional del personal dentro de los centros educativos. Estos grupos proporcionan un marco estructurado y colaborativo donde los miembros del equipo pueden identificar, analizar y abordar de manera efectiva los desafíos institucionales clave.

Importancia de los grupos de mejora

1. **Identificación y priorización de desafíos:** los grupos de mejora permiten identificar áreas críticas que requieren atención dentro del centro educativo. Desde la optimización de procesos administrativos hasta la implementación de estrategias para mejorar la experiencia estudiantil, estos grupos son fundamentales para alinear las acciones institucionales con los objetivos estratégicos.
2. **Colaboración interdisciplinaria:** al integrar a personal docente, administrativo y directivo en estos grupos, se fomenta la colaboración interdisciplinaria. Esta diversidad de perspectivas garantiza que las soluciones propuestas sean efectivas, abordando múltiples dimensiones de los desafíos educativos.
3. **Aplicación de metodologías efectivas:** la adopción de metodologías ágiles como Scrum o Kanban en los grupos de mejora facilita una gestión eficiente y adaptable de proyectos. Estas metodologías promueven la transparencia, la flexibilidad y la capacidad de

respuesta, permitiendo ajustes continuos basados en la retroalimentación y los resultados obtenidos.

4. **Implementación de soluciones innovadoras:** los grupos de mejora actúan como incubadoras de innovación, proporcionando un entorno seguro para la experimentación y la implementación de soluciones novedosas. Por ejemplo, podrían enfocarse en la integración de tecnologías emergentes en el aula o en el desarrollo de estrategias de comunicación interna para fortalecer la cohesión y eficacia del equipo educativo.

Ejemplo práctico: implementación de un grupo de mejora en comunicación interna

Supongamos que un centro educativo identifica la necesidad de mejorar la comunicación interna entre todos los niveles de personal: desde docentes y administrativos hasta el equipo directivo. El grupo de mejora en comunicación interna podría estar compuesto por representantes de cada área, con el objetivo de optimizar los procesos de comunicación y fortalecer la cohesión organizacional.

Este grupo podría desarrollar un plan estratégico que incluya:

— **Análisis de necesidades:** realizar encuestas y entrevistas para identificar los desafíos actuales en la comunicación interna dentro del centro educativo.
— **Diseño de estrategias:** desarrollar protocolos claros y eficaces para la comunicación entre diferentes departamentos y niveles jerárquicos.
— **Implementación de herramientas:** introducir plataformas digitales y reuniones regulares específicas para mejorar la fluidez y efectividad de la comunicación.
— **Evaluación y mejora continua:** establecer métricas de seguimiento y evaluación para medir el impacto de las estrategias implementadas, realizando ajustes según sea necesario para optimizar resultados.

Beneficios de los grupos de mejora

— **Cultura de mejora continua:** fomentan una cultura organizacional orientada a la mejora continua, donde la innovación y la adaptabilidad son fundamentales.

— **Desarrollo profesional:** proporcionan oportunidades significativas para el desarrollo profesional del personal, al involucrarlos en proyectos estratégicos y de alto impacto.
— **Innovación y flexibilidad:** promueven la innovación al facilitar la experimentación con nuevas ideas y tecnologías, mejorando la capacidad del centro educativo para adaptarse rápidamente a cambios en el entorno educativo.

Abordar los retos del personal del centro educativo requiere un enfoque integral que incluya desde la atracción de talento hasta el desarrollo de equipos cohesionados y la implementación de estrategias innovadoras como los grupos de mejora. Al adoptar estas prácticas, los centros educativos pueden fortalecer su capacidad para ofrecer una educación de calidad y preparar a los estudiantes para los desafíos del siglo XXI.

4.4. Metodologías ágiles en el centro educativo

Las metodologías ágiles, como Scrum, Kanban y Agile, pueden ser muy útiles para mejorar la eficiencia y la adaptabilidad de un centro educativo. Vamos a ver cómo estas metodologías pueden aplicarse para abordar los retos del personal del centro.

4.4.1. *Scrum en el centro educativo*

Scrum es una metodología ágil que organiza el trabajo en *sprints* cortos y definidos, con un equipo autoorganizado. Por ejemplo, puedes implementar Scrum para mejorar la comunicación interna del centro educativo. El equipo encargado establece un objetivo, como optimizar los canales de comunicación entre docentes, familias y la administración. Durante los *sprints*, podrían crear prototipos de boletines informativos, probar una plataforma digital para mensajes internos y recoger retroalimentación de los usuarios. Al final de cada *sprint*, se evalúan los resultados y se ajusta el enfoque según las necesidades identificadas, asegurando una mejora continua en este aspecto clave.

4.4.2. *Kanban para el flujo de trabajo*

Kanban es una herramienta visual que ayuda a gestionar el flujo de trabajo, identificar cuellos de botella y mejorar la eficiencia. Por ejemplo, en un centro educativo, Kanban puede aplicarse a la gestión de solicitudes de admisión. Se podría configurar un tablero con columnas como «Solicitudes recibidas», «En revisión», «Pendientes de documentación» y «Finalizadas». Esto permite al equipo administrativo tener una visión clara del progreso de cada solicitud, priorizar tareas y detectar rápidamente dónde se generan retrasos. Al usar Kanban, se mejora la organización, la transparencia y la coordinación en este proceso crítico para el centro.

4.4.3. *Agile para la adaptación continua*

Agile es un enfoque que engloba diversas metodologías ágiles y se centra en la adaptabilidad y mejora continua. Aplicar Agile en un centro educativo puede implicar reuniones periódicas para debatir mejoras, recopilación de comentarios de estudiantes y padres, y ajustes rápidos para abordar necesidades emergentes.

4.4.4. *Beneficios de las metodologías ágiles en educación*

Las metodologías ágiles aportan varios beneficios a un centro educativo:

— Mayor colaboración y comunicación.
— Flexibilidad y adaptabilidad.
— Mejora continua mediante retroalimentación constante.
— Eficiencia en la gestión del trabajo.

Ejemplo: si tuviéramos que organizar una jornada de puertas abiertas utilizando Scrum podríamos dividir la organización de la jornada de puertas abiertas en *sprints* cortos y definidos, generalmente de una a dos semanas cada uno. Aquí hay un ejemplo de cómo implementarlo:

— *Sprint* 1: planificación inicial:

  • Equipo: director, coordinador de admisiones, personal de marketing.
  • Objetivo: definir el alcance y los objetivos de la jornada de puertas abiertas.

- Actividades:
  - Reunión de inicio para establecer las metas y el calendario.
  - Identificación de recursos necesarios (espacios, materiales promocionales, personal).
  - Creación del *backlog* del *sprint* con tareas como preparar folletos, actualizar la web, diseñar invitación y reservar salones.
— **Sprint 2:** preparativos y promoción:
  - Equipo: coordinador de marketing, equipo de diseño gráfico, personal administrativo.
  - Objetivo: ejecutar las tareas planificadas y asegurar la promoción efectiva.
  - Actividades:
    - Diseño y producción de folletos y carteles promocionales.
    - Actualización de la página web con información relevante y formulario de inscripción.
    - Preparación de material visual y audiovisual para presentaciones y recorridos.
— **Sprint 3:** ejecución y seguimiento:
  - Equipo: todo el personal participante en la jornada de puertas abiertas.
  - Objetivo: garantizar una jornada fluida y captar retroalimentación inmediata.
  - Actividades:
    - Implementación del plan de jornada de puertas abiertas, con roles claramente definidos.
    - Uso de *feedback* en tiempo real para ajustar dinámicas y contenidos.
    - Recopilación de datos de inscripción y seguimiento de *leads* potenciales.

Ejemplo: hagamos lo mismo, pero ahora utilizando Kanban.

Kanban puede ser útil para visualizar y gestionar el flujo de trabajo durante la preparación de la jornada de puertas abiertas. Aquí te muestro cómo organizarlo:

— **Columnas del tablero Kanban:**

- **Por hacer:** tareas pendientes como diseño de materiales, actualización de la web, formulario de inscripción, vídeo promocional y reserva de espacios.
- **En proceso:** tareas en ejecución, como impresión de folletos y configuración de espacios.
- **Hecho:** tareas completadas y listas para su implementación, como material promocional preparado y pruebas de audiovisuales.

En mayor o en menor medida, los centros educativos hacéis una planificación de acciones, pero desde nuestro punto de vista «falláis» en la delegación de estas, lo que genera cuellos de botella y retrasos.

4.5. Funciones del profesorado

El profesorado desempeña un papel clave en el centro educativo. Estas son algunas de sus funciones principales:

— Programación y enseñanza de materias y módulos.
— Evaluación del proceso de aprendizaje del alumnado.
— Tutoría y orientación del aprendizaje.
— Atención al desarrollo emocional, social e intelectual de los estudiantes.
— Promoción y organización de actividades complementarias.
— Contribución a un clima de respeto y tolerancia.
— Información periódica a las familias sobre el progreso de sus hijos.
— Coordinación de actividades docentes y de gestión.
— Participación en la actividad general del centro.
— Participación en planes de evaluación y mejora.
— Investigación y experimentación para mejorar la enseñanza.

4.6. ¿Qué valoran las personas de su trabajo?

Las personas que trabajan en tu centro educativo valoran su trabajo basándose en criterios como el respeto, el reconocimiento y la oportunidad de desarrollar habilidades. Aquí están algunos de los criterios más importantes:

— Respeto por su trabajo.
— Trabajo interesante y creativo.
— Reconocimiento por el trabajo bien realizado.
— Oportunidad de desarrollar habilidades.
— Autonomía y capacidad de tomar decisiones.

4.7. ¿Cómo motivar a nuestro equipo?

Para motivar a tu equipo debes clarificar tareas y responsabilidades, establecer objetivos SMART (específicos, medibles, alcanzables, relevantes y con tiempo definido) y proporcionar formación anual. Aquí están algunas estrategias adicionales para mantener a tu equipo motivado y comprometido:

— Delega responsabilidades: esto muestra confianza en tu equipo.
— Forma al equipo anualmente: la formación continua es clave para mantener la motivación.
— Pide ideas al equipo: esto fomenta la participación y la creatividad.
— No tengas favoritos: tratar a todos por igual es fundamental para un equipo cohesionado.
— No permitas *mobbing:* crear un entorno seguro es crucial para el bienestar del equipo.

4.8. Ideas clave

1. **Aportar valor a la estrategia del centro.**
   El personal del centro no solo ejecuta tareas, sino que es clave para aportar ideas innovadoras que fortalezcan el proyecto educativo y la diferenciación frente a otros colegios.
2. *Employer branding.*
   Es la estrategia para posicionar al centro como un lugar atractivo para trabajar. Implica cuidar la experiencia laboral del equipo, proyectar un entorno positivo y ofrecer desarrollo profesional para atraer y retener talento.
3. **La importancia de la digitalización.**
   Invertir en tecnología debe ir acompañado de formación para el personal. La integración de herramientas digitales transforma no solo la enseñanza, sino también la gestión del centro.

4. **Trabajo en equipo y liderazgo.**
   Fomentar la colaboración y contar con líderes que motiven e inspiren mejora el clima laboral y fortalece la calidad educativa. La comunicación interna efectiva es clave para el éxito.
5. **El personal como embajador de la marca.**
   Cada interacción del personal con alumnos y familias proyecta la identidad del centro. Formar a los empleados como embajadores ayuda a consolidar la imagen y la reputación de la institución.

4.9. Voces expertas

Ignacio de Loyola Torán Busutil - Responsable de marketing de la Red de Escuelas de Salesianas España.
Miembro de la Comisión Nacional de la Red de Escuelas de Salesianas España. Experto en gestión de equipos directivos de colegios. Scrum manager 2024. Agile coach 2024.

1. **¿Cómo promueves la cohesión y el compromiso dentro del equipo de tu centro educativo?**
   Para generar la cohesión y el compromiso de tus equipos de trabajo es de vital importancia alinear propósitos entre los trabajadores y el colegio. Es decir, Simon Sinek en el «círculo dorado» nos habla de propósito evolutivo como una fuerza motriz que impulsa a todos los miembros de cualquier organización, en nuestro caso a toda la comunidad educativa. Es decir, responde a la pregunta: ¿por qué hacemos lo que hacemos?
   Por ello, alinear el propósito entre el claustro y el colegio va mucho más allá del trabajo diario, ya que se proyecta hacia un largo plazo. Podríamos decir que trasciende el hoy y mira al futuro. También nos sirve de brújula, porque guía nuestro trabajo y proyectos, dándole un sentido más elevado.
   Como hemos dicho antes que se centra en por qué hacemos lo que hacemos en el colegio, nos sitúa en el plano emocional y por tanto le da un significado mayor a todas y cada una de las acciones que promovemos desde el equipo directivo.
   Tampoco podemos olvidar que este tipo de estrategia conecta a las personas, las conecta de manera emocional y conlleva un valor de pertenencia añadido.

Señalar que en el capítulo *ut supra* se han mencionado las metodologías ágiles. Explorar este tipo de metodologías en un centro educativo además de novedoso, garantizará el crecimiento personal y profesional de tus docentes y consolidará el talento en tu plantilla.

Y por último buscar la retroalimentación constantemente, abriendo espacios para que los equipos de trabajo, el claustro o el PAS puedan expresar sus ideas o también sus preocupaciones en un *feedback* continuo.

2. **¿Qué características valoras más en los miembros de tu equipo y cómo las fomentas?**

A fin de cuentas, las empresas, las instituciones educativas, están configuradas por personas y está claro que es el auténtico *valor* de estas. Por ello, tal y como sean y actúen los claustros, el PAS será como actúe la institución educativa en la que trabajan.

En la sociedad actual los equipos de trabajos más eficaces y eficientes tienen todos características muy similares y así poder dar respuesta a las necesidades del hoy.

Las características más relevantes, a mi entender, deben ser:

1. Proactivas: es de un valor incalculable las personas que toman iniciativas en los equipos.
2. Creativas: la originalidad en el punto de vista, salir de la caja de lo establecido.
3. Empáticas: es una de las *soft skills* que más se valora en los equipos, ya que genera un ambiente relacional que estimula la creatividad, la asunción de responsabilidades desde el respeto al otro y genera vínculos emocionales que fortalecen la red.
4. Resilientes: capacidad de adaptación de un ser vivo frente a un agente perturbador o un estado o situación adversos.
5. Hábiles tecnológicamente: este es un imprescindible en cualquier sector laboral, pero en el mundo educativo debemos estar donde están nuestros destinatarios y utilizar los medios/canales que utilizan ellos. El concepto *phigital* adaptado al tema que estamos tratando.

Si quisiera resumir las características que más valoro en un entorno educativo tanto en los equipos como en el claustro o en el PAS, sería la fidelidad creativa a la propuesta educativa concreta con las herramientas tecnológicas del hoy y con auténtica pasión por las personas.

3. **¿Cómo abordas el cambio organizacional dentro de tu equipo y qué técnicas han sido efectivas?**

Existen muchas formas de abordar el cambio organizacional de los equipos de trabajo en un claustro de colegio. Decidir cuál de ellos es el más adecuado requiero de un análisis previo de la realidad desde la serenidad y realidad no solo por parte del equipo directivo del colegio sino por la mayoría de la comunidad educativa, ya que va a suponer un cambio desde lo más profundo.

En este momento, donde los cambios metodológicos, de espacios educativos, de percepción de las necesidades, de los propios alumnos y sus familias son una realidad, nos movemos ante una realidad de organización de equipos de trabajo que no va pareja al hoy, por ello una propuesta muy interesante sería una adaptación de los entornos ágiles, que nacieron en las empresas de software al mundo educativo.

Las metodologías ágiles son increíblemente beneficiosas para la estructura y organización de los equipos de trabajo en un colegio por distintas razones:

La primera de ellas sería la **flexibilidad y adaptabilidad,** ya que las metodologías ágiles permiten a los equipos de trabajo de un colegio adaptarse rápidamente a cambios en las necesidades de los estudiantes, políticas educativas y otros factores externos. Además, democratiza **la comunicación** con las reuniones diarias (*daylis*) y revisiones periódicas (retrospectivas), que aseguran que todos estén al tanto del progreso y de los desafíos. Lo que nos lleva a un **fomento del trabajo en equipo** y esto puede significar una mejor cooperación entre profesores, administradores y PAS.

Y un elemento muy importante y de poca relevancia en los colegios educativos, el **enfoque en la entrega continua de valor:** los equipos ágiles se centran en entregar valor de manera continua y en pequeños incrementos. En un colegio, esto se traduce en la implementación regular de mejoras en el currículo, la infraestructura y los recursos educativos, etc. Y esto nos lleva a un **empoderamiento del personal docente y no docente** debido a que las metodologías ágiles empoderan a los miembros de los equipos para que tomen decisiones y se sientan responsables de su trabajo.

Las prácticas ágiles aseguran que las decisiones se tomen teniendo en cuenta lo que es mejor para ellos, lo que puede resultar en una experiencia educativa más centrada en el estudiante y personalizada, poniendo el foco en el **usuario final.**

Y, por último, ganamos en **transparencia y visibilidad,** ayudando a los equipos de un colegio a mantener una visión clara de los objetivos, plazos y responsabilidades, lo que facilita una gestión más efectiva.

4. **¿Qué papel juega la tecnología en la formación y desarrollo de tu equipo?**

La tecnología facilita una comunicación y colaboración más efectiva dentro de los equipos de trabajo de un colegio e incluso del propio equipo directivo. Herramientas como Slack, Google Workspace o Microsoft Teams no solo conectan a los miembros, sino que integran recursos de formación continua, como bibliotecas de contenido propio o *webinars* interactivos. La pandemia nos forzó a un entorno en el que aprender y colaborar se convirtió en algo natural. Otro elemento a tener en cuenta, y a mi manera de ver fundamental, es el uso de plataformas digitales para el diseño de planes personalizados de desarrollo profesional, utilizando sistemas que monitorizan habilidades adquiridas y áreas de mejora. Y, por último, la gamificación, mediante el uso de plataformas como Kahoot o Moodle, introduce dinámicas lúdicas que motivan a los claustros, haciendo de la formación una experiencia más atractiva y menos monótona.

En resumen, la tecnología no solo sirve como herramienta de aprendizaje, sino que transforma la manera en que los equipos de los colegios y sus claustros interactúan, colaboran y crecen.

5
POSICIONAMIENTO Y DIFERENCIACIÓN

El posicionamiento en el mercado de un producto o servicio es la manera en la que los consumidores definen un producto a partir de sus atributos importantes, es decir, el lugar que ocupa el producto en la mente de los clientes en relación con los productos de la competencia. Ese lugar que ocupa en la mente es a lo que llamamos posicionamiento.

Kotler y Armstrong (2008) definen el posicionamiento como la imagen que la organización, los productos o las marcas pretenden proyectar, atendiendo a ciertos atributos, en relación con otras organizaciones, productos o marcas competidoras o de la misma empresa.

Nosotros definimos posicionamiento como lo que dicen de tu colegio cuando tú no estás delante.

5.1. ¿Qué nos piden las familias hoy en día?

Es crucial para un centro educativo entender a fondo a su cliente: las familias del siglo XXI. En esta era del consumidor, las expectativas y emociones de los padres han evolucionado considerablemente. Ahora, ellos no solo desean un entorno seguro y bilingüe, sino que también tienen un papel más activo y exigente en la elección de centros educativos. Con el creciente uso de las redes sociales, los padres pueden expresar sus opiniones con facilidad y esperan que las instituciones educativas se adapten rápidamente a sus necesidades y expectativas.

Hoy en día, los padres se enfrentan a desafíos diferentes a los de generaciones anteriores. Viven vidas más ocupadas y están más involucrados en múltiples actividades, lo que a veces puede llevarlos a cuestionar las metodologías y la autoridad de los educadores. Esto subraya la importancia de que los profesores no solo impartan clases efectivas, sino que también establezcan conexiones personales, comuniquen efectivamente y se integren activamente en la comunidad escolar.

Según un estudio reciente de Avanza tu carrera junto con Infoempleo y la revista *Hacer Familia*[1], las familias valoran enormemente varios aspectos al elegir un centro educativo:

5.1.1. *Un entorno seguro, tecnológico y bilingüe*

Uno de los aspectos más valorados por los padres es la seguridad en el entorno escolar. Temas como el acoso escolar generan gran preocupación, por lo que un 97 % de los encuestados considera crucial que los centros cuenten con medidas de control adecuadas.

El bilingüismo también es altamente valorado. Aproximadamente el 85 % de los padres prefiere centros bilingües, destacando la importancia de la competencia en idiomas en la educación actual.

Además, un porcentaje significativo de padres (58 %) se plantea la opción de enviar a sus hijos a estudiar al extranjero, siendo Reino Unido (67 %), Estados Unidos (45 %), Alemania (24 %) y Francia (15 %) los destinos más populares.

5.1.2. *Nuevas tecnologías*

Las nuevas tecnologías desempeñan un papel crucial en las preferencias de los padres. Un 94 % prefiere un entorno educativo que integre tanto libros en papel como herramientas tecnológicas. Un 60 % se inclina por un enfoque mayormente interactivo, mientras que solo un 35 % prefiere un entorno tradicional, con libros de texto en papel.

5.1.3. *Servicios más valorados*

Entre los servicios valorados por los padres al elegir un centro educativo se encuentran el servicio de comedor y la orientación laboral y académica. La oferta de menús adaptados, cocina propia y atención a las necesidades alimenticias específicas es crucial para muchas familias. Además, casi un 65 % de los padres expresan interés en contar con servicios de orientación que preparen a sus hijos para el futuro laboral.

---

[1] ABC (2016, 30 de marzo). ¿Qué valoran los padres a la hora de elegir colegio? https://bit.ly/que_valoran_los_padres

Según un artículo publicado por *El País*, titulado «La odisea de las jornadas de puertas abiertas en la búsqueda de colegio: hemos visitado nueve centros en un mes», muchas familias realizan una intensa búsqueda antes de elegir un colegio[2]. Destacan las complejidades que enfrentan las familias al buscar el mejor centro educativo para sus hijos, subrayando la importancia de las visitas y la experiencia directa en la toma de decisiones. Esta realidad indica que los centros educativos deben profesionalizar sus procesos comerciales y adaptarse a este nuevo paradigma para destacar y aumentar sus posibilidades de elección en un entorno competitivo.

5.2. ¿Cómo eligen colegio?

A la hora de tomar la decisión, estas familias investigan, se informan y escuchan a personas influyentes en su entorno más cercano. Te vamos a dar algunos datos para que puedas hacerte una idea de cuáles son las fuentes que consultan a la hora de realizar esa investigación:

Un 81 % de los padres responde que buscan sobre todo en internet. Solo un 19 % acude a ayuntamientos y otras entidades públicas.

El 78 % de los padres reconoce que amigos y familiares son su principal fuente a la hora de hacerse una opinión sobre un centro.

Y un 71 % afirma que para ellos es imprescindible una visita física a los centros antes de tomar una decisión.

Un 78 % de los padres reconoce que le gustaría saber más sobre la metodología que sigue el centro, mientras que un 40 % cree que los colegios ofrecen pocos datos sobre precios y requisitos de admisión.

Para un 23 % sería positivo que los centros diesen a conocer de forma más detallada sus servicios e instalaciones, para poder comparar entre diferentes posibilidades.

Si hacemos referencia al *Barómetro Schoenstatt* y dando respuesta a la pregunta: «¿Qué nos piden hoy las familias?»[3], te hacemos un listado de los factores que debes tener en cuenta:

— Facilitar la conciliación de las familias para que los padres puedan ejercer su papel en la educación.

---

[2] El País (2024, 31 de marzo). La odisea de las jornadas de puertas abiertas en la búsqueda de colegio: hemos visitado nueve centros en un mes. https://bit.ly/odisea_puertas_abiertas

[3] *Barómetro Schoenstatt*. Informe.

— Que la educación avance al ritmo de los cambios sociales y no se queden atrás.
— Integrar la formación global de la persona.
— Que las leyes educativas sean diseñadas con una visión a largo plazo y basada en el aprendizaje de los alumnos y no en la ideología.
— Que se cubran las necesidades de las familias con hijos con necesidades especiales.

Este barómetro también enumera los factores más importantes para las familias de cara a la elección del centro.

— Modelo educativo.
— Identidad del centro.
— Cercanía a casa.
— Instalaciones.
— Tecnología.
— Servicios no académicos, enfermería, orientación, etc.
— Precio.
— Analogía/identidad de las familias del centro.

5.3. ¿Qué nos diferencia? Fases del proceso de posicionamiento y diferenciación

Lo primero que debes tener claro en tu centro educativo es lo que realmente te diferencia: aquello que te hace único o aquello que te hace diferente con respecto a tu competencia.

Una vez tengas claro qué es aquello que te diferencia, deberás conocer si esa diferencia es la que realmente valora tu cliente, porque de nada sirve ser diferentes a la competencia en aspectos que tu cliente no valora.

En ocasiones, aquello que te hace diferente coincide con aquello que tu cliente valora, pero ¿qué ocurre cuando tu diferenciación no es valorada por el mercado? Es muy sencillo: vas a tener que buscar una diferenciación que vaya acorde con esos detonantes de toma de decisión por parte de tu cliente, que, en definitiva, es aquello que le aporta valor.

A continuación, te dejamos un esquema que resume las fases del análisis que debes realizar de cara a detectar tu diferenciación como centro educativo.

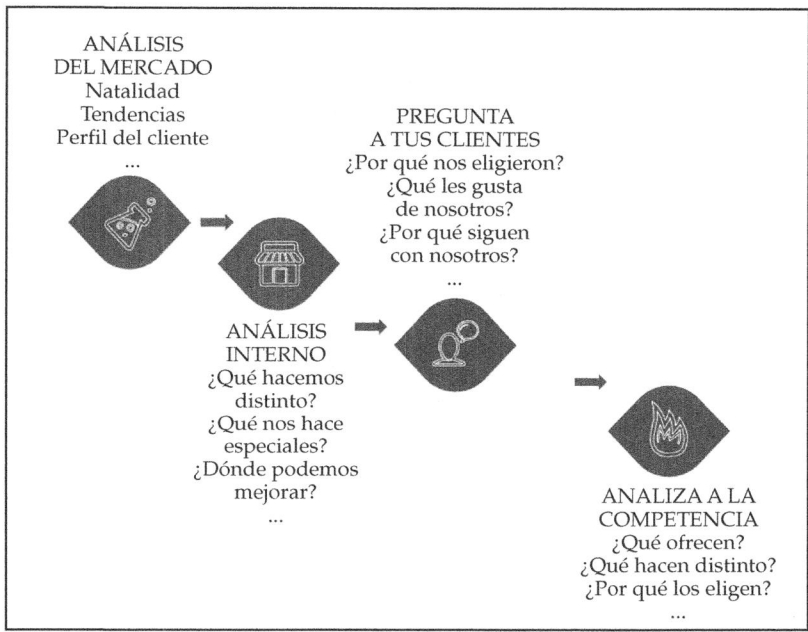

Para identificar claramente las diferencias entre tu centro educativo y los competidores directos es esencial llevar a cabo una investigación exhaustiva. A continuación, se presentan algunas pautas adicionales que podrían ampliar y fortalecer tu análisis:

1. **Análisis de presencia en medios y eventos locales:**
   Investiga la presencia y participación de los competidores en eventos locales, ferias educativas o conferencias relevantes para la comunidad educativa. Esto te proporcionará información sobre cómo están posicionando sus marcas fuera del ámbito digital y cómo interactúan con potenciales familias.

2. **Entrevistas a antiguos alumnos y familias actuales:**
   Realiza entrevistas estructuradas o encuestas a antiguos alumnos y familias actuales de los competidores. Pregunta sobre sus experiencias, qué aspectos valoraron más al elegir el centro y qué les hizo decidirse finalmente por la competencia en lugar de por tu centro. Esta retroalimentación directa puede revelar puntos ciegos y áreas de mejora.

3. *Benchmarking* **de innovaciones pedagógicas:**
   Examina las innovaciones pedagógicas implementadas por los competidores. Esto va más allá de los servicios estándar y se centra en métodos de enseñanza diferenciados, programas extracurriculares únicos o enfoques específicos para el desarrollo integral del estudiante. Identificar qué están haciendo bien y cómo podría diferenciarse tu institución en estos aspectos puede ser crucial.

4. **Evaluación de la experiencia del cliente en el proceso de admisión:**
   Realiza una simulación del proceso de admisión en los competidores. Desde la solicitud inicial hasta la matriculación, evalúa la fluidez del proceso, la claridad de la comunicación, la accesibilidad de la información y la experiencia general del cliente. Esto te permitirá identificar áreas donde puedas simplificar o mejorar tu propio proceso de admisión.

5. **Análisis de tendencias en educación y futuro del trabajo:**
   Investiga las tendencias actuales y futuras en educación y preparación para el trabajo. Considera cómo los competidores están adaptando sus programas académicos y servicios de orientación profesional para alinearse con estas tendencias. Incorporar elementos futuristas y centrados en habilidades del siglo xxi puede ser un diferenciador clave.

6. **Análisis de presencia en Google y redes sociales:**
   Realiza búsquedas en Google como lo haría una familia tratando de encontrar centros educativos en tu zona. Observa la posición de los competidores en los resultados de búsqueda y examina las reseñas y calificaciones en Google. También investiga la actividad y el enfoque de los competidores en redes sociales. Lee los comentarios de los usuarios y observa qué tipo de contenido publican y cómo interactúan con su audiencia.

Al implementar estas estrategias complementarias de investigación, no solo cerrarás el círculo en tu análisis competitivo, sino que también estarás mejor preparado para desarrollar estrategias efectivas que resalten las fortalezas únicas de tu centro educativo.

Si crees que no vas a poder realizar todo este tipo de investigación, para saber qué está haciendo la competencia diferente a ti o cómo se está posicionando, puedes contar con los servicios de *mystery shopper*. Este tipo de servicio evalúa y mide el proceso comercial completo del centro educativo mediante análisis digital, telefónico y presencial, así como de los centros considerados como competencia o referencia para nuestro cliente.

5.4. ¿Qué hacemos mejor que la competencia?

Jamás podrás saber qué haces mejor que la competencia si no realizas una investigación exhaustiva de lo que ellos están haciendo. Pero tienes que saber que es de vital importancia conocer lo que está haciendo la competencia para saber en qué posición te encuentras tú frente a ellos, y ser capaz así de trazar una estrategia diferenciadora y que aporte un valor al menos igual o superior al que están aportando ellos.

Cuando en nuestras reuniones de consultoría trabajamos con centros educativos la definición de la diferenciación, os solemos hacer la siguiente pregunta cuando os vemos algo confusos:

¿Qué echaría en falta el barrio o zona donde está tu centro si mañana desapareciera?

Y ¿sabes qué pasa? En más de un 70 % de los casos no sabéis qué responder. Claramente a los centros educativos les falta definir su diferenciación.

5.5. ¿Por qué nos eligen? Encuesta de matriculación

No solo es importante saber qué posición ocupamos en el mercado con respecto a los competidores, sino que también es muy importante saber por qué las familias eligen tu centro.

Siempre os recomendamos que realicéis una encuesta de matriculación donde preguntéis a esas familias recién llegadas a nuestro centro aspectos relacionados con: la calidad de la atención recibida, si la información que se les ofreció era la que necesitaban, si se supieron resolver las dudas que le surgieron durante el proceso de contacto con nosotros y, lo más importante, que nos digan por qué nos han elegido. Qué es lo que más les ha gustado o cuáles son aquellos aspectos que les han hecho decidirse por nuestro centro educativo frente a otros.

Si además nos dicen qué otros centros educativos han visitado, vas a conocer aquello que valoran más de ti que de tus competidores.

Te dejamos una pequeña plantilla de encuesta por si deseas adaptarla a tu centro:

Modelo encuesta:

1. *¿La atención telefónica recibida por el Colegio XXXX fue correcta?*

   Sí/No.

2. *Desde la llamada telefónica, ¿le citaron a entrevista con rapidez?*

   Sí/No/Más de una semana.

3. *¿El día de la entrevista se le atendió a la hora citada o se le hizo esperar?*

   Sí/No/Tuve que esperar.

4. *¿La información trasladada durante la entrevista fue completa?*

   Sí/No.

5. *¿Le resolvieron todas sus dudas?*

   Sí/No.

6. *¿Se le enseñó el centro?*

   Sí/No.

7. *¿Por qué nos ha elegido?*

   Proyecto educativo.
   Instalaciones.
   Profesorado.
   Idiomas.
   Actividades extraescolares.
   Amplitud horaria.
   Cercanía.
   Innovación y/o tecnología.
   Otros: _____

8. *¿Ha visitado otros centros?* Sí/No. *Por favor, indique el nombre de estos:*

   Colegio 1.
   Colegio 2.
   Colegio 3.
   Colegio 4.

5.6. Define tu diferenciación

Si has llegado hasta aquí habiendo realizado, paso a paso, la investigación interna y externa que te hemos detallado, estás en disposición de definir tu diferenciación. De lo contrario, te recomendamos que la hagas.

Para ello deberás tener en cuenta lo siguiente. La diferenciación debe ser:

1. Real = demostrable y cierta.
2. Importante para el cliente = que se dé cuenta y que le sea útil.
3. Directa = concreta y sin vaguedades.
4. Anunciable = que se pueda comunicar *online* y *offline*.

Te dejamos algunos factores que pueden ser claves de diferenciación para centros educativos:

— Metodología.
— Profesorado.
— Idiomas.
— Horarios.
— Tecnología.
— Servicios/actividades.
— Imagen.
— Personal.
— Instalaciones.
— Proceso comercial.
— Valores.
— Etc.

Vamos a poner dos ejemplos reales de la definición de diferenciación que hicimos con un par de centros hace unos meses. Una de ellas basada en un aula multisensorial y otra en aprendizaje basado en proyectos (ABP).

Ejemplo de diferenciación educativa: Centro Educativo XYZ - aula multisensorial

Real (demostrable y cierto): Centro Educativo XYZ se distingue por su aula multisensorial innovadora, diseñada para estimular múltiples sentidos y facilitar un aprendizaje inclusivo. Equipada con tecnología avanzada y materiales táctiles, visuales y auditivos, este espacio permite a los estudiantes experimentar los contenidos educativos de manera más inmersiva y participativa.

Los beneficios del aula multisensorial son evidentes a través de mejoras observadas en la concentración, la participación en actividades educativas y el desarrollo integral de habilidades sensoriales y cognitivas.

Importante para el cliente (perceptible y útil): familias y estudiantes valoran profundamente la inclusión del aula multisensorial en Centro XYZ, ya que no solo promueve un aprendizaje personalizado, sino que también beneficia el desarrollo de habilidades esenciales como la atención, la memoria y la comprensión. Este enfoque innovador es fundamental para preparar a los estudiantes no solo académicamente, sino también para desafíos futuros en sus carreras profesionales.

El centro organiza talleres y sesiones informativas específicamente dirigidas a padres, destacando cómo el aula multisensorial complementa el currículo educativo y apoya diferentes estilos de aprendizaje.

Directa (concreta y sin vaguedades): la diferenciación de Centro XYZ se comunica claramente tanto dentro como fuera del entorno escolar. Desde la integración de tecnología adaptativa hasta la planificación de actividades educativas centradas en la experiencia multisensorial, cada aspecto del aula multisensorial está diseñado para enriquecer el aprendizaje diario de los estudiantes.

Los profesores reciben formación continua para implementar efectivamente recursos y estrategias del aula multisensorial, asegurando una experiencia educativa integradora y efectiva para todos los estudiantes.

Anunciable (comunicable *online* y *offline*): Centro XYZ promueve activamente su aula multisensorial a través de diversas plataformas, incluyendo su sitio web, redes sociales y materiales impresos. Historias inspiradoras de estudiantes, logros académicos mejorados y testimonios de padres refuerzan el compromiso del centro con la innovación educativa. Eventos especiales como jornadas de puertas abiertas y demostraciones en vivo del aula multisensorial permiten a la comunidad educativa y a las familias potenciales experimentar directamente sus beneficios.

La comunicación efectiva y accesible de las ventajas del aula multisensorial asegura que sea conocida y valorada por todos los miembros de la comunidad educativa.

Implementación en el día a día con las familias: para hacer tangible el impacto del aula multisensorial en la vida diaria de las familias, Centro Educativo XYZ realiza las siguientes acciones:

1. **Talleres interactivos para padres:** se organizan talleres interactivos donde los padres pueden participar en actividades diseñadas para demostrar el uso efectivo de recursos multisensoriales en el hogar. Recuerda que nosotros siempre os recomendamos que los padres tienen que venir al colegio a hacer cosas, no solo a ver y a aplaudir.

2. *Webinars* **educativos:** se ofrecen *webinars* educativos donde se discuten los beneficios del aprendizaje multisensorial y se proporcionan consejos prácticos para apoyar el desarrollo educativo en casa.

3. **Acceso a recursos digitales exclusivos:** se facilita acceso a plataformas educativas *online* donde padres y estudiantes pueden explorar recursos adicionales, discutir experiencias con otros miembros de la comunidad y acceder a contenido educativo personalizado.

4. **Consultas personalizadas con especialistas:** se ofrecen consultas personalizadas con terapeutas y especialistas en educación especial para discutir el progreso y las necesidades individuales de los estudiantes en el contexto del aula multisensorial.

Estas iniciativas garantizan que la diferenciación del Centro Educativo XYZ a través del aula multisensorial no solo sea reconocida, sino también experimentada y valorada activamente por las familias comprometidas con la educación inclusiva y efectiva.

Ejemplo de diferenciación educativa: Centro Educativo XYZ - aprendizaje basado en proyectos (ABP)

Real (demostrable y cierto): el Centro Educativo XYZ ha implementado un programa único de «aprendizaje basado en proyectos» (ABP), donde los estudiantes trabajan en proyectos interdisciplinarios que integran varias materias y competencias transversales. Este enfoque se basa en resultados medibles de mejoras en el rendimiento académico y competencias de resolución de problemas.

El programa ABP se puede medir mediante datos objetivos como mejoras en las calificaciones, la participación estudiantil y la preparación para exámenes estandarizados. Esto se refleja en informes periódicos de progreso académico y competencias.

Importante para el cliente (perceptible y útil): los padres y estudiantes valoran enormemente el énfasis de Centro XYZ en el desarrollo de competencias transversales, como el trabajo en equipo, la comunicación efectiva y el pensamiento crítico. Este enfoque no solo prepara a los estudiantes para el éxito académico, sino también para su futura carrera profesional.

Los padres y estudiantes consideran importante el desarrollo de competencias transversales para la vida y el trabajo, lo que hace que el enfoque en ABP sea altamente relevante y valioso. El centro facilita talleres y eventos específicos para padres que destacan cómo se integran estas competencias en la educación diaria de los estudiantes.

Directa (concreta y sin vaguedades): la diferencia se articula claramente en la comunicación del centro y se ve reflejada en las experiencias educativas diarias de los estudiantes. Desde proyectos colaborativos hasta evaluaciones formativas centradas en competencias, cada aspecto del programa educativo está alineado con el desarrollo integral de los estudiantes.

La diferenciación se describe claramente mediante el programa ABP, que se integra activamente en el currículo y las prácticas educativas diarias. Los profesores y el personal administrativo participan en sesiones de formación continua enfocadas en el ABP y cómo apoya el desarrollo de competencias clave.

Anunciable (comunicable *online* y *offline*): Centro XYZ promueve activamente su enfoque de ABP a través de su sitio web, redes sociales y materiales impresos. Las historias de éxito de los estudiantes, los proyectos destacados y los testimonios de padres refuerzan la diferenciación del centro, permitiendo una comunicación efectiva tanto en el entorno digital como en el físico.

La historia y los logros del programa ABP son fácilmente comunicables a través de múltiples canales, desde publicaciones en redes sociales hasta folletos impresos, asegurando que la diferenciación sea conocida y apreciada por la comunidad educativa y potenciales familias. Se organizan jornadas de puertas abiertas regularmente, donde se muestra el trabajo de los estudiantes y se ofrecen *tours* personalizados.

Implementación en el día a día con las familias: para hacer tangible el programa ABP con las familias en el día a día, el Centro Educativo XYZ realiza las siguientes acciones:

1. **Reuniones mensuales:** se programan reuniones mensuales con padres y estudiantes donde se presentan los proyectos actuales del ABP, se discuten los objetivos y se comparten resultados específicos de aprendizaje y desarrollo de competencias.

2. *Newsletter* **y comunicaciones regulares:** el centro envía una *newsletter* periódica que destaca historias de éxito de los estudiantes en proyectos ABP, comparte recursos para padres sobre cómo apoyar

el aprendizaje basado en proyectos en casa y proporciona actualizaciones sobre eventos próximos relacionados con el ABP.

3. **Eventos especiales de ABP:** se organizan eventos especiales como ferias de ciencias, exposiciones de arte y presentaciones de proyectos donde los estudiantes muestran públicamente sus trabajos y habilidades desarrolladas a través del ABP.

4. **Acceso a plataformas digitales:** se proporciona acceso a plataformas educativas digitales donde padres y estudiantes pueden ver y comentar los proyectos en curso, interactuar con los profesores y colaborar en el aprendizaje continuo fuera del aula.

Estas iniciativas aseguran que la diferenciación del Centro Educativo XYZ a través del programa ABP no solo sea conocida, sino también experimentada y valorada activamente por las familias involucradas.

5.7. Ideas clave

1. **Posicionamiento: lo que dicen de tu colegio cuando no estás presente.**

   Es la percepción que tienen los clientes sobre el centro educativo, basada en sus atributos importantes en comparación con la competencia. Se busca ocupar un lugar destacado en la mente de las familias y estudiantes.

2. **Diferenciación: ¿qué echaría en falta tu barrio si tu colegio desapareciera?**

   Para identificar qué hace único a un centro educativo es útil plantearse qué perdería la comunidad si el colegio dejara de existir. Esto ayuda a entender su verdadero valor y la huella que deja en las familias, los estudiantes y el entorno.

3. **Encuestas de matriculación: identificar las razones por las que las familias eligen.**

   Las encuestas de matriculación ayudan a entender las motivaciones detrás de la elección de las familias, proporcionando datos esenciales para refinar estrategias de posicionamiento y diferenciación.

4. **Comunicar la diferenciación: demostrarlo en cada interacción.**

   La diferenciación no solo debe ser identificada, sino también comunicada y demostrada en cada punto de contacto con las familias.

Desde la atención al cliente hasta las redes sociales, todo debe reflejar de manera coherente los valores y características que hacen único al centro educativo.

5. **Investigación continua: conocer las cambiantes expectativas de las familias.**

Realizar estudios y encuestas periódicas permite identificar cómo evolucionan las expectativas y necesidades de las familias. Este conocimiento es clave para ajustar estrategias de posicionamiento y garantizar que la oferta del centro educativo siga siendo relevante y atractiva.

5.8. Voces expertas

Elvira López Palomeque - National Sales and Marketing Director (School Division) CEU Educational Group.

Licenciada en ciencias de la información y con especialización en marketing educativo en Princeton Review, cuenta con una experiencia de más de 25 años en el sector educativo como directora de Princeton Review, Bla Bla and Company, directora de marketing y directora general del Grupo de Colegios Brains. Desde enero de 2017 es responsable de marketing y comercial del grupo de colegios CEU.

1. **¿Qué proyecto educativo consideras que define mejor la identidad de tu centro?**

Líderes con Corazón. Es un Programa de Educación Infantil y Primaria, apadrinado por Robert Swartz, diseñado para consolidar un posicionamiento diferenciador, innovador y muy alineado con la misión de la Fundación San Pablo CEU. Se trata de comunicar «una nueva manera de entender el liderazgo que se aprende desde pequeños». Liderazgo para la propia vida, que dará como fruto alumnos íntegros, felices, comprometidos y capaces de cambiar el mundo y mejorar la sociedad.

El programa tiene como objetivos el desarrollo personal y la adquisición de habilidades, conocimientos, competencias y valores a edades tempranas en torno a las siguientes áreas: resiliencia, pensamiento crítico y creativo, capacidad de compromiso, educación emocional, visión internacional y valores del humanismo cristiano.

La adaptabilidad del programa a los colegios de las diferentes autonomías, su versatilidad para representar las áreas prevalentes en el proyecto educativo CEU y en el de cada colegio del grupo, su flexibilidad para conformar una propuesta de valor competitiva en cada área de influencia y sus metodologías y contenidos innovadores y diferenciadores, han hecho que Líderes con Corazón se consolide, evolucione y siga siendo, ocho años después de su creación, el proyecto educativo por excelencia en todos los colegios CEU.

Además, tanto personal docente y no docente como padres y alumnos se identifican con él y lo consideran el programa de referencia que siempre está en el *top of mind* de la comunidad.

2. **¿Cómo integras a las familias en los proyectos diferenciadores del centro?**

Es muy importante hacer a las familias partícipes de cada proyecto para que se garantice un «anclaje» sólido, real y tangible. El anclaje se produce cuando la propuesta del proyecto logra encajar con la realidad de las familias para que así lo adopten, haciéndose promotoras de este.

Es importante crear «experiencias» donde, mucho más allá de la información en redes sociales o en los canales habituales, generen en la comunidad educativa un vínculo emocional sólido, que les haga **«sentir»,** que se reconozcan partícipes de algo importante que en definitiva enriquece a su hijo y a su familia. Por eso, la creación de espacios de aprendizaje comunes, donde cliente interno y externo colaboran, intercambian conocimientos y aprenden de grandes referentes, en torno a los pilares de cada proyecto, es una apuesta segura que, sin lugar a duda, consigue la complicidad y el apoyo imprescindibles para que se consolide, al tiempo que une a toda la comunidad en beneficio de nuestro interés común: la educación y felicidad de nuestros alumnos. Por eso en estas iniciativas participan expertos en educación, padres y madres, antiguos alumnos, escuelas infantiles amigas y sus familias y otros colectivos que construyen juntos un movimiento gregario emocionante y constructivo, muy significativo en torno a la Comunidad CEU.

CEU Fórum Grandes Inspiradores Ter, Learning Coffees, Forest Of Talents, Open Days, Granja de las Emociones, etc., son algunos ejemplos de sesiones experienciales significativas que ayudan a evidenciar y anclar los beneficios de nuestros proyectos educativos.

3. **¿Qué beneficios observas en tus estudiantes al participar en proyectos educativos innovadores?**

El beneficio es enorme en cualquier ciclo educativo, porque es indudable que, gracias a los proyectos innovadores, nuestros alumnos se benefician de un aprendizaje más significativo y un proceso enseñanza-aprendizaje enormemente eficaz. En el caso de los alumnos más pequeños, les ayudará a desarrollar antes sus competencias, con mucha facilidad, de forma lúdica y muy práctica. Además, sus padres participarán de buen grado en esos proyectos innovadores, que agradecerán y reconocerán como una valiosa propuesta de valor del colegio que les ayudarán a alinearse con la estrategia educativa de la institución. Los proyectos anteriores pueden ser un buen ejemplo.

Pero es en los alumnos mayores, del ciclo de Bachillerato, donde una estrategia innovadora consigue, a mi entender, un desarrollo integral de los alumnos que despliegan su autonomía, creatividad, proactividad y son capaces de comprometerse con enormes responsabilidades. Un alumno de Bachillerato de hoy tiene habilidades de un universitario de hace pocos años, y es por esto por lo que proponerle proyectos innovadores complementará y equilibrará las carencias de nuestro modelo educativo, que, especialmente en estos ciclos, necesita una velocidad de crucero mayor.

Un buen ejemplo son los proyectos de empleabilidad que hemos diseñado en los Colegios CEU, que proporciona a nuestros alumnos mayores una formación universitaria, para la que ya están preparados y los ponen en contacto con empresas junto a las que realizan retos de innovación social corporativa. Al finalizar, los alumnos y las empresas colaboradoras presentan sus proyectos e incluso se gradúan y reciben su primer título universitario CEU. CIUD, CEU Inschool University Diploma, Generación Brillante o CEU Emprende son buenos ejemplos de estos proyectos.

4. **¿Qué desafíos has enfrentado al implementar proyectos diferenciadores y cómo los superaste?**

Mi llegada a la Fundación San Pablo CEU me obsequió con una situación privilegiada en una institución indiscutiblemente líder en el sector educativo, rodeada de grandes profesionales de los que aprender y un proyecto con un prestigio incuestionable que además me proporciona recursos con los que holgadamente puedo cumplir exigentes objetivos de captación y posicionamiento. Sin embargo, en una institución grande, con ocho colegios a mi cargo, proponer tantos proyectos diferentes, desde el departamento de marketing que estaba recién inaugurado, supuso un enorme reto para mí. Por encima de los objetivos de captación, que se han venido cumpliendo sistemáticamente (36% de crecimiento de alumnos en estos años), tenía un doble objetivo complicado: ganarme la confianza de cada director y su equipo, y demostrar que el marketing educativo no era magia, sino que era y es una herramienta para acercar la increíble labor que el equipo de cada colegio realiza al conjunto de familias y referentes en su entorno y área de influencia.

La manera de superarlo fue encontrando en cada director, en cada colegio y en sus equipos muchos motivos de admiración e intentando que todo lo bueno que estaba percibiendo quedase reflejado en cada uno de mis proyectos. Había mucho y muy bueno para mostrar, y muchas personas valiosas, comprometidas, entregadas a su vocación de educadores y amantes de su colegio. En estas circunstancias, alinearnos era fácil, con un poco de generosidad, para aportar y sumar en lo posible a lo que ya era admirable.

En la actualidad, los colegios colaboran con el departamento, proponen, nos piden cosas todo el tiempo, participan en la organización y en la creatividad de las acciones de marketing y les encanta evolucionar y desarrollar productos educativos que puedan ser útiles para todos. No tengo más que agradecimiento. Todos ellos educando grandes *líderes con corazón*.

6
CAPTACIÓN DE CLIENTES

En este capítulo abordaremos las estrategias y acciones clave para la captación de nuevos clientes en tu centro educativo. La captación efectiva no solo implica atraer nuevos alumnos, sino también fidelizar a los actuales para garantizar el crecimiento sostenido de la institución. Recuerda que nosotros somos expertos en captación coste cero y esta empieza por una buena fidelización.

6.1. Estrategias de captación

Una de las acciones principales de los departamentos de marketing y comercial de los centros educativos se basa en la fidelización de los clientes actuales para que sigan siéndolo y en la captación de nuevos clientes que asegure la continuidad y el crecimiento del centro.

Más adelante te ofreceremos algunas de las acciones clave de fidelización de clientes, pero en este capítulo nos centraremos más en la captación de los nuevos.

Los centros escolares tenéis, igual que todas las empresas, la necesidad de captar nuevos clientes, en vuestro caso acrecentado porque todos los años algunos alumnos acaban sus estudios y deben ser reemplazados por otros.

Entendiendo la composición de la titularidad, junto con el sostenimiento de los centros en nuestro sistema educativo (públicos, concertados, privados e internacionales), y que no supone el mismo esfuerzo y complicación captar alumnos en cada uno de ellos, vamos a ver cómo se pone en marcha un plan de captación.

6.1.1. *Definición de objetivos*

Debes empezar por definir los objetivos que deseas conseguir y que serán:

— Cuantitativos (medibles por números; por ejemplo, número de nuevos alumnos, incremento de comensales en el comedor, aumento de inscripciones en actividades extraescolares, etc.).
— Cualitativos (abstractos y difíciles de medir; por ejemplo, captar alumnos comprometidos con la sociedad).

Y has de tener en cuenta unas particularidades que se deben cumplir en la definición de los objetivos. Deben ser objetivos SMART, tal y como te comentábamos en capítulos anteriores.

— Claros. Han de estar perfectamente definidos y descritos.
— Flexibles. Han de poder ser modificados cuando las circunstancias lo requieran.
— Medibles. Para poder determinar con precisión y objetividad su cumplimiento.
— Realistas. Deben ser factibles de alcanzarse y acordes con nuestras capacidades y medios disponibles.
— Coherentes con la misión del centro y, por supuesto, entre ellos.
— Motivadores. Que sean un reto para las personas responsables de su cumplimiento.

Te vamos a ir poniendo ejemplos para que lo puedas ver en la práctica:

Ejemplo objetivos (Ct):

Para el curso académico 2024/2025 el Colegio XYZ se plantea como objetivos de captación:

1. 60 alumnos nuevos para primer curso Infantil 3 años (Ct1).
2. 20 alumnos para el resto de los cursos (5 Primaria, 5 ESO y 10 Bachiller) (Ct2)... etc.

6.1.2. *Definición de estrategias*

Una vez marcados y consensuados los objetivos con tu equipo directivo, estás en condiciones de poner en marcha las estrategias para alcanzarlos. Se entiende por estrategias el conjunto de acciones que vas a desarrollar para alcanzar los objetivos y se formularán sobre la base de la matriz DAFO: análisis interno de la empresa —puntos fuertes (F) y débiles (D)— y del análisis externo —las oportunidades (O) y amenazas del mercado (A)—.

Esto lo veremos en profundidad en el capítulo 8 (Plan de marketing), aquí te dejamos solo un adelanto.

El proceso a seguir para decidir las posibles estrategias se basa en:

— La definición del público/s objetivo/s al que nos dirigimos.
— Objetivos específicos de marketing (producto, comunicación, comercialización...).
— Presupuesto disponible.
— La designación de las responsabilidades.

Tanto la definición de los objetivos como el establecimiento de las estrategias que se van a llevar a cabo deben ser realizados por los responsables de marketing y consensuados con la dirección del centro para que se cree un compromiso hacia su consecución. Una vez aprobados, se comunicarán al resto de la organización para su conocimiento y compromiso.

Ejemplo: *definición de estrategias (E)*

(Ct1) 50 alumnos nuevos para primer curso.
Presupuesto: 10.000 euros.

1. Elaborar un nuevo material informativo del centro (folleto y cartel) (E1 - Ct1, Ct2).
    Presupuesto: 2.000 euros.
    Responsable: Luis M.

2. Realizar dos jornadas de «puertas abiertas» (enero y marzo) (E2 - Ct1, Ct2).
    Presupuesto: 2.000 euros.
    Responsable: Ana L.

3. Realizar acción comercial en las 40 guarderías cercanas (E3 - Ct1).
    Presupuesto: 1.500 euros.
    Responsable: Manuel N.

4. Realizar tres campañas de buzoneo por la zona de influencia cercana del centro (E4 - Ct1).
   Presupuesto: 600 euros.
   Responsable: Juan B.

5. Acciones *online:* generar *landing page* y campaña de captación en Instagram y TikTok (E5 - Ct1, Ct2).
   Presupuesto: 1.800 euros.
   Responsable: Manuel N.
   ... etc.

Y de la misma manera que has realizado la definición de las estrategias para alcanzar el primer objetivo, lo haremos con cada uno de los objetivos marcados.

Una vez han sido marcadas, asignadas, presupuestadas, consensuadas y aprobadas por la dirección, pondrás en marcha las acciones tácticas.

6.1.3. *Plan táctico - acciones*

Las tácticas son las acciones concretas, los recursos humanos y financieros que vas a poner en marcha para desarrollar la estrategia. Cada acción que vayas a realizar tendrás que plasmarla en un calendario que te marque el momento de comienzo, el final y el resto de las acciones que dependen de su finalización para poder comenzar.

El plan táctico responderá a las preguntas: ¿qué hay que hacer?, ¿cuándo?, ¿quién lo hará?, ¿con qué medios?, ¿cuánto costará? y ¿cuáles son los resultados previstos?

Ejemplo: *Plan táctico*

(Ct1) 50 alumnos nuevos para primer curso.
(E1) Elaborar un nuevo material informativo del centro (folleto y cartel).
Presupuesto: 2.000 euros.

8 enero.   Convocar la reunión del grupo de trabajo de marketing para definir el contenido del nuevo folleto y del cartel (resp.: Manuel N.).

12 enero.	Reunión del grupo y elaboración del documento de trabajo.
13 enero.	Convocar a la agencia de publicidad a una reunión (resp.: Manuel N.).
16 enero.	Reunión con la agencia y entrega del *briefing* del folleto y cartel.
26 enero.	Fecha tope de entrega de pruebas diseñadas por la agencia (resp.: Manuel N.).
27 enero.	Aprobación de originales (resp.: Manuel N. y dir. general).
28 enero.	Entrega de originales a la imprenta y solicitud de presupuesto (resp.: Manuel N.).
2 febrero.	Aprobación del presupuesto de imprenta (resp.: Manuel N., dir. general y administrador).
9 febrero.	Recepción de materiales en el centro y entrega a Juan B. de los carteles para comenzar las «pegadas» (E4) y entregar los folletos en la cantidad pactada a Ana L. de jornadas de puertas abiertas (E2) y a Manuel N. para la acción comercial (E3)...
... etc.	

Si te das cuenta, partiendo de unos buenos objetivos, puedes ir definiendo las estrategias más adecuadas para conseguir que se cumplan. A partir de ahí, simplemente debes hacer un cronograma con pequeños hitos (acciones) que te van guiando día a día de una manera ordenada.

6.1.4. *Medición y control*

El último paso es la medición. Recuerda que si no mides, jamás podrás saber si tus objetivos se están cumpliendo. Debes poner en marcha un sistema de control para ir comprobando, cada poco tiempo, el grado de cumplimiento de los objetivos y poder reaccionar inmediatamente en cuanto se produzcan desviaciones.

6.2. Captación basada en la satisfacción del cliente actual

El proceso de captación en un centro educativo lo podemos enfocar por una doble vía:

1. Captación de clientes que no nos conocen, pero están buscando un centro educativo que tenga las mismas características que el nuestro.

2. Captación de clientes que han oído hablar de nosotros y que tienen una idea mental de lo que podemos hacer por ellos. Normalmente este grupo de clientes ha recibido una opinión positiva por parte de familias o personal del centro que ya forman parte de nuestra institución educativa (de los que tenemos fidelizados).

Piensa por un momento en el esfuerzo que debes hacer para darte a conocer a personas que nunca han oído hablar de ti. Ser capaz de transmitir tu posicionamiento y diferenciación y hacer que esa persona la entienda, y ser capaz de hacerle sentir que lo que le estás diciendo es lo que él o ella necesita, que vas a satisfacer esas necesidades que tiene y, por supuesto, que eres la mejor opción que podría encontrar. ¡A nosotros solo pensarlo nos cansa!

Ahora vamos a hacer el mismo ejercicio con el segundo grupo de personas que hemos mencionado anteriormente. Piensa en el esfuerzo que debes hacer para convencer a una persona que ha oído todas tus bondades por boca de alguien que tiene mucho poder de influencia sobre ella.

Parece obvio que el esfuerzo será mucho menor en este segundo grupo de personas; quizá la inversión económica que te vas a hacer y los recursos materiales y humanos que debas utilizar sean menores. Esto es lo que nosotros llamamos marketing a coste cero: tus propios clientes te ayudan a vender tu centro educativo. Y no hay definición que más se ajuste a esto que la que nos regaló Philip Kotler.

«La mejor publicidad es la que hacen los clientes satisfechos.»

Llegados a este punto, creo que te habrás dado cuenta de que la captación no es simplemente una acción de puertas hacia afuera, sino que esta también se trabaja internamente y empieza en el momento en el que una nueva familia pasa a formar parte de tu centro educativo, ya que debes empezar a fidelizarlos desde ese momento.

Probablemente aquí haya podido despertar una inquietud en ti porque, si bien es cierto que eres consciente de que trabajas la captación de puertas hacia afuera (tratando de atraer a gente que no te conoce o que ha oído hablar de tu centro educativo), quizá te hayas dado cuenta de que no estás trabajando bien la fidelización de esos clientes que ya confiaron en ti y que pueden ayudar a aplicar marketing a coste cero.

Ahora bien, te damos una clave de cara a la captación: incluye el marketing «coste cero» en tu estrategia de captación.

Aquellos clientes que vienen por recomendación de una persona cercana a su entorno y que tiene poder de influencia sobre él, llegan al centro educativo con la idea de matricular; es decir, son clientes que llaman a tu puerta para comprarte. En términos puramente «marketinianos», son *leads* muy cualificados o clientes que generan tasas de conversión altas.

Y aquellos clientes que llegan a tu centro educativo porque estás llevando a cabo acciones de captación bien a nivel *online* o a nivel *offline*, llegan en fase de comparación, con dudas y queriendo evaluar todas y cada una de las cosas que tú les puedas decir en una entrevista o en una jornada de puertas abiertas. Estos son *leads* fríos o templados que suelen generar tasas de conversión más bajas.

En resumen, la probabilidad de convertir una visita en una matrícula es mucho más alta en aquellos clientes que vienen a nosotros por recomendación.

Y ahora sí, para terminar este apartado nos gustaría añadir que la captación basada en la fidelización de clientes también provoca un porcentaje mucho menor de fugas entre etapas, algo que suele ocurrir en la mayoría de los centros educativos.

6.3. Canales de captación

Cuando se implementa una estrategia de marketing en varios canales, se le llama «marketing multicanal» o «estrategia de marketing multicanal». Esta estrategia implica utilizar una combinación de diferentes medios y plataformas para interactuar con los clientes actuales y clientes potenciales, tales como:

— Redes sociales.
— Correo electrónico.
— Publicidad *online* (Google Ads, Meta Ads, TikTok Ads, etc.).
— Marketing de contenidos (blogs, vídeos, infografías).
— SEO (optimización para motores de búsqueda).
— Publicidad *offline* (vallas, radio, material impreso).
— Puntos físicos, como el propio centro en una jornada de puertas abiertas.

El objetivo del marketing multicanal es ofrecer una experiencia consistente y cohesiva al cliente a través de todos los puntos de contacto posibles, permitiendo que los mensajes de la marca lleguen a los interesados en diversos contextos y momentos.

De sobra sabes que la captación de alumnos es un proceso crucial para cualquier centro educativo. La clave radica en utilizar múltiples canales de manera estratégica y coordinada para maximizar el alcance y la efectividad. A continuación, te explicamos las diferentes formas o canales que puedes utilizar para realizar una captación exitosa. Recuerda algo muy importante: todos y cada uno de estos canales no trabajan de manera aislada, sino que forman parte de un puzle donde cada pieza genera sinergias con las demás.

6.3.1. *Página web*

La web de un centro educativo debe estar orientada a la venta. Lejos quedaron las páginas de centros educativos donde solo se reflejaba lo que acontecía en el día a día. La clave del éxito de una web educativa reside en su capacidad para dar respuesta a las necesidades de los usuarios.

Una web debe tener:

— *Home:* una página de inicio comercial que muestre la diferenciación del centro, incluya testimoniales de familias y alumnos, y transmita los valores del centro. La web debe estar enfocada para vender, no solo para informar.
— **Contenidos del menú:**
  - Etapas educativas.
  - Proyecto educativo.
  - Perfil del alumnado.
  - Servicios.
  - Razones por las que elegirnos: un apartado que destaque los principales beneficios y características únicas del centro.
  - Sección de noticias y/o blog.
  - Contacto, bien visible, que permita una comunicación fácil e inmediata.

Es vital que la página web esté bien adaptada a cualquier tipo de dispositivo, especialmente móviles, ya que más del 90 % de las visitas provienen de estos dispositivos. Además, la web debe estar diseñada para tener un buen posicionamiento en buscadores (SEO).

6.3.2. *Google My Business*

Con una cuenta de Google My Business, tu perfil de empresa gratuito te permite conectar con tus potenciales clientes fácilmente a través del buscador de Google y Maps, ayudando también al SEO local. Puedes publicar fotos en tu perfil para mostrar qué hace que tu centro sea único y explicar a tus potenciales clientes por qué deberían elegirte. Los clientes potenciales podrán ponerse en contacto contigo mediante llamadas, mensajes o reseñas, ofreciendo más formas de interacción y aumentando el impacto.

6.3.3. *Publicidad en redes sociales*

Hacer publicidad en redes sociales para centros educativos no es algo negociable si deseas llegar a más gente y captar posibles nuevos alumnos. La publicidad en redes sociales es una de las herramientas más efectivas actualmente en el sector educativo, tanto por los resultados que ofrece como por la inversión relativamente baja en comparación con otros medios de comunicación. Permite un nivel de medición y optimización de campañas muy superior al de otras formas de publicidad.

En los últimos años, TikTok ha adquirido gran importancia para centros educativos que cuentan con etapas de 0-6 años y ciclos formativos debido al perfil de su público. Esta plataforma permite crear contenido atractivo y dinámico que capta la atención de padres jóvenes y estudiantes adolescentes. Es recomendable publicar vídeos que muestren las actividades diarias, testimonios de padres y alumnos, eventos especiales y el ambiente del centro educativo. Utilizar retos y tendencias de TikTok también puede aumentar la visibilidad y el *engagement*.

Es crucial mantener campañas de publicidad activadas a lo largo de todo el año, no solo en los períodos de captación, para conseguir mejores resultados. A continuación, te damos ideas de tipos de campañas que puedes realizar durante el año:

— **Campañas de marca** *(branding):* estas campañas tienen como objetivo aumentar la visibilidad y reconocimiento de la marca del centro educativo.

> **Ejemplo:** publicaciones periódicas en redes sociales mostrando la vida en el centro, actividades especiales, logros de estudiantes y personal docente, mensajes de posicionamiento y diferenciación del centro y logros y/o reconocimientos que el centro haya conseguido.

— **Campañas de testimonios:** utiliza testimonios de alumnos, padres y exalumnos para construir confianza y credibilidad.

> **Ejemplo:** vídeos cortos de testimonios publicados mensualmente en redes sociales y en la página web. Muchos de los centros con los que trabajamos nos cuentan que los testimonios son las publicaciones que mejor acogida tienen.

— **Campañas informativas:** proporciona información sobre el proyecto educativo, etapas educativas y servicios que ofrece el centro.
— **Campañas de eventos:** promociona eventos especiales como jornadas de puertas abiertas, ferias educativas, escuelas de familias y actividades extracurriculares.
— **Campañas de captación temprana:** mantén el interés de familias y alumnos potenciales durante todo el año, especialmente en el primer ciclo de Infantil, donde la matrícula está abierta todo el año, y proporciona descuentos en matriculación de ciclos por matrícula temprana. Recuerda que las familias empiezan a buscar colegio en el último trimestre del año.
— **Campañas de resultados y logros:** publica regularmente sobre los logros académicos y extraacadémicos de los estudiantes.

> **Ejemplo:** *posts* mensuales en redes sociales y blogs sobre premios ganados, competiciones y proyectos destacados.

— **Campañas de enganche:** interactúa con la comunidad educativa mediante concursos, encuestas y publicaciones interactivas.

> **Ejemplo:** concursos de fotografía o arte en redes sociales con participación de estudiantes y familias. Nosotros no somos muy dados a recomendar que hagáis mucho sorteo, pero sí uno al año como algo especial.

6.3.4. *Google Ads - SEM* (Search Engine Marketing)

El SEM consiste en insertar publicidad en un buscador para que, al consultar determinadas palabras clave, el sitio web del centro aparezca asociado a los resultados de estas. Se contrata mediante una puja a CPC (coste por clic) y normalmente la publicidad aparece antes que las búsquedas orgánicas. El SEM ayuda a captar tráfico de calidad, ocupar una posición destacada en los motores de búsqueda y complementar al SEO.

Antes de lanzar una campaña SEM, es fundamental realizar un buen estudio de palabras clave utilizando herramientas como Google Keyword Planner. Este análisis te permitirá identificar las palabras clave relevantes que tu público objetivo podría usar, conocer el coste por clic y evaluar si es viable activar la campaña en Google, porque a veces no es viable.

Diferencia entre publicidad en redes sociales y en Google

Es muy importante que tengas en cuenta algo: cuando consumes contenido en redes sociales, de repente puedes ver anuncios en tu teléfono. En este caso, tú no estás buscando nada; es simplemente publicidad intrusiva.

Por el contrario, cuando ves un anuncio en Google, es porque ya tienes una intención de búsqueda. Eres tú quien ha iniciado la búsqueda de ese producto o servicio.

Por tanto, debemos tener en cuenta que, en ocasiones (aunque no siempre), las campañas en Google tienden a tener tasas de conversión más altas que las campañas en redes sociales. Esto se debe a que en Google es el usuario el que está buscando algo que tú ofreces, mientras que en redes sociales el anuncio aparece de forma más inesperada, dependiendo de la segmentación de tu campaña.

Es importante recordar que esto no es una regla universal. Sin embargo, es útil entender esta diferencia al planificar tus estrategias publicitarias.

— **Publicidad en redes sociales:**

- **Plataformas:** Facebook, Instagram, TikTok, LinkedIn, etc.
- **Enfoque:** basado en intereses y comportamientos. Los anuncios se muestran a usuarios en función de sus intereses, actividad y datos demográficos.

- **Contenido:** suele ser más visual y dinámico, incluyendo imágenes y vídeos.
- **Interacción:** fomenta la interacción directa con el contenido a través de *likes*, comentarios y compartidos.

— **Publicidad en Google (SEM):**

- **Plataforma:** Google Ads.
- **Enfoque:** basado en la intención de búsqueda. Los anuncios se muestran a usuarios que están activamente buscando información relacionada con las palabras clave seleccionadas.
- **Contenido:** principalmente texto, aunque también puede incluir extensiones de anuncios con enlaces, direcciones y llamadas.
- **Interacción:** el objetivo principal es dirigir tráfico al sitio web a través de clics en los anuncios.

6.3.5. Landing page o *página de aterrizaje*

Las *landing pages* (páginas de captación) se utilizan como una estrategia efectiva para la generación de *leads* (clientes potenciales). Es la página de venta de tu centro educativo, puramente publicitaria.

Una *landing page* bien diseñada maximiza la tasa de conversión, es decir, el porcentaje de personas que rellenan un formulario dejando sus datos o que llaman al centro para pedir información. Esto es especialmente relevante para centros educativos, ya que facilita la captación de nuevos alumnos y la comunicación con las familias interesadas.

Una *landing page* se puede adaptar a cualquier tipo de centro o etapa educativos. A continuación, te damos algunas ideas de contenidos.

Escuelas infantiles de 0-3 años

Para los centros que atienden a niños de 0-3 años, la *landing page* debe centrarse en las preocupaciones y necesidades de los padres, como la seguridad, el cuidado especializado y el desarrollo temprano. Los elementos clave incluyen:

— **Testimonios de padres:** historias y opiniones de padres actuales destacando la calidad del cuidado y la atención personalizada.

— **Beneficios del centro:** información sobre las instalaciones, la formación del personal y los programas educativos.
— **Llamadas a la acción (CTA):** formularios de contacto fáciles de usar para solicitar más información o programar una visita al centro.

Centros educativos de 3-17 años

Para centros educativos que cubren segundo ciclo de Infantil, Primaria, ESO y Bachillerato, la *landing page* debe destacar la excelencia académica, las actividades extracurriculares y el apoyo al desarrollo integral de los estudiantes. Los elementos clave incluyen:

— **Razones para elegir el centro:** detalles sobre los programas académicos, las actividades deportivas y culturales, y los logros de los estudiantes.
— **Testimonios de alumnos y padres:** experiencias positivas que reflejen el impacto del centro en la educación y el desarrollo personal.
— **Llamadas a la acción:** botones para descargar perfil de salida del alumnado, inscribirse a jornadas de puertas abiertas o contactar con el departamento de admisiones.

Centros de Formación Profesional y Ciclos Formativos

Para centros que ofrecen Formación Profesional y Ciclos Formativos, la *landing page* debe enfocarse en la empleabilidad, la calidad de la formación y las oportunidades de carrera. Los elementos clave incluyen:

— **Testimonios de exalumnos:** éxitos profesionales y testimonios que demuestren cómo el centro ha ayudado a los estudiantes a alcanzar sus objetivos de carrera.
— **Programas y cursos ofrecidos:** descripción detallada de los cursos, las certificaciones obtenidas y las colaboraciones con empresas.
— **Oportunidades laborales:** porcentaje de empleabilidad de nuestro alumnado, empresas colaboradoras en bolsa de empleo y prácticas.
— **Llamadas a la acción:** formularios para solicitar información, inscribirse en charlas informativas o aplicar a los programas ofrecidos.

Beneficios de tener una *landing page* bien diseñada:

— **Enfoque en el usuario:** las *landing pages* están diseñadas para captar la atención del usuario y guiarlo hacia una acción específica, como rellenar un formulario o hacer una llamada.
— **Mayor tasa de conversión:** al centrarse en un solo objetivo, las *landing pages* suelen tener tasas de conversión más altas que las páginas generales de un sitio web.
— **Medición y optimización:** es fácil medir el rendimiento de una *landing page* y hacer ajustes para mejorar los resultados, como modificar el texto, cambiar imágenes o ajustar las llamadas a la acción.
— **Segmentación:** permite crear diferentes *landing pages* para distintos segmentos de tu público objetivo, ofreciendo contenido y mensajes personalizados que resuenen mejor con cada grupo.

Una *landing page* bien diseñada es una herramienta poderosa para centros educativos, ayudando a atraer y convertir a futuros estudiantes y sus familias mediante una experiencia web enfocada y efectiva.

6.3.6. Email *marketing*

El *email* marketing en el sector educativo puede utilizarse de muchas maneras, desde comunicarse con futuros estudiantes hasta realizar el proceso de admisión. Ofrece una atractiva experiencia por correo electrónico, captando mayor atención y compromiso. Es esencial que el centro tenga una estrategia de comunicación vía *email*, con pautas claras y plantillas de diseño para medir la efectividad de los envíos.

Pero ten en cuenta una cosa: para tener éxito en tus campañas de *email* marketing debes tener bases de datos actualizadas, legalizadas y de calidad.

Te dejamos ahora algunos ejemplos de campañas de *email* marketing que hemos llevado a cabo en algunos centros y que han dado muy buenos resultados.

1. **Campañas informativas:**

   — **Boletines mensuales:** envíos mensuales con actualizaciones sobre eventos, noticias del centro y logros de estudiantes y profesores.
   — **Novedades curriculares:** correos electrónicos detallando nuevas asignaturas, cambios en el plan de estudios y nuevas oportunidades educativas.

2. **Campañas de captación:**

— **Bienvenida a nuevas familias y/o estudiantes:** *emails* automáticos de bienvenida a nuevos suscriptores con información clave sobre el centro y enlaces a recursos útiles.
— **Invitaciones a jornadas de puertas abiertas:** correos electrónicos personalizados invitando a las familias a participar en jornadas de puertas abiertas o visitas guiadas.
— **Invitaciones a escuelas de familias:** correos electrónicos personalizados invitando a las familias a participar en nuestro programa de escuela de familias.

3. **Campañas de retención:**

— **Recordatorios de fechas importantes:** envíos de recordatorios sobre fechas de inscripción, plazos de matrícula y eventos escolares importantes.
— **Encuestas de satisfacción:** correos electrónicos solicitando la opinión de los padres y alumnos sobre diferentes aspectos del centro para mejorar la experiencia educativa.

4. **Campañas de fidelización:**

— **Historias de éxito:** compartir historias de éxito de exalumnos y logros recientes para mantener el interés y orgullo en la comunidad educativa.
— **Programas** *member get member* **o de influencia:** incentivar a los padres y alumnos actuales a recomendar a nuevas familias o estudiantes a cambio de algún beneficio.

5. **Campañas de** *Reengagement:*

— **Reconexión con exalumnos:** envíos periódicos a exalumnos con noticias sobre el centro, oportunidades de *networking* y eventos de exalumnos.
— **Promociones y ofertas especiales:** *emails* con descuentos o promociones especiales para cursos adicionales, actividades extracurriculares o eventos especiales.

Beneficios del *email* **marketing en el sector educativo**

— **Segmentación efectiva:** posibilidad de segmentar las listas de correo según intereses, etapas educativas o comportamiento previo, para enviar mensajes más relevantes y personalizados.

— **Automatización de procesos:** puedes usar herramientas de automatización para enviar correos en momentos estratégicos, como recordatorios de inscripción o seguimientos posevento.

— **Medición y optimización:** todas las herramientas de gestión de envíos llevan consigo un módulo de métricas clave como tasas de apertura, clics y conversiones, permitiendo ajustar y optimizar las campañas para mejorar su efectividad.

6.3.7. *Eventos offline y online*

Muchos de los centros nos transmiten que los padres en Infantil suelen participar activamente en las actividades del colegio, pero que a partir de Primaria y Secundaria la participación disminuye. Nuestra recomendación es tener a los tutores muy implicados en este aspecto, ya que el éxito de que las familias asistan a los eventos organizados por el colegio depende en gran medida no solo de una buena comunicación, tanto *online* como *offline*, sino también de la implicación del tutor con las familias. El tutor, al ser la persona que más contacto tiene con las familias a lo largo del curso, juega un papel crucial en fomentar la participación.

Un punto importante a destacar es que, si el colegio mantiene una filosofía de puertas abiertas para las familias desde el primer día del curso y todos trabajamos en esa dirección, conseguiremos que no haya una disminución de asistencia conforme los niños avanzan en las etapas educativas. Esta práctica se convierte en el *modus operandi* o el ADN del centro, asegurando una comunidad educativa involucrada y activa en todas las etapas de la educación.

Habiendo hecho esta pequeña introducción, a continuación te dejamos un listado de posibles eventos que puedes llevar a cabo en tu centro, algunos de ellos tanto *offline* como *online*.

Propuestas de eventos *offline*

1. **Jornadas de puertas abiertas presenciales:**
   Estas jornadas permiten a las familias conocer las instalaciones, interactuar con el personal docente y observar el ambiente escolar. Es una oportunidad para mostrar los recursos y las actividades que hacen único al centro.
2. **Escuelas de familias:**
   Charlas y talleres dirigidos a los padres sobre temas relevantes para cada etapa educativa. Por ejemplo, orientación en

el desarrollo infantil, apoyo en el estudio, uso seguro de internet, etc.

3. **Ferias de empleo:**

   Organizar ferias donde empresas interesadas en contratar a alumnos de ciclos formativos y grados puedan interactuar directamente con los estudiantes. Esto no solo beneficia a los alumnos sino también refuerza la reputación del centro como formador de profesionales competentes.

4. **Celebraciones del aprendizaje:**

   Invitar a los padres una vez al trimestre para presentarles los logros alcanzados por sus hijos y los objetivos previstos para el siguiente trimestre. Esto fomenta una comunicación transparente y un compromiso activo de los padres en el proceso educativo.

5. **Eventos culturales y deportivos:**

   Organizar eventos como conciertos, obras de teatro, competiciones deportivas y exhibiciones de arte que muestren los talentos de los alumnos. Estos eventos ayudan a fortalecer la comunidad educativa y permiten a las familias ver el desarrollo integral de sus hijos.

6. **Jornadas de convivencia entre el personal del centro:**

   Organizar jornadas de convivencia y *team building* para el personal del centro educativo. Estas actividades pueden incluir talleres de desarrollo profesional, actividades recreativas y deportivas y sesiones de trabajo en equipo. El objetivo es fortalecer las relaciones entre el personal, fomentar un espíritu de pertenencia y crear un ambiente de trabajo colaborativo y motivador. Estas jornadas ayudan a mejorar la moral del equipo, la comunicación interna y el compromiso con la misión y visión del centro educativo.

Propuestas de eventos *online*

1. **Jornadas de puertas abiertas virtuales:**

   Ofrecer recorridos virtuales por las instalaciones del centro, presentaciones en vivo y sesiones de preguntas y respuestas con el personal docente. Esto permite a las familias que no pueden asistir en persona obtener una visión completa del centro.

2. ***Webinars* y charlas *online:***

   Organizar *webinars* o directos sobre temas educativos de interés para los padres, como estrategias de aprendizaje en casa, manejo del estrés en los estudiantes y preparación para exámenes.

Estas sesiones pueden ser grabadas y compartidas para mayor accesibilidad.
3. **Celebraciones virtuales del aprendizaje:**
   Realizar presentaciones virtuales donde los alumnos compartan sus proyectos y logros con sus padres y compañeros. Estas sesiones pueden incluir vídeos, presentaciones en Power-Point y testimonios de los alumnos.

Beneficios de organizar eventos

— **Aumenta la participación de las familias:** facilita la implicación activa de los padres en la educación de sus hijos.
— **Fortalece la comunidad educativa:** fomenta un sentido de pertenencia y compromiso entre los estudiantes, los padres y el personal del centro.
— **Mejora la comunicación:** proporciona múltiples oportunidades para el diálogo y la retroalimentación entre el centro y las familias.
— **Muestra la excelencia del centro:** permite destacar los logros y las cualidades únicas del centro educativo, atrayendo a posibles nuevos alumnos.

6.4. Ideas clave

1. **Definición de objetivos: establecer metas claras y alcanzables.**
   Para diseñar un plan de captación efectivo es esencial definir objetivos SMART (específicos, medibles, alcanzables, relevantes y con tiempo definido). Los objetivos pueden ser tanto cuantitativos, como el número de alumnos nuevos, como cualitativos, por ejemplo atraer familias con valores alineados con el centro.
2. **Uso de canales digitales: llegar al público adecuado.**
   Es crucial aprovechar herramientas digitales como la página web, Google My Business, publicidad en redes sociales y Google Ads. Estas plataformas permiten segmentar audiencias y maximizar el alcance de las estrategias de captación.
3. *Landing pages:* **optimizar la conversión de interesados.**
   Diseñar *landing pages* atractivas y claras ayuda a convertir visitas en solicitudes de información o inscripciones. Estas páginas deben destacar la propuesta única del centro y facilitar un contacto rápido y sencillo.

4. **Publicidad** *offline:* **complemento lo digital con estrategias locales.**
   Aunque el marketing digital es potente, las campañas *offline*, como folletos, eventos locales y radio, siguen siendo herramientas útiles para atraer familias del entorno próximo al centro educativo.

5. **Fidelización como base de la captación: a más recomendación, más captación a coste cero.**
   Mantener satisfechas a las familias actuales no solo ayuda a retenerlas, sino que también convierte a los padres en embajadores del centro. Cuando recomiendan el colegio a su red de contactos, generan una captación de nuevos alumnos sin inversión directa en publicidad, logrando así un marketing de coste cero.

6.5. Voces expertas

Ana Salas - Responsable del Departamento de Comunicación y Admisiones del Colegio Joyfe - Dukes Education.

Psicóloga de formación, desde 2010 mi trayectoria profesional ha estado ligada al ámbito de la educación privada y, más concretamente, a la comunicación, marketing y admisiones. Primero como directora de Relaciones Institucionales de ACADE, asociación nacional que agrupa a la gran mayoría de centros educativos privados de nuestro país y desde 2018 desempeñando varios roles en el grupo educativo internacional Dukes Education, donde actualmente soy la responsable del Departamento de Comunicación y Admisiones del Colegio Joyfe en Madrid. Además, soy formadora en diferentes cursos relacionados con admisiones y marketing en centros educativos, y ponente en eventos del sector.

1. **¿Cuáles son las estrategias de captación más efectivas que has implementado en tu centro?**
   Partimos de la base de que el mejor canal de captación que existe para los centros educativos es el **boca a boca y la prescripción interna,** por lo que, como bien habéis señalado en este capítulo, la fidelización y el sentimiento de comunidad y pertenencia siempre es algo que hay que trabajar muy bien desde el momento que una familia te elige. El «marketing a coste cero» del que tanto os hemos oído hablar, Javier y Loles, y que nos garantiza *leads* cualificados y muy buenas tasas de conversión.

Si hablamos de estrategias de captación puras, en mi experiencia una de las estrategias más efectivas ha sido la de diseñar eventos de captación con una clara orientación comercial y basados en la experiencia de cliente. Una **jornada de puertas abiertas** cuidadosamente organizada y planificada permite a las familias experimentar la esencia del centro educativo, interactuar con el equipo docente y explorar las instalaciones en un ambiente cercano y auténtico. Además, nos permiten llegar a familias que quizá no están todavía lo suficientemente comprometidas con nuestro proyecto como para solicitar una entrevista individual. Estas jornadas se tienen que complementar con **campañas de marketing digital,** como *landing pages* específicas y campañas en redes sociales, que maximizan el alcance de las iniciativas.

2. **¿Cómo defines los objetivos de captación de alumnos en tu centro?**

Definir los objetivos de captación comienza con un **análisis detallado del contexto del mercado, nuestras capacidades internas y las tendencias de matriculación de campañas anteriores.** Tal y como recomendáis, siempre utilizamos la metodología SMART para establecer objetivos específicos, medibles, alcanzables, relevantes y con un marco temporal definido. Todo esto no sería posible si no tuviéramos una **cultura del dato** implantada en el colegio, y no contáramos con una buena metodología de recogida de datos e información. En este sentido, creo que un **CRM es una herramienta fundamental** en un departamento de admisiones si queremos tomar decisiones basadas en datos.

Si los objetivos están bien definidos, y conozco mis recursos, mi tasa de conversión media, mi coste por adquisición, etc., será mucho más fácil saber cuántos *leads* tengo que atraer y cuánto me tengo que gastar para eso.

Todo esto se alinea con la estrategia global de la institución y se comunica claramente a los equipos involucrados para garantizar compromiso y resultados.

3. **¿Qué papel juegan las redes sociales en la captación de nuevos alumnos y cómo las gestionas?**

Las redes sociales son un **pilar estratégico en nuestra captación.** Plataformas como Instagram nos permiten conectar de manera visual y auténtica con las familias jóvenes, que son nuestro público objetivo, mientras que LinkedIn se utiliza para fortalecer la marca institucional y atraer a perfiles más específicos. La clave está en mantener una presencia activa, consistente y centrada en comunicar los valores diferenciales de nuestro centro a la vez que cubrimos los intereses de las familias.

Para garantizar la calidad y el impacto de nuestras acciones, contamos con una **profesional especializada en la gestión de redes sociales.** Esta labor requiere experiencia y conocimiento, ya que no se trata simplemente de publicar contenido, sino de construir una narrativa coherente y alineada con los valores del colegio. Su experiencia permite no solo planificar y ejecutar campañas de alto impacto, sino también analizar los resultados y optimizar cada acción en tiempo real. Si no se cuenta con estos perfiles en el centro, recomiendo contar con la ayuda de profesionales externos, siempre que estén especializados en el sector educativo.

4. **¿Cuál es tu estrategia para convertir el interés inicial de las familias en matrículas efectivas?**

Convertir interés en matrículas requiere un proceso bien estructurado y personalizado. Nuestra estrategia comienza con la **atención inmediata y profesional** a cualquier consulta inicial. Contamos con un departamento de admisiones profesionalizado, con personas con buenas dotes de comunicación y habilidades de venta consultiva, muy orientadas a generar una buena experiencia de cliente. Como he mencionado antes, utilizamos un CRM para registrar y segmentar los *leads,* lo que nos permite enviar información relevante y hacer un seguimiento profesionalizado.

El siguiente paso es proporcionar una experiencia memorable durante las visitas o jornadas de puertas abiertas, enfocándonos en las necesidades específicas de cada familia. Personalizamos los recorridos y destacamos los aspectos del centro que más les interesan. Posteriormente, hacemos un **seguimiento estratégico,** que incluye contacto telefónico, correos personalizados e invitación a eventos, como escuelas de familias, para que conozcan todavía mejor nuestro proyecto.

No nos podemos olvidar del papel fundamental que juega nuestro equipo docente y administrativo en este proceso, por lo que trabajamos juntamente con ellos para garantizar que todos los puntos de contacto con las familias transmitan coherencia y profesionalidad, reforzando la confianza necesaria para convertir una visita en una matrícula efectiva.

7

EL PROCESO DE VENTA
DEL CENTRO EDUCATIVO

7.1. Introducción

El éxito de un centro educativo depende en gran medida de su capacidad de adaptación al entorno. Esta habilidad no solo implica ajustes en la oferta académica y pedagógica, sino también en la adaptación de los procesos comerciales. Es crucial que estos últimos se alineen de manera efectiva con las necesidades cambiantes del mercado y con las expectativas de los potenciales estudiantes y sus familias. En este capítulo exploraremos cómo aplicar estos conceptos al proceso de venta de un centro educativo.

La evolución del marketing desde el enfoque transaccional hasta el marketing emocional nos proporciona una hoja de ruta clara sobre cómo conectar de manera más profunda con nuestros clientes potenciales. Hoy en día, las familias buscan más que un lugar donde sus hijos reciban educación; buscan un entorno que nutra, inspire y prepare a sus hijos para el futuro. Nuestro objetivo es mostrarles que nuestro centro es ese lugar especial que están buscando.

Para ello es fundamental comprender y aplicar los principios del marketing emocional. Este tipo de marketing se centra en crear un vínculo afectivo duradero con los clientes, en este caso las familias y los estudiantes. A lo largo del capítulo detallaremos diez puntos clave que deben considerarse en el proceso comercial, asegurándonos de que cada interacción y cada experiencia con el centro educativo resuene emocionalmente con las familias.

Además, realizaremos un análisis detallado del entorno competitivo, tanto interno como externo. Conocer a nuestros competidores y entender sus fortalezas y debilidades nos permitirá posicionarnos mejor en el mercado. También definiremos el perfil del equipo comercial ideal, resaltando la importancia de contar con un equipo que no solo posea habilidades de venta, sino que también esté profundamente comprometido con la misión y los valores del centro educativo.

La venta de un centro educativo requiere una mezcla de estrategia, empatía y dedicación. Al conectar emocionalmente con las familias y demostrarles cómo podemos ayudarles a alcanzar sus aspiraciones educativas, no solo logramos una venta, sino que también establecemos relaciones duraderas y significativas. Este capítulo proporciona las herramientas y estrategias necesarias para lograr ese objetivo y asegurar el éxito en el competitivo mercado educativo.

7.2. Vender emociones, no productos

Las acciones comerciales que funcionaban hace años ya no son efectivas, ¿eres consciente de ello? Por eso es tan importante adaptarse a estos cambios. Las familias cada vez visitan más centros, tienen menos hijos, son más exigentes y buscan centros que les entren por los ojos y les lleguen al corazón.

En los últimos años, el marketing ha pasado por importantes transformaciones que se pueden aplicar específicamente a los centros educativos, y eso es lo que queremos explicarte a continuación.

Marketing transaccional

Este era el marketing de mirarnos al ombligo, muy centrado en el producto/servicio y poco o nada en los clientes. Este es el marketing que nos recuerda a: «vamos a fabricar o diseñar este servicio y luego salimos al mercado a vender», una práctica con una alta dosis de miopía del marketing.

La miopía del marketing es una visión limitada que se enfoca exclusivamente en el producto o servicio que se ofrece, descuidando las necesidades y deseos cambiantes de los clientes. Es la tendencia a perder de vista el panorama más amplio del mercado y a ignorar las dinámicas competitivas que pueden afectar a la demanda y a la aceptación de lo que se ofrece.

Lo importante para el marketing transaccional es realizar acciones de publicidad o promoción para conseguir matrículas sin preparar un argumento centrado en los beneficios emocionales o experienciales. Es cierto que cuando aplicábamos marketing transaccional estábamos en otra época, en la que la natalidad presentaba cifras mucho más altas que ahora y no había tanta oferta educativa. Se trabajaba poco la diferenciación, el proceso comercial individualizado y el seguimiento de los clientes potenciales, en parte porque no se veía necesario.

Ejemplo: imaginemos un colegio que decide promocionar su nuevo programa de idiomas únicamente a través de anuncios en redes sociales que destacan el número de horas de clase y la certificación final. No se toma el tiempo para entender si los padres valoran más la metodología, el enfoque cultural o las oportunidades de intercambio que el programa podría ofrecer. Como resultado, la campaña de marketing se enfoca solo en los aspectos transaccionales (horas y certificación) y no logra captar la atención de los padres, que buscan una experiencia educativa más enriquecedora para sus hijos.

Marketing relacional

El marketing relacional se basa en la gestión de la información de los clientes. Se trata de conocer al cliente y saber lo que necesita para ofrecérselo. En el contexto educativo, esto implica entender las necesidades y expectativas de las familias y los estudiantes para personalizar la oferta educativa. Es la parte que le falta al marketing transaccional, es el marketing que corrige la miopía.

Muchos centros con los que trabajamos han implantado un sistema CRM *(Customer Relationship Management)* para recopilar información sobre las preferencias y expectativas de las familias interesadas y luego enviarles información personalizada sobre cómo el centro puede satisfacer esas necesidades específicas. Pero ¿sabes qué?, que no todos aprovechan realmente su potencial y al final el CRM queda como herramienta para enviar un boletín de noticias y poco más. ¿Te suena?

Ejemplo: supongamos que un colegio identifica, a través de encuestas y entrevistas, que muchas familias valoran las actividades extracurriculares que fomentan habilidades sociales y el trabajo en equipo. Utilizando esta información, el colegio puede desarrollar y promover clubes y actividades que respondan a estas expectativas, comunicando a las familias interesadas cómo estas opciones benefician el desarrollo integral de sus hijos. Además, pueden enviar boletines personalizados que destacan historias de éxito de estudiantes que han participado en estos programas, reforzando la percepción de que el colegio está alineado con los valores y necesidades de las familias.

Marketing emocional

El marketing emocional se enfoca en involucrar al cliente en el centro educativo a través de un vínculo afectivo duradero, haciendo que perciban la marca como propia. Esto significa crear una conexión emocional con las familias y los estudiantes, haciendo que sientan que el centro es una extensión de sus valores y aspiraciones. En definitiva, crear y mantener un fuerte sentimiento de pertenencia.

Ejemplo: tu colegio podría implementar un programa de «alumnos embajadores», donde estudiantes actuales voluntariamente guíen a las familias durante las visitas al centro. Estos embajadores compartirían sus propias historias y experiencias, mostrando de manera genuina y personal cómo el colegio ha influido positivamente en sus vidas. Además, el colegio podría organizar talleres participativos para los padres y los estudiantes, donde puedan experimentar de primera mano algunas de las actividades que se realizan en el centro. Por ejemplo, un taller de ciencias para niños con sus padres o una clase de arte donde puedan colaborar en un proyecto. Estos momentos compartidos no solo destacan las instalaciones y el currículum del centro, sino que también crean recuerdos emocionales positivos que refuerzan el vínculo entre la familia y el colegio.

7.3. Pautas para poner en marcha acciones de marketing relacional

1. **Conocer al cliente:** identificar quiénes son, qué les gusta y cómo es su proceso de decisión en relación con la educación de sus hijos.

   Ejemplo: realizar encuestas a las familias actuales para entender mejor sus motivaciones y preocupaciones.

2. **Identificar necesidades y asociarlas a los atributos del centro:** conectar las necesidades de los clientes con los atributos del proyecto educativo y el perfil del alumnado.

   Ejemplo: si una familia valora la educación bilingüe, resaltar las certificaciones y logros del programa de idiomas del centro.

3. **Buscar atributos intangibles:** destacar aspectos como la cercanía, la excelencia académica y los valores del centro.

> **Ejemplo:** utilizar testimonios de antiguos alumnos que han alcanzado el éxito, subrayando cómo la formación y los valores del colegio fueron fundamentales para su desarrollo.

4. **Sistema de atención al cliente:** implementar un sistema que haga sentir a las familias que son importantes y únicas.

> **Ejemplo:** establecer un equipo de atención al cliente que realice seguimientos personalizados después de cada visita al centro. Introducir en el centro la filosofía de evaluación de los eventos y acciones, de tal manera que después de cada evento paséis una encuesta de valoración a los asistentes. Esto te permitirá saber qué es lo que debes mejorar y qué debes mantener.

5. **Asociar la marca a los atributos en todas las acciones:** asegurarse de que todas las acciones reflejen consistentemente los atributos del centro, lo que nosotros llamamos tus señas de identidad. No hablamos del *claim* anual, vamos más allá de la «típica frase» que te acompaña durante el año.

> **Ejemplo:** crear una campaña de *branding* en redes sociales que muestre cómo los valores del centro se integran en todas las actividades diarias.

7.4. Momentos clave en el proceso comercial de un centro educativo

1. **Momento transaccional:** cuando una familia busca el centro como una posible opción, ya sea por Google, la página web o redes sociales.

> **Ejemplo:** optimizar la página web del colegio para que sea fácil de encontrar y navegar, ofreciendo información clara y detallada sobre la oferta educativa. Revisar las biografías de tus perfiles de redes sociales para asegurarte de que estás

siendo coherente en lo que ellas estás reflejando y que las últimas publicaciones de tu centro educativo aportan valor a ese nuevo cliente potencial. No olvides la ficha de Google y las valoraciones que en ellas pueda haber. Revisa las imágenes que hay colgadas en Google y aprovecha para meter fotos actualizadas no solo de fachada sino de aulas y otros espacios interiores.

2. **Momento emocional:** durante la visita al centro se produce una conexión emocional. Anteriormente, este momento se trabajaba con campañas publicitarias, pero ahora se centra en la experiencia directa.

   Nosotros siempre damos prioridad a que esta parte del momento emocional sea a través de entrevistas individualizadas. Las jornadas de puertas abiertas estuvieron bien hace unos años, pero consideramos que la parte emocional se puede trabajar mucho mejor en entrevistas cuando atendemos a cada familia de manera individual. Debes tener en cuenta que, cuando nos reunimos con un grupo de familias, muchas de ellas salen de la jornada con dudas, cosa que no ocurre en la entrevista individual. Con esto no queremos decir que no organicéis jornadas de puertas abiertas, simplemente que sean un complemento adicional al proceso comercial. Dales prioridad a las entrevistas individualizadas y añade las jornadas de puertas abiertas como un complemento. Verás que muchas familias que asisten primero a una jornada de puertas abiertas, luego te piden una entrevista individualizada.

   Ejemplo: puedes hacer una campaña de captación interna y externa para atraer a personas para que visiten tu centro de manera individualizada. Una vez realizadas esas entrevistas, ofréceles la oportunidad de asistir otro día a una jornada de puertas abiertas. Si estás llevando a cabo una campaña de captación para una jornada de puertas abiertas en paralelo, asegúrate de que, al finalizar la jornada, los visitantes reciban una invitación para una entrevista individual antes de salir del centro.

3. **Momento transaccional y emocional:** este tercer momento es el que nosotros llamamos el «momento casa». Es donde se mezclan los dos primeros momentos: la parte más transaccional y la parte

emocional. Por ello, es muy importante que cuando las familias salgan del colegio lo hagan con materiales que les permitan revisar la información que les hemos dado.

Normalmente, recomendamos a los centros educativos que entreguen una carpeta con un folleto explicativo sobre el centro. En este folleto no debe faltar información sobre las diferentes etapas educativas, el proyecto educativo y los servicios que ofreces. Adicionalmente, puedes incluir el perfil de salida del alumnado.

Una pregunta común que recibimos de las familias es sobre los precios. Aquí es importante tener cuidado: la hoja de precios debe ser lo suficientemente atractiva para que, cuando revisen la cuantía que tienen que pagar tanto mensual como anualmente, la sensación que se queden sea: «¿todo esto por tan solo esta cantidad?».

Ejemplo: proporcionar materiales informativos personalizados después de la visita, que refuercen los aspectos emocionales y racionales discutidos durante la entrevista. Una manera de diferenciarnos podría ser añadiendo a estos materiales algún código QR. De esta manera, desde casa y escaneándolo, las familias pueden acceder a vídeos donde el personal del centro, incluso la persona que les entrevistó, les recuerde lo que comentaron el día que visitaron el centro.

7.5. Los diez puntos a considerar en el proceso comercial de un centro educativo

El proceso comercial de un centro educativo es una de las etapas cruciales para garantizar su éxito y crecimiento. En un entorno cada vez más competitivo y exigente, es fundamental diseñar y ejecutar un proceso de venta que no solo atraiga a nuevas familias, sino que también resuene emocionalmente en ellas, creando una conexión duradera.

El diseño de este proceso debe ser estratégico y meticuloso, abarcando desde el primer contacto con la familia hasta el seguimiento posvisita. Cada interacción es una oportunidad para demostrar el valor y la unicidad de tu centro educativo. Por ello, es vital que cada paso esté cuidadosamente planificado y que cada miembro del equipo esté alineado con los objetivos y valores del centro.

A continuación, presentamos diez puntos esenciales a considerar en el proceso comercial de un centro educativo. Estos puntos te guiarán a través de las mejores prácticas y estrategias para optimizar la captación de nuevas familias, asegurando que cada visita se convierta en una experiencia memorable y efectiva. Al implementar estos pasos, no solo mejorarás tu tasa de conversión, sino que también fortalecerás la imagen y reputación de tu institución educativa.

1. **Diseñar el proceso de venta**

   — ¿Cuál es el primer contacto que va a tener la familia?
   — ¿Pueden solicitar una entrevista personalizada o solo asistir a una jornada de puertas abiertas?
   — ¿Quién realizará la entrevista?
   — ¿La familia recibirá un correo electrónico para recordar la cita?
   — Después de la entrevista, ¿el centro mantendrá el contacto por correo electrónico o telefónicamente?

2. **Diseñar los argumentarios de venta**

   — Historia del centro.
   — Metodología.
   — Proyecto educativo.
   — Perfil de salida del alumnado.
   — Instalaciones.
   — Premios.
   — Servicios.
   — Certificaciones.
   — Colaboraciones con instituciones.
   — Proyectos solidarios.
   — Premios y reconocimientos.
   — Otros aspectos relevantes.

3. **Conocer el proceso de los competidores** *(mystery shopper)*

   — Realizar visitas a otros centros como cliente potencial para analizar sus procesos y estrategias.
   — Identificar puntos fuertes y áreas de mejora en comparación con tu centro.

4. **Formar al equipo comercial**

   — Asegurarse de que todo el equipo conozca a fondo el proyecto educativo y los valores del centro.

— Realizar capacitaciones periódicas en técnicas de venta y atención al cliente.

5. **Preparar los materiales a entregar**

— Crear folletos informativos y carpetas con información completa sobre el centro.
— Incluir códigos QR que lleven a vídeos o páginas web con más detalles.

6. **Preparar la sala de información**

— Asegurarse de que el espacio esté limpio, ordenado y resulte acogedor.
— Tener a mano todos los materiales necesarios para la presentación.

7. **Diseñar la visita a las instalaciones**

— Planificar un recorrido que destaque las mejores características del centro.
— Incluir demostraciones de actividades o clases en curso si es posible.

8. **Analizar las posibles objeciones**

— Identificar las preguntas y preocupaciones más comunes de las familias.
— Preparar respuestas claras y convincentes para cada una de ellas.

9. **Diseñar las acciones de seguimiento**

— Establecer un protocolo para contactar con las familias después de la visita.
— Enviar correos electrónicos personalizados o realizar llamadas telefónicas para resolver dudas y mantener el interés.

10. **Evaluar los resultados y analizar puntos de mejora**

— Revisar periódicamente los resultados de las visitas y las tasas de conversión.
— Identificar áreas de mejora y ajustar el proceso comercial en consecuencia.

Implementar estos diez puntos de manera efectiva ayudará a optimizar el proceso comercial de tu centro educativo, asegurando que cada familia reciba una experiencia personalizada y memorable que destaque los valores y fortalezas de tu institución.

7.6. Análisis del proceso interno y de los competidores

Si no sabemos cómo estamos desarrollando nuestro propio proceso comercial y cómo lo está haciendo la competencia, difícilmente podremos desmarcarnos o diferenciarnos para que las familias acaben eligiéndonos a nosotros. De ahí que sea muy importante que parte de nuestro tiempo lo dediquemos a la investigación. Si no tenemos los recursos necesarios para hacer esa investigación, podemos contratar los servicios de una empresa externa que realice un análisis exhaustivo tanto de nuestro proceso comercial como del de la competencia, lo que se conoce como *mystery shopper*.

A continuación, te proporcionamos unas pautas para que identifiques los factores clave en los que debes fijarte al realizar el análisis tanto interno como de los competidores. Verás que no es tan complicado como puede parecer a primera vista cuando hablamos de investigación. Además, te darás cuenta de la importancia de tener esta información para definir y abordar eficazmente tu propio proceso comercial.

1. **Análisis del sector**

    — Examina la evolución del sector educativo, la apertura de nuevos centros, la situación económica, los avances tecnológicos y la legislación vigente.

    — **Ejemplo:** investigar cómo la integración de tecnologías educativas avanzadas, como plataformas de aprendizaje *online,* está cambiando las expectativas de los padres y estudiantes.

2. **Análisis de la zona**

    — Evalúa el desarrollo, envejecimiento y número de centros educativos en la zona de influencia.

    — **Ejemplo:** identificar si hay un aumento en la población joven en tu área que podría traducirse en una mayor demanda de plazas escolares en los próximos años.

3. **Identificación de los competidores actuales**

    — Responde sinceramente a las preguntas: ¿quiénes son tus competidores y quiénes no lo son?

— **Ejemplo:** diferenciar entre los centros educativos que ofrecen programas similares y aquellos que, aunque estén en la misma zona, se enfocan en segmentos de mercado diferentes.

4. **Análisis de cada competidor**

— ¿Qué distingue a cada uno? ¿A qué público se dirigen? Elabora una hoja-resumen por competidor con la siguiente información:

• Nombre y breve explicación sobre su historia, propiedad, número de alumnos y líneas.
• Precios.
• Breve resumen de sus servicios e instalaciones.
• Fortalezas y debilidades (desde el punto de vista de la empresa y el cliente).
• Publicidad y actividades de promoción que realiza.
• Estrategias y objetivos.

— **Ejemplo:** crear una tabla comparativa que muestre las tarifas, servicios ofrecidos y resultados académicos de cada competidor para identificar áreas donde tu centro pueda mejorar o destacar.

5. **Localización de competidores potenciales**

— Identifica quiénes podrían ser tus competidores en el futuro.
— **Ejemplo:** investigar nuevas iniciativas educativas en la zona, como la apertura de nuevos centros o la expansión de programas educativos en colegios ya existentes.

6. **Identificación de servicios sustitutivos actuales y futuros**

— Analiza si los Ciclos Formativos están creciendo frente al Bachillerato o si la formación *online* está ganando terreno a la presencial.
— **Ejemplo:** evaluar el impacto de las academias de refuerzo escolar y cómo podrían afectar a la inscripción en tu centro.

7. **Factores de éxito de cada competidor**

— Identifica las cosas que hacen bien y que sus clientes reconocen.
— **Ejemplo:** si un competidor es conocido por su excelente programa de idiomas, considerar reforzar y promover el programa de idiomas de tu propio centro.

Aunque *a priori* pueda parecer complicado obtener toda esta información, una vez que empiezas a buscarla te darás cuenta de lo accesible que resulta. Aquí tienes algunas ideas de dónde conseguir información sobre tus competidores:

— **Internet:** en la propia web del centro, en las webs de las asociaciones, en los foros, redes sociales, etc.
— **Pseudocompra:** visita a tus competidores haciéndote pasar por un posible cliente y analiza cómo te proporcionan la información, qué destacan, qué te enseñan y cómo son las instalaciones.
— **Habla con los clientes de la competencia:** escucha sus opiniones y experiencias.
— **Sigue la publicidad y acciones que realizan:** observa sus campañas publicitarias, boletines y presencia en medios.
— **Revisa los *rankings* y boletines:** observa su posición en los *rankings* y boletines informativos del sector.

7.7. El perfil del equipo comercial

¿A quién ponemos al frente de la gestión comercial del centro? ¿Nos vale cualquier persona que esté en el centro? No, no pueden todos y cada uno de los integrantes del centro educativo participar del proceso comercial. Es cierto que todos pueden contribuir, pero quién lo abandera es algo que vamos a discutir a continuación. Es importante que sea una persona que cumpla con unas características y un perfil concreto.

El perfil de la persona que debería formar parte del equipo comercial en tu centro educativo tiene que cumplir con las siguientes características:

1. **Conocimiento del producto/servicio**

   — Historia del centro.
   — Perfil del proyecto educativo.
   — Metodologías utilizadas.
   — Perfil del alumno.
   — Conocimiento de la competencia.

2. **Optimismo**

   — Debe ser una persona que transmita optimismo, tenga energía, sonría y se note que está orgullosa de trabajar en el centro educativo.

3. **Capacidad de escucha**

— En ocasiones, en vez de escuchar, estamos preparando la respuesta que vamos a dar. Esto no es lo que buscamos en el perfil comercial de tu centro educativo. Buscamos personas que sepan aplicar una escucha activa.

4. **Empatía**

— La empatía es uno de los ingredientes principales en el proceso comercial. Es crucial saber ponerse en la piel de los padres que están buscando un centro para su hijo. Si en tu centro educativo hay personas capaces de hacerlo, tendrás mucho a tu favor.

5. **Confianza**

— Transmitir confianza es esencial. Los padres buscan seguridad a la hora de matricular a sus hijos en un colegio. Si no eres capaz de transmitir confianza, ellos no percibirán tu centro educativo como un lugar confiable para sus hijos.

6. **Actitud positiva**

— Necesitas comerciales que tengan una buena actitud. Esto se refleja en su vestimenta, aseo personal, sonrisa y forma de dirigirse a los demás.

7. **Perseverancia**

— La perseverancia es sinónimo de constancia, persistencia, firmeza, dedicación y tesón. No debes tirar la toalla a mitad del proceso, aunque percibas que una familia probablemente no vaya a elegirte. Mantente firme hasta el final; nunca sabes cuándo pueden darse giros en los acontecimientos.

8. **Habilidades de comunicación**

— Deben tener excelentes habilidades de comunicación verbal y escrita para interactuar de manera efectiva con los padres y el equipo interno.

9. **Capacidad de resolución de problemas**

— Deben ser capaces de identificar y resolver problemas rápidamente, ofreciendo soluciones adecuadas a las inquietudes de los padres.

10. **Orientación a resultados**

— Deben estar motivados por alcanzar y superar objetivos, asegurando que cada interacción con los padres sea una oportunidad para avanzar en el proceso de decisión.

11. **Flexibilidad y adaptabilidad**

— Deben ser capaces de adaptarse a diferentes situaciones y necesidades de los padres, mostrando flexibilidad en sus enfoques y estrategias.

12. **Formación continua**

— Deben estar dispuestos a recibir formación continua para mantenerse actualizados en las mejores prácticas de ventas y en las particularidades del centro educativo.

7.8. ¿Cómo empieza el *customer journey*?

Antes de profundizar en las fases del proceso comercial en los centros educativos, es crucial que tengas en cuenta algunas tendencias recientes en cuanto a cómo las familias buscan colegios en España. Según datos de Micole[1], un buscador líder en este sector, las familias están más conectadas y digitalizadas que nunca, y eso influye directamente en el modo en que toman decisiones.

Desde nuestra experiencia y apoyándonos en estos datos, te ofrecemos algunas conclusiones clave que te permitirán ajustar tu estrategia comercial de manera más efectiva:

— El **81 % de las búsquedas** son realizadas por mujeres, generalmente madres, quienes tienen un papel predominante en la decisión final.
— El **66 % de los usuarios** que buscan colegio tienen entre 30 y 40 años y son *millennials*, un grupo que, por lo general, se siente perdido en el proceso de búsqueda y necesita orientación.
— Las búsquedas no son necesariamente locales, ya que solo el **26 % limita la búsqueda a centros a menos de 5 km de su domicilio.**
— La mayoría de las búsquedas (**74 %**) se hacen desde dispositivos móviles, por lo que es fundamental que tu centro educativo esté optimizado digitalmente.

---

[1] www.micole.net

— Las decisiones se toman principalmente al inicio de la semana: los días con mayor número de búsquedas son **lunes y martes por la tarde.**

— Respecto a las preferencias, el **70 % de las familias** desea que el colegio disponga de comedor y un **60 % quiere actividades extraescolares,** siendo los idiomas, la programación/robótica y el deporte los más demandados.

7.9. Estructura del proceso comercial: la diferencia entre «canapé» y «sándwich»

Nosotros aplicamos una **estructura comercial tipo «sándwich»** en nuestras visitas al colegio, que consideramos mucho más eficaz que el formato tradicional «canapé» que suelen usar otros centros.

Para que lo entiendas bien, te explicamos la diferencia entre ambas estructuras:

Estructura tipo «canapé»

Este formato es común en muchos centros. El primer paso es que las familias realicen un **recorrido por las instalaciones,** y al final se les invita a una **reunión** para resolver dudas y entregar información. Si bien este método puede parecer eficiente, tiene un inconveniente importante: es fácil que las familias se queden con dudas sin resolver, ya que, al terminar el recorrido, el cierre suele ser más apresurado. En muchas ocasiones, la despedida se realiza en la puerta y no hay un espacio estructurado para profundizar o escuchar sus verdaderas preocupaciones.

Estructura tipo «sándwich»

Desde nuestra experiencia, preferimos un enfoque más estratégico y emocional. Aplicamos lo que llamamos la **estructura sándwich,** donde comenzamos y terminamos la visita con un tiempo específico para escuchar a los padres y resolver todas sus dudas.

1. **Primer «pan»: entrevista inicial en sala.** Lo primero que hacemos es llevar a los padres a una sala durante unos cinco minutos, con un único objetivo: **escuchar** lo que buscan en un colegio para sus hijos. La pregunta clave que les hacemos es:

— «¿Qué tipo de colegio estás buscando para tus hijos?» o

— «¿Qué esperas del colegio que elijas para la educación de tus hijos?».

Esta primera pregunta nos da muchísima información sobre las necesidades y expectativas de la familia. Por ejemplo, si los padres mencionan que necesitan un colegio que les ayude a **conciliar la vida laboral con la familiar,** y nuestro centro ofrece un horario ampliado, sabremos que debemos darle prioridad a este aspecto durante la visita. Además, también podemos preguntarles cómo conocieron el colegio o si tienen alguna recomendación de alguien cercano, lo que nos ayudará a romper el hielo y generar confianza.

2. **Relleno: la visita a las instalaciones.** Una vez que tenemos claro qué buscan los padres, comenzamos la **visita a las instalaciones.** Aquí es crucial **demostrar con hechos** lo que hemos mencionado en los primeros cinco minutos. Si hemos hablado de actividades específicas o servicios que nos diferencian, como aulas especializadas o patios diseñados para el aprendizaje, debemos asegurarnos de que los padres lo vean y lo experimenten.

   Es muy recomendable que la visita se realice mientras los niños están en clase, ya que la **carga emocional** de ver a los niños en su entorno escolar tiene un impacto muy positivo en los padres. El recorrido suele durar unos 30 minutos y lo ideal es que el responsable de la etapa educativa acompañe para explicar el **proyecto educativo** en detalle, lo que refuerza el valor de lo que el centro ofrece.

3. **Segundo «pan»: cierre en sala.** Después de la visita, volvemos a la sala inicial para **resolver todas las dudas** y entregarles materiales con la información completa (folletos, hoja de precios, etc.). Este es un momento clave: no podemos permitirnos que las familias se vayan con dudas. A diferencia de la estructura «canapé», aquí nos aseguramos de dar el tiempo necesario para aclarar cualquier inquietud, reafirmando la oferta del centro y resolviendo objeciones. Al final, también captamos sus datos para mantener el contacto y **acordamos los próximos pasos.**

4. **Seguimiento.** La visita no termina cuando los padres salen del colegio. Nosotros entendemos la importancia del **seguimiento** durante todo el proceso, desde la visita hasta la formalización de

la matrícula. Este contacto no se basa en presionar a las familias para que elijan nuestro centro, sino en **invitarlos a eventos** que organizamos: escuelas de padres, actividades lúdicas o informativas, etc. De esta forma, mantenemos una presencia continua y relevante, sin agobiar, pero reforzando el vínculo emocional con el colegio.

7.10. Infografía proceso comercial

El gráfico que te mostramos a continuación es uno de los que nosotros utilizamos en nuestras sesiones de consultoría. Nos encanta revisarlo paso a paso con vosotros para comentar en cada punto qué es lo que vosotros hacéis y qué es lo que nosotros os recomendamos.

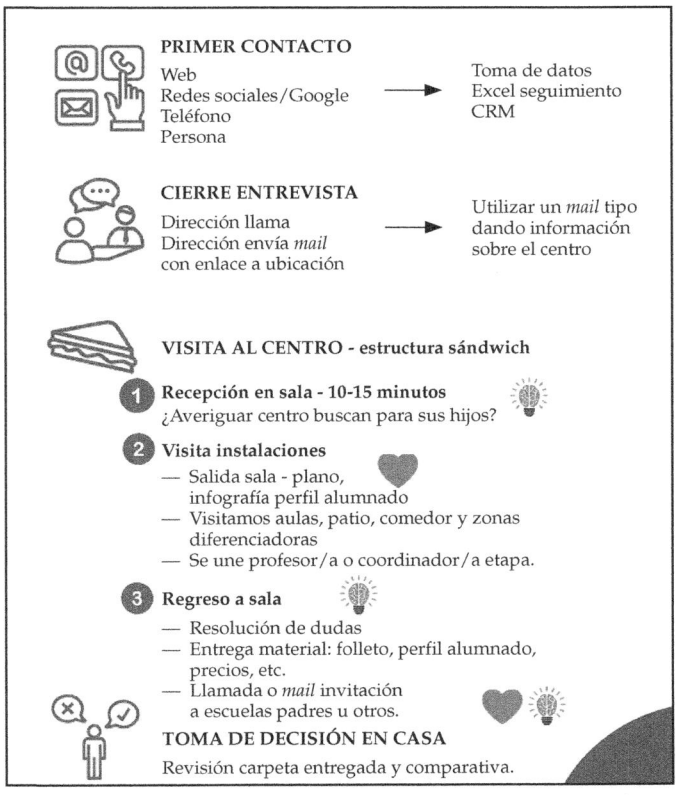

Figura 7.1.   El proceso comercial. (FUENTE: Kapta Estrategias.)

1. **Primer contacto.** Es la primera impresión que unos padres se llevan de tu centro y puede condicionar el resto del proceso. Ten en cuenta que el primer contacto de una familia con el centro puede ser también visual: tu fachada, cartelería externa, etc.

   El contacto puede ser vía *mail,* a través de un formulario, o telefónica. ¿Les has contestado con rapidez e interés al *mail*? ¿Se les ha atendido correctamente por teléfono? Este momento es fundamental para la primera captación de datos: nombre y apellidos, teléfono, *mail,* edad.

2. **Recepción.** No puedes descuidar el primer espacio en el que entran en contacto las familias con el centro. ¿Está bien señalizado? ¿Cómo está de limpio y ordenado? ¿Cómo se desenvuelve el personal de recepción?

3. **Bienvenida.** Normalmente se lleva a cabo por dirección, relaciones externas o incluso por docentes. ¿Cómo se realiza? Es importante agradecer la visita, ponerse en el lugar de los padres ante dudas o temores, estar bien informados de todo lo que ofrece y ocurre en el centro, etc. Y lo más importante, sonreír, mirarlos a los ojos y entrar en el plano emocional.

4. **Información en sala.** En esta parte pasas a desarrollar la información que quieres trasladar del centro, como tu oferta o el proyecto educativo, siempre haciendo hincapié en lo que te diferencia del resto de colegios. Debes poner en valor aspectos como el discurso que realizas, el apoyo de materiales comerciales, la resolución de dudas, etc.

5. **Visita a las instalaciones.** Tienes que abrir el colegio a las familias, hacer que se sientan como en casa. Resaltar aspectos como el equipamiento, la seguridad, la limpieza, etc.

6. **Cierre.** Es el momento de resolver las últimas dudas y reforzar tu oferta rebatiendo objeciones, si las hubiera.

7. **Despedida.** Mostrar el mismo interés y empatía que en la bienvenida. Importante que acuerdes los siguientes pasos a dar: ¿tienes que enviarles alguna información adicional?, ¿nos contactarán ellos?, ¿tienes escuelas de padres u otro tipo de evento a los que invitarles?

8. *Recall.* La visita no acaba cuando los padres salen del colegio. Puedes incluir en el proceso una llamada de seguimiento a los pocos días para seguir en contacto.

9. **Acompañamiento.** Tiéndeles la mano en la toma de decisión. Para unos padres, la educación de sus hijos es una de las decisio-

nes más complicadas que tienen que tomar, por lo que mostrarles que estás a su lado y que eres la mejor opción les puede ayudar a reducir inseguridades y miedos. En este aspecto la parte emocional del proceso cobra la máxima importancia. Si has llegado a su corazón, es que has trabajado bien el proceso.

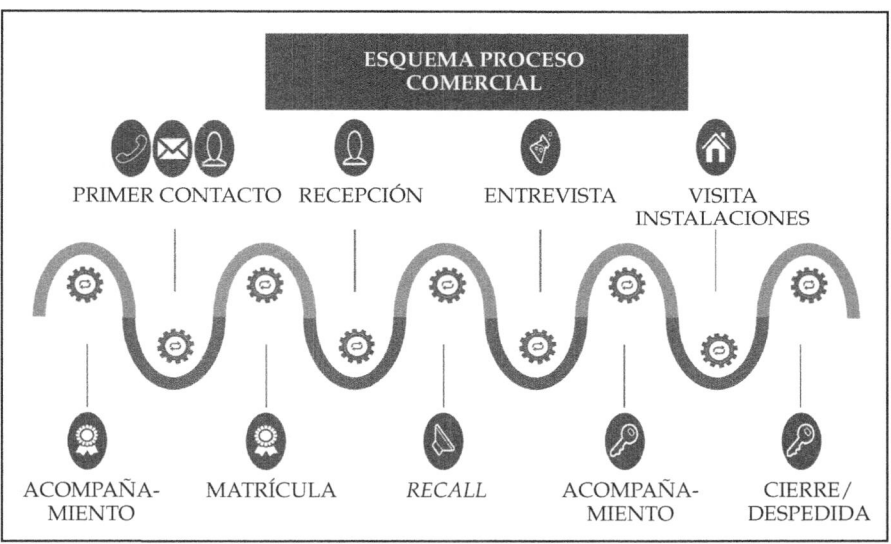

Figura 7.2.   Esquema del proceso comercial. (FUENTE: Kapta Estrategias.)

Reflexión sobre el proceso de decisión

Es importante ser consciente de que elegir el centro educativo en el que estudiarán tus hijos implica un proceso de decisión más largo y complejo que muchas otras decisiones. Esta elección tiene un impacto significativo y duradero, a diferencia de otros productos o servicios que pueden ser reemplazados o devueltos con facilidad si no cumplen con las expectativas.

Debido a la naturaleza de esta decisión, los padres suelen tomarse entre cinco y seis meses para decidir, especialmente después de la pandemia de COVID-19. Durante este tiempo es probable que visiten alrededor de cinco o seis colegios diferentes. Por ello, es crucial mantener un alto nivel de notoriedad y presencia constante en la mente de los padres durante todo este período.

Si una familia visita tu centro en el primer mes, deberás planificar una serie de actividades y acciones que mantengan su interés y refuercen la imagen positiva de tu centro hasta que tomen la decisión final en el quinto o sexto mes. Es esencial ser paciente y estratégico, ya que el proceso de decisión no es inmediato y puede variar significativamente.

Para ilustrar esto con un ejemplo interno del centro, considera que no es lo mismo tomar la decisión de inscribir a un niño en una actividad extracurricular que decidir enviarlo a un programa de intercambio como Erasmus o formalizar su matrícula en el centro. Cada una de estas decisiones tiene un proceso de reflexión y evaluación diferente, siendo la elección del centro educativo una de las más complejas y cruciales.

En resumen, debes ser paciente y consistente en tus esfuerzos de marketing y comunicación, entendiendo que el viaje del consumidor en este contexto es largo y requiere un enfoque cuidadoso y sostenido para mantener tu centro educativo en la consideración final de las familias.

7.11. Evolución de los «momentos de la verdad»

Los **«momentos de la verdad»** *(moment of truth)* son aquellos momentos clave en los que el cliente entra en contacto con nuestra organización y se forma una idea, ya sea un favor o en contra, sobre la misma.

Este concepto de los «momentos de la verdad» se popularizó en marketing al ser mencionado a mediados de la década de 2000 por AG Lafley, presidente de Procter & Gamble, y por Jan Carlzon, director ejecutivo de las Aerolíneas Suecas (SAS). Carlzon lo definió como: «El momento de la verdad es el preciso instante en que el cliente se pone en contacto con nuestro servicio y, sobre la base de este contacto, forma una opinión acerca de la calidad del mismo».

Desde nuestra experiencia como consultores en marketing educativo, detectamos tres momentos muy importantes en todo el proceso de comunicación, que podríamos resumir en los siguientes:

1. Que te puedan localizar fácilmente

Esto implica que tu página web esté bien posicionada en Google, que tus vídeos en YouTube (que también contribuyen al posicionamiento por ser una red social de Google) sean de calidad, y que tu ficha de Google My Business esté impecable, con una puntuación de al menos 4,8, reseñas positivas visible y fotos y vídeos actuales. Además, tus perfiles en redes sociales deben reflejar fielmente tu proyecto educativo, los servicios que ofreces y el perfil de salida de tu alumnado. Y también es esencial que incluyan botones de llamada a la acción (CTA), chatbot y/o formularios de solicitud de información accesibles.

Este primer momento es tu tarjeta de presentación o, como a menudo decimos, tu «vendedor silencioso». La impresión que genera en las familias en este punto determinará, en muchas ocasiones, si deciden visitarte o no. Dentro de este primer momento, hay otro momento importante: la llegada al colegio.

Cuando una familia llega al centro, lo primero que ve es la fachada. ¿Está limpia e impecable? ¿Qué sensación transmiten los alumnos y profesores al entrar al colegio, entran contentos y motivados? También influyen los comentarios que hacen las familias que están en la puerta esperando a que sus hijos entren o salgan del centro. Muchos centros no consideran estos detalles, pero comprenderás que no es lo mismo llegar a un colegio bien cuidado, con una fachada atractiva y señalización clara, que a un lugar desordenado en donde el personal entra con pesar.

2. La experiencia del cliente

El segundo momento es la experiencia que vive el cliente al visitarte, una vez cruza la puerta de entrada. Esto ocurre cuando ha contactado con el centro para agendar una entrevista individualizada o cuando asiste a una jornada de puertas abiertas. Aunque las jornadas de puertas abiertas son importantes, siempre recomendamos priorizar las entrevistas individualizadas, ya que permiten un contacto más personal, como hemos comentado anteriormente.

En este punto, hay varios factores que debes considerar:

— **La sala donde los recibes:** debe estar ordenada, limpia y con una temperatura agradable. Incluso el olor del espacio puede influir, recuerda que el marketing olfativo es importante y que la inversión puede que no supere los dos euros (lo que suele costar un ambientador). Imagina una sala con olor a Nenuco en la entrevista de una familia que va a visitar una escuela infantil.
— **Materiales disponibles:** es útil dejar folios o bloques de notas para que las familias puedan tomar apuntes durante la reunión. Tú también puedes ayudarte de una *tablet* en la entrevista para mostrar vídeos de instalaciones, imágenes, etc.
— **Tiempo de espera:** es fundamental que no tarden demasiado en ser atendidos.

— **Trato personal:** sé amable, empático y dale tiempo suficiente a la familia para expresarse. Escucha con atención y evita mostrar prisa. Dedicarles tiempo de calidad puede marcar una gran diferencia.
— **Recorrido por el centro:** especial atención a las personas que se cruzan con nosotros, deben saludarnos con educación. La limpieza, las conversaciones de alumnos con profesores, de alumnos entre alumnos, profesores con profesores, etc.

Todo lo que la familia vea, oiga y perciba durante la visita influirá en su decisión.

3. El momento en casa

El tercer momento ocurre después de que la familia haya visitado varios colegios (entre cuatro y seis, por lo general). En este punto, suelen sentarse juntos para tomar la decisión final.

Debes tener en cuenta que, si han pasado tres meses desde que visitaron tu colegio, es probable que no recuerden todos los detalles de la experiencia. Por eso, es importante que los materiales que entregues durante la visita sean de la mejor calidad. No entregues folletos de calidad similar a la de los que podrían haberse cogido en un supermercado.

Nosotros recomendamos, como hemos mencionado anteriormente, que los materiales entregados a las familias consten de al menos tres elementos fundamentales:

En primer lugar, un folleto elaborado con papel de calidad y acompañado de imágenes de alta resolución que reflejan fielmente las instalaciones y el ambiente del colegio. Este folleto debe explicar de manera clara el proyecto educativo, destacando cómo es trazable a lo largo de todas las etapas educativas, las razones por las que las familias deben elegirnos y qué nos diferencia de otros colegios.

En segundo lugar, una hoja de precios que ponga en valor todos los servicios ofrecidos, justificando así las mensualidades en el caso de colegios privados o la aportación voluntaria en el caso de colegios concertados.

Por último, el perfil de salida del alumno, un documento que muchas veces se entrega por separado del folleto, pero que resulta esencial para mostrar las competencias, habilidades y valores que los estudiantes adquirirán a lo largo de su formación en el centro.

Además, puedes incluir algún regalo como una libreta, un bolígrafo o una bolsa personalizada. Este tipo de detalles refuerzan la imagen del colegio y pueden ser decisivos en el proceso de reflexión de las familias.

7.12. Ideas clave

1. **Mejor comer un sándwich y no un canapé: estructura eficaz para visitas.**
   La estructura sándwich organiza la visita en tres fases claras: 10 minutos iniciales en sala para indagar sobre qué tipo de centro buscan, un recorrido de 40 minutos aproximadamente por las instalaciones y 10 minutos finales en sala para resolver dudas, entregar información y cerrar con una impresión sólida.

2. **Materiales a entregar: destacar en calidad y valor percibido.**
   Un buen folleto, una hoja de precios que valore cada servicio incluido en la oferta educativa y una descripción del perfil de salida del alumnado son esenciales. Estos materiales deben transmitir profesionalidad y destacar la relación calidad-precio del centro, dejando claro que es una opción sólida y competitiva.

3. **Momentos esenciales en el proceso comercial: guiar la experiencia del cliente.**
   El proceso comercial se basa en cuatro momentos clave: la investigación previa que hacen las familias, la visita al centro, el seguimiento proactivo que realiza el colegio hasta la preinscripción y el momento casa, donde los padres toman la decisión final. Un acompañamiento eficaz en cada etapa mejora las posibilidades de éxito.

4. *Customer journey:* **la evolución en la toma de decisiones.**
   Antes las familias solían decidir el colegio durante el primer trimestre del año. Hoy el proceso comienza en octubre con la investigación, avanza en noviembre y diciembre, y concluye con decisiones en enero, febrero o marzo. Conocer este cambio permite al centro ajustar sus campañas y esfuerzos de captación para estar presentes en cada etapa.

5. **Aumento en la comparación de centros: adaptarse a un público más informado.**
   Antes las familias visitaban de media dos o tres colegios. Ahora este número ha aumentado hasta nueve centros. Este cambio exige que cada interacción con las familias sea impecable, memorable y resalte lo que hace único al colegio, asegurando que quede en su lista de opciones prioritarias.

7.13. Voces expertas

Daniel Mauriz Vidal - Titular Escuela Montserrat - San Vicent del Castellet (Barcelona).

Diplomado en Ciencias Empresariales, Graduado en Administración y Dirección de Empresas y MBS en Administración y Dirección de Empresas.
Siguiendo con la tradición familiar, empezó su carrera profesional ejerciendo como profesor de la Escuela Montserrat hace 20 años. Desde el año 2000 compagina la docencia con la dirección de la escuela, de la cual es director titular.
Es una mente inquieta, que constantemente busca la manera de innovar, mejorar y de adaptarse a los nuevos tiempos.

1. **¿Qué aspectos consideras más importantes en el proceso de venta de tu centro?**

   — Identidad y valores únicos: mostrar cómo la Escola Montserrat destaca por su cercanía, excelencia educativa y orientación profesional sólida. Es esencial transmitir que somos más que un centro educativo: somos un puente hacia el éxito personal y laboral.
   — Confianza: las familias buscan un lugar seguro y confiable donde sus hijos puedan desarrollarse. Mostrar transparencia en los resultados académicos, convenios empresariales y testimonios de exalumnos que generen credibilidad.
   — Propuesta de valor clara: enfatizar la combinación de enseñanza de calidad, atención personalizada y oportunidades laborales únicas, con ejemplos concretos que resalten nuestra diferencia respecto a otros centros.

2. **¿Cómo utilizas el «marketing emocional» para conectar con las familias durante el proceso de venta?**

   — Historias reales: compartimos historias de éxito de antiguos estudiantes que lograron trabajos significativos gracias a la formación recibida.
   — Humanización: durante visitas al centro permitimos que las familias conozcan al personal docente y vean cómo se relacionan con los estudiantes, creando un ambiente de cercanía y cuidado.
   — Ilusión por el futuro: en las reuniones de orientación presentamos cómo la formación profesional en nuestro centro abre

puertas concretas al mercado laboral, apelando al deseo de los padres de asegurar un buen futuro para sus hijos.

3. **¿Qué técnicas de seguimiento empleas para que el interés de las familias no decaiga?**

— *Emails* personalizados: después de cada visita o reunión enviamos un *email* de agradecimiento, recordando los puntos clave que interesaron a la familia.

— Llamadas de cortesía: hacemos un seguimiento telefónico amable para responder dudas adicionales o reforzar los valores del centro.

— Envío de recursos: proporcionamos contenido útil, como una guía de orientación vocacional o información detallada sobre el mercado laboral, para mantener a las familias interesadas y vinculadas al centro.

— Recordatorios de fechas clave: notificamos sobre eventos como jornadas de puertas abiertas, charlas con empresas colaboradoras o plazos de inscripción.

4. **¿Podrías compartir una experiencia en la que la estrategia de «venta de emociones» haya sido clave para una inscripción?**

Durante una jornada de puertas abiertas una madre expresó preocupación por el futuro profesional de su hijo, que no estaba motivado académicamente. Le presentamos el caso de un exalumno con un perfil similar que, gracias a la formación en gestión empresarial y las prácticas ofrecidas por el centro, ahora dirigía su propia empresa.

En ese momento intentamos conectar emocionalmente, mostrando cómo entendíamos su preocupación y cómo nuestro enfoque práctico podía marcar una diferencia. Organizamos una reunión posterior con el exalumno, quien compartió su experiencia directamente con la familia. Este testimonio personal fue decisivo para que confiaran en el centro e inscribieran a su hijo.

Esta historia demuestra que las emociones y la conexión personal generan confianza y compromiso.

La lástima es que no lo podemos hacer muy a menudo...

8
PLAN DE MARKETING

8.1. ¿Qué es un plan de marketing?

Hoy en día todos los centros educativos, por pequeños que sean, necesitan desarrollar un buen plan de marketing para tener éxito en sus propósitos. La razón es muy sencilla: para evitar dar pasos sin rumbo fijo y sin unos objetivos claros hay que contar con una guía de ruta que sirva de referencia a la hora de planificar todas las acciones y estrategias.

El plan de marketing es un documento en formato texto o presentación donde se recogen todos los datos del estudio de mercado y competencia realizados por el centro educativo, los objetivos de marketing a conseguir, las estrategias a implementar y la planificación para llevarlo a cabo.

Un plan de marketing es, por tanto, la guía que orienta al centro educativo a la hora de determinar los pasos a seguir en cada momento. Con este documento (que incluye una investigación desarrollada, una viabilidad económica, la delimitación de objetivos a corto y largo plazo y el *timing* de acciones a realizar) el centro sabrá cuál es la mejor forma de atraer a los clientes y qué KPI *(Key Performance Indicators)* o métricas medir.

Este documento suele tener un año de vigencia, pero debes tener en cuenta que cualquier cambio en la situación del mercado va a requerir de una actualización.

El plan de marketing debe hacerse acorde a la misión, visión y valores del centro. Y es una combinación de los elementos del marketing mix: precio, producto/servicio, distribución y promoción.

A la hora de ejecutar y medir, debemos nombrar a responsables dentro del centro educativo.

8.2. Fases para la elaboración de un plan de marketing

8.2.1. *Análisis interno y externo*

El primer paso en la elaboración de un plan de marketing es realizar un análisis interno y externo. Este análisis nos permite entender dónde estamos y qué factores influyen en nuestro entorno.

Nosotros siempre comenzamos con el análisis del mercado y el posicionamiento actual para poder marcarnos los objetivos a los que queremos llegar. Para ajustar los objetivos a la realidad, realizamos el análisis interno y externo y lo plasmamos sobre una gráfica denominada matriz DAFO. Os mostraremos un DAFO real más adelante en este mismo capítulo.

El DAFO es un estudio interno y externo de tu centro educativo con el objetivo de determinar tu situación real dentro del mercado. DAFO son unas siglas que responden a la unión de la primera letra de las palabras debilidades, amenazas, fortalezas y oportunidades.

Las debilidades y fortalezas provienen de dentro del centro, las podrás detectar cuando hagas tu análisis interno. Las amenazas y las oportunidades provienen de fuera, las podrás detectar cuando hagas el análisis externo.

El DAFO es la herramienta de análisis estratégico por excelencia. Sirve para encontrar soluciones a viejos problemas, encontrar las trabas que obstaculizan el crecimiento de tu centro, hallar una solución a problemas de difícil decisión e identificar las posibles modificaciones necesarias.

8.2.2. *Competencia y entorno*

Conocer a nuestros competidores y el entorno en el que operamos es crucial para diseñar estrategias efectivas.

Ejemplo: analizar las estrategias de marketing de los colegios cercanos, sus programas académicos y sus actividades extracurriculares. Identificar qué están haciendo bien y qué áreas podrían ser una oportunidad para destacar nuestro centro.

Los puntos críticos que debe contener todo análisis de competencia y entorno son:

1. Análisis del sector. Evolución, nacimientos, situación económica, avances tecnológicos, legislación.

2. Análisis de la zona. Desarrollo, envejecimiento, número de centros...
3. Identificación de los competidores actuales: respondiendo sinceramente a las preguntas ¿quiénes son? y ¿quiénes no son?
4. Análisis de cada competidor: ¿qué le distingue a cada uno?, ¿a qué público se dirigen? Y, a modo de resumen, una hoja por competidor con la siguiente información:

   — Nombre y breve explicación sobre su historia, propiedad, número de alumnos y líneas.
   — Precios.
   — Breve resumen de sus servicios e instalaciones.
   — Fortalezas y debilidades (desde el punto de vista de la empresa y el cliente).
   — Publicidad y actividades de promoción que realiza.
   — Etc.

5. Localización de competidores potenciales. ¿Quiénes podrían ser?
6. Identificación de servicios sustitutivos actuales y futuros. ¿Crecen los Ciclos Formativos frente al Bachillerato?
7. Factores de éxito de cada competidor. Aquellas cosas que hacen bien y sus clientes lo saben.

Una opción para hacer un buen análisis de la competencia en los centros educativos es a través del *mystery shopper*, figura que te explicamos a continuación.

8.2.2.1. *Mystery shopper*

El proyecto *mystery shopper* tiene como propósito evaluar la calidad de la atención y el discurso comercial en un centro educativo, permitiendo compararlo con los de los competidores más directos. Este análisis no solo identifica las áreas a mejorar en la atención a los padres que buscan información, sino que también destaca los mensajes y argumentos principales utilizados en el proceso comercial de cada centro, permitiendo así comparar y mejorar tu propio proceso comercial con respecto a los competidores.

Te vamos a explicar paso a paso cómo debe hacerse un trabajo de investigación de este calibre para que veas las áreas de investigación que abarca y lo valioso que es que tu centro educativo disponga de todos estos datos y recomendaciones.

Áreas de investigación:

1. **Atención comercial:**

   — Evaluar cómo los responsables de atención manejan las entrevistas informativas.

   — Analizar la acogida desde la recepción hasta la despedida, incluyendo la calidad del trato personal y la profesionalidad.

2. **Condiciones de las instalaciones:**

   — Revisar las condiciones físicas del centro, desde la limpieza hasta la señalización y la comodidad de las zonas de atención comercial.

   — Evaluar cómo estas condiciones impactan en la percepción general de los padres.

3. **Discursos y mensajes comerciales:**

   — Analizar los argumentos utilizados durante el proceso de información.

   — Determinar la efectividad del discurso comercial en función de las expectativas de los padres.

4. **Tratamiento de objeciones:**

   — Observar cómo se manejan las dudas y objeciones de los padres.

   — Evaluar la capacidad del personal para proporcionar respuestas satisfactorias y seguras.

5. **Cierre del proceso:**

   — Evaluar la efectividad del cierre comercial y la información final aportada.

   — Analizar si el proceso de cierre deja una impresión positiva y concluyente en los padres.

Metodología:

El estudio se desarrolla a través de visitas presenciales y llamadas telefónicas realizadas por «clientes misteriosos» que simulan ser padres interesados en el centro educativo. Estos «clientes» siguen un guion predeterminado para asegurar la consistencia en la evaluación.

Aspectos clave a evaluar:

1. **Posicionamiento y usabilidad:**

   — Evaluar la facilidad con la que los padres pueden acceder a la información del centro.
   — Revisar la efectividad del marketing interno y promocional, incluyendo la presencia en redes sociales.

2. **Encuesta presencial:**

   — Realizar una encuesta detallada durante la visita para recoger impresiones sobre la señalización, recorrido por el centro y calidad de las instalaciones.

3. **Auditoría digital:**

   — Evaluar la presencia digital del centro y la accesibilidad de la información *online.*
   — Analizar la interacción a través de plataformas digitales y redes sociales.

Recomendaciones de mejora: evaluación y *rankings*

Para cada uno de los aspectos mencionados se elabora un *ranking* individual que permite comparar el desempeño del centro educativo en diversas áreas. Los *rankings* individuales incluyen:

— **Posicionamiento en Google:** evaluar la visibilidad del centro en motores de búsqueda y ficha de Google, incluyendo las reseñas y su gestión.
— **Web:** analizar la usabilidad, diseño y contenido del sitio web del centro.
— **Presencia en redes sociales:** revisar la actividad y efectividad en plataformas como Facebook, Instagram, TikTok, X, etc.
— **Visita al centro:** evaluar la experiencia general durante la visita presencial al centro educativo.
— **Instalaciones:** revisar la calidad, limpieza y adecuación de las instalaciones del centro.
— **Atención telefónica:** evaluar la eficacia y amabilidad en la atención por teléfono.
— **Seguimiento posvisita:** analizar la calidad y efectividad del seguimiento realizado después de la visita al centro.

Finalmente, se crea un *ranking* final que integra todos los aspectos evaluados para proporcionar una visión global del desempeño del centro educativo en comparación con sus competidores. Este enfoque permite identificar claramente las áreas de fortaleza y aquellas que requieren mejoras, facilitando la toma de decisiones estratégicas para optimizar el proceso comercial y la experiencia del cliente.

8.2.3. Definición de buyer *persona*

La definición de un *buyer* persona es un paso crucial en el desarrollo de un plan de marketing efectivo. Un *buyer* persona es una representación casi ficticia de tu familia o alumno ideal, basada en datos reales sobre tus clientes actuales y en algunas suposiciones fundamentadas. Conocer a fondo a tu *buyer* persona te permitirá personalizar tus estrategias de marketing y comunicación, logrando así conectar de manera más efectiva con tu audiencia objetivo. Podrás crear contenidos y textos que le parezcan hechos a medida.

Vamos a darte las pautas y luego verás en la práctica un ejemplo.

Pasos para definir tu *buyer* persona:

1. **Recopilación de datos:**

    — **Datos demográficos:** edad, género, estado civil, nivel de ingresos, nivel educativo, ocupación.
    — **Datos psicológicos:** intereses, valores, estilo de vida, actitudes, personalidad.
    — **Datos geográficos:** lugar de residencia, especialmente relevante si tu centro educativo se encuentra en una ubicación específica.
    — **Comportamiento del consumidor:** ¿cómo buscan información?, ¿qué medios utilizan?, ¿qué factores influyen en su decisión?

2. **Fuentes de información:**

    — **Encuestas y entrevistas:** realiza encuestas y entrevistas a tus clientes actuales y potenciales para obtener información directa.
    — **Datos de inscripción:** analiza los datos de inscripción de tu centro educativo para identificar patrones comunes.
    — **Análisis de competencia:** observa a tus competidores y analiza a sus clientes.

3. **Segmentación:**

   — Divide a tus clientes en segmentos basados en las características y comportamientos recopilados.
   — Crea perfiles detallados para cada segmento.

4. **Creación del perfil del *buyer* persona:**

   — Dale un nombre y una historia a tu *buyer* persona para hacerlo más realista.
   — Incluye una descripción detallada de sus características, necesidades, deseos y problemas.
   — Identifica cómo tu centro educativo puede ayudar a resolver sus problemas y satisfacer sus necesidades.

Ejemplo de *buyer* persona:

Supongamos que estamos definiendo el *buyer* persona para un centro concertado en la zona centro de Madrid, que ofrece educación para niños de 3 a 17 años (incluyendo Bachillerato).

Nombre: Marta López.

Perfil demográfico:

— Edad: 35-45 años.
— Género: femenino.
— Estado civil: casada.
— Nivel de ingresos: medio-alto.
— Nivel educativo: universitario.
— Ocupación: profesional en el sector de servicios (abogada, consultora, etc.).

Perfil psicológico:

— Valores: educación de calidad, seguridad, desarrollo integral de sus hijos.
— Intereses: participación en actividades extracurriculares, tecnologías educativas, deportes y actividades culturales.
— Estilo de vida: activa, organizada, valorando el equilibrio entre vida profesional y personal.

Datos geográficos:

— Residencia: vive en la zona centro de Madrid, busca un colegio cercano que ofrezca una educación completa y de calidad.

Comportamiento del consumidor:

— Búsqueda de información: utiliza internet y redes sociales para investigar opciones educativas, valora las opiniones y testimonios de otros padres.
— Medios utilizados: Facebook, Instagram, blogs educativos.
— Factores de decisión: calidad académica, reputación del centro, instalaciones, cercanía al hogar, programas extracurriculares.

Necesidades y problemas:

— Busca un colegio que ofrezca un ambiente seguro y estimulante para sus hijos.
— Necesita información clara y transparente sobre el currículo y los valores del centro.
— Valora la comunicación constante entre el colegio y los padres.
— Quiere asegurarse de que el colegio tiene un buen programa de preparación para el Bachillerato y acceso a la universidad.

Cómo tu centro educativo puede ayudar:

— Ofreciendo un currículo robusto y programas extracurriculares variados.
— Manteniendo una comunicación abierta y frecuente con los padres.
— Proporcionando un ambiente seguro y acogedor.
— Desarrollando programas específicos de orientación académica y profesional para los estudiantes de Bachillerato.

Ejemplo de mensaje personalizado: «En nuestro centro educativo, en el corazón de Madrid, nos enorgullece ofrecer una educación integral desde los 3 hasta los 17 años. Con programas académicos de excelencia, instalaciones de vanguardia y un enfoque en el desarrollo personal, estamos comprometidos en preparar a nuestros estudiantes para un futuro exitoso. Sabemos que la educación de tus hijos es tu prioridad y queremos acompañarte en cada paso de este importante viaje».

8.2.4. *Customer journey*

El *customer journey,* o viaje del cliente, es el recorrido que realiza una familia desde que toma conciencia de una necesidad hasta que decide inscribir a su hijo en el centro educativo. En el contexto de un centro educativo, el *customer journey* describe todas las interacciones y experiencias que una familia tiene con el centro desde el primer contacto hasta la inscripción final. Entender este recorrido es esencial para identificar los puntos de contacto clave y mejorar la experiencia de la familia en cada etapa.

Pasos para definir el *customer journey:*

1. **Identificación de las etapas del viaje:**

   — **Conciencia:** la familia se da cuenta de que necesita encontrar un centro educativo para su hijo. En ocasiones la toma de conciencia es durante el embarazo.
   — **Consideración:** la familia investiga varias opciones y compara diferentes centros educativos. Como hemos comentado en capítulos anteriores, las familias visitan una media de cinco centros educativos. La fase de consideración cada vez es más larga porque empiezan a ver centros antes. En el pasado unos dos meses antes de la preinscripción y ahora unos cinco o seis meses antes de esa fecha.
   — **Decisión:** la familia decide qué centro educativo es el adecuado y efectúa la inscripción.

2. **Mapeo de los puntos de contacto:**

   — Identifica todos los puntos de contacto entre la familia y el centro educativo en cada etapa del viaje. Esto incluye tanto interacciones *online* como *offline*. Por ejemplo, podríamos decir que tenemos como punto de contacto la web (boletines de llamada y formularios), las redes sociales (mensajes privados), mensajes de WhatsApp, etc.

3. **Análisis de la experiencia de la familia:**

   — Evalúa la experiencia de la familia en cada punto de contacto. Identifica los puntos fuertes y las áreas que necesitan mejora.

4. **Optimización del recorrido:**

   — Desarrolla estrategias para mejorar la experiencia de la familia en cada punto de contacto. Asegúrate de que cada interacción sea positiva y refuerce la decisión de la familia de elegir tu centro educativo.

Vamos a examinar ahora un ejemplo de *customer journey* para que sepas cómo debes definirlo paso a paso. Nuestro *buyer* persona se va a llamar Marta López.

Ejemplo de *customer journey*

Nombre: Marta López.

Conciencia:

— **Punto de contacto:** anuncio en redes sociales en Instagram Reels.
— **Acción:** Marta ve un anuncio en Instagram sobre un centro educativo en su barrio que ofrece programas innovadores.
— **Necesidad:** Marta empieza a considerar la posibilidad de cambiar a sus hijos a un colegio que ofrezca una educación más completa porque en el que están echa de menos algunas cosas.

Consideración:

— **Punto de contacto:** página web del centro educativo.
— **Acción:** Marta visita la página web del centro para obtener más información.
— **Necesidad:** busca información sobre el currículo, actividades extracurriculares y testimonios de otras familias.
— **Punto de contacto:** jornada de puertas abiertas.
— **Acción:** Marta asiste a una jornada de puertas abiertas para conocer las instalaciones y hablar con el personal docente.
— **Necesidad:** evaluar la calidad de las instalaciones y la accesibilidad del centro.

Decisión:

— **Punto de contacto:** entrevista personalizada.
— **Acción:** Marta agenda una entrevista personalizada para discutir sus inquietudes y conocer más a fondo el programa educativo porque en la jornada de puertas abiertas no preguntó algunas de las inquietudes con las que regresó a casa.
— **Necesidad:** asegurarse de que el colegio puede satisfacer las necesidades educativas y personales de sus hijos.

- **Punto de contacto:** seguimiento posvisita.
- **Acción:** el centro educativo realiza un seguimiento a través de una llamada telefónica para resolver cualquier duda adicional que Marta pueda tener y la invita a las escuelas de familias que tiene en agenda.
- **Necesidad:** confirmar la elección del centro y proceder con la inscripción.

Optimización del recorrido:

- **Conciencia:** asegúrate de que los anuncios en redes sociales estén bien segmentados y resalten los valores y beneficios únicos del centro educativo. Ya sabes lo que necesita Marta, adáptale los *copies* y las piezas gráficas.
- **Consideración:** mantén la página web actualizada con información detallada y fácil de navegar. Ofrece testimonios auténticos de padres y alumnos.
- **Decisión:** proporciona una experiencia personalizada durante las jornadas de puertas abiertas y sobre todo en la entrevista individual. Ofrece un seguimiento constante para mantener el interés y resolver cualquier inquietud. Con un seguimiento constante podrás mantener alto el nivel de notoriedad de tu centro.

8.2.5. *Análisis DAFO en la práctica*

Antes te hablábamos de la importancia de disponer de un análisis DAFO para poder definir estrategias y acciones de marketing. En este apartado te vamos a mostrar un ejemplo real de un centro educativo concertado religioso. Comprenderás que por temas de confidencialidad no podemos desvelarte el nombre del centro.

Fortalezas:

1. Instalaciones deportivas.
2. Horario partido.
3. Equipo de profesorado cualificado.
4. Ideario del colegio.
5. Oferta de servicios complementarios.
6. Atención a la diversidad.
7. Servicio de enfermería.

8. Proyecto pastoral, incluidas catequesis y atención sacramental (comunión y confirmación).
9. Lugar en que está por acceso de los pueblos colindantes.
10. Cercanía al parque tecnológico.
11. Buen aparcamiento.
12. Bilingüismo.
13. Capacidad del profesorado para realizar muchas actividades.
14. Colaboración del AMPA del colegio.
15. Cocina propia.
16. Proximidad/escuela familiar.
17. Colegio concertado: + prestigio.
18. Alta satisfacción de alumnos y familias.
19. La escuela está dotada de recursos (sobre todo tecnológicos y materiales) para aprendizaje híbrido.
20. Proyecto de la escuela: educación en valores/emocional, multilingüismo, tecnología.
21. De los 0 a los 18 años.
22. Las familias tienen confianza en el personal del colegio.
23. Colegio abierto a la comunidad social que rodea.
24. Proyecto social.
25. Prestigio del centro.
26. Trato cercano.
27. Capacidad para poder ofrecer una buena oferta de extraescolares.
28. Innovación.
29. Metodologías activas.

Debilidades:

1. Falta de comunicación interna equipo directivo y profesorado.
2. Falta de comunicación con las familias y con los alumnos.
3. Sectorialización de los distintos niveles y departamentos sin una coordinación ni comunicación.
4. No hay un órgano corrector y falta de consecuencias por las equivocaciones producidas.
5. Falta de liderazgo y de finalidades en el día a día y a largo plazo.
6. Falta de incentivación por parte del profesorado.
7. Escasez de implicación por parte de los alumnos y profesores (apatía generalizada).
8. No hay iniciativa para crear nuevos proyectos.

9. Rigidez mental y física a la hora de introducir modificaciones y asumir los cambios sociales (tatuajes, *piercing,* etc.).
10. Falta de empatía entre el profesorado y los alumnos y familias.
11. Falta de seguimiento de los procesos que se inician y se puedan iniciar.
12. Miedo a iniciar (siempre se ha hecho así). Resistencia al cambio.
13. Falta de publicidad de lo realizado en el centro.
14. No analizar y afrontar los retos que se nos plantean.
15. Permanecer impasibles.
16. Síndrome del avestruz.
17. Se dedica mucho tiempo a tareas burocráticas.
18. Falta de inmediatez en la difusión de actividades que se realizan.
19. Falta de momentos de convivencia entre profesorado de diferentes etapas.
20. No está claramente definido el plan de acción tutorial.
21. Inmediatez en la imposición de la nueva ley.
22. Nivel adquisitivo de nuestras familias.
23. Bajos ingresos económicos, aunque no hay déficit.
24. Falta de libertad plena para contratar el tipo de profesorado que nos gustaría.
25. Timidez para reivindicar nuestras fortalezas como centro educativo ante la sociedad.
26. Falta cultura de mayor trabajo en equipo. Siempre se acude a los mismos.
27. No hay trabajo en equipo entre el profesorado de Educación Infantil y hay bloqueos entre el primer y segundo ciclo.
28. Pérdida de una línea.
29. Exceso de plantilla en el PAS.
30. Falta de acierto con el trato/seguimiento/atención a algunos alumnos ACNEES.
31. Ausencia de «cultura de evaluación» en las actividades.

Oportunidades:

1. Crecimiento de la población en la zona.
2. Aumento de la demanda de educación bilingüe.
3. Tendencia creciente hacia la integración de tecnologías en la educación.
4. Mayor interés por actividades extracurriculares y deportivas.

5. Posibilidad de colaboración con empresas tecnológicas cercanas.
6. Disponibilidad de fondos y subvenciones para proyectos educativos innovadores.
7. Incremento del interés de las familias en la educación emocional y en valores.
8. Potencial para desarrollar programas de formación continua para padres.
9. Creación de alianzas con otras instituciones educativas.
10. Expansión de la oferta educativa para incluir nuevas etapas o programas.
11. Mayor conciencia y demanda de atención a la diversidad.
12. Incremento en la colaboración con entidades locales y comunitarias.
13. Desarrollo de programas de intercambio cultural y académico.
14. Oportunidades para la internacionalización del centro.
15. Ampliación de los servicios complementarios ofrecidos a las familias.
16. Innovación en metodologías de enseñanza.
17. Creciente interés en programas de sostenibilidad y medio ambiente.
18. Potencial para atraer estudiantes de otras regiones.

Amenazas:

1. Competencia creciente de otros centros educativos en la zona.
2. Cambios en la legislación educativa que puedan afectar al modelo del centro.
3. Reducción de subvenciones y fondos públicos para la educación concertada.
4. Desinterés o apatía creciente entre los alumnos.
5. Impacto de las crisis económicas en la capacidad de pago de las familias.
6. Falta de adaptación rápida a las nuevas tecnologías y metodologías.
7. Percepción negativa de la educación concertada en ciertos sectores.
8. Dificultad para mantener la calidad educativa con el crecimiento del alumnado.
9. Presión de las familias por resultados académicos rápidos y efectivos.

10. Cambios demográficos que afecten a la población escolar en la zona.
11. Posibilidad de saturación en los servicios ofrecidos.
12. Riesgos de seguridad y bienestar de los estudiantes.
13. Desafíos para mantener la motivación y el compromiso del profesorado.
14. Amenazas externas como pandemias o desastres naturales.
15. Presión por mantener la competitividad con centros de mayor prestigio.
16. Riesgo de pérdida de identidad y valores del centro en un entorno cambiante.
17. Dependencia excesiva de ciertos profesores o personal clave.
18. Conflictos internos o falta de cohesión en el equipo docente.

8.2.6. *Líneas estratégicas*

Vamos a dar un pasito más. Vamos a ver cómo definir líneas estratégicas partiendo del análisis DAFO anterior. Vamos a darte dos ejemplos de cada una de las estrategias que salieron del DAFO que trabajamos con este centro no sin antes explicarte en qué consisten las líneas estratégicas del DAFO.

A través del cruce de estos cuatro elementos se pueden identificar cuatro tipos de estrategias que ayudan a guiar las acciones del centro:

1. **Estrategias ofensivas (FO):** estas estrategias se basan en aprovechar las fortalezas del centro para capitalizar las oportunidades del entorno. Son acciones proactivas que buscan maximizar el potencial del centro educativo.
2. **Estrategias defensivas (FA):** utilizan las fortalezas del centro para minimizar el impacto de las amenazas externas. Estas estrategias buscan proteger y consolidar la posición del centro en el mercado educativo.
3. **Estrategias de reorientación (DO):** intentan convertir las debilidades del centro en fortalezas, aprovechando las oportunidades presentes en el entorno. Buscan transformar aspectos negativos en positivos.
4. **Estrategias de supervivencia (DA):** estas estrategias tratan de minimizar las debilidades y reducir el impacto de las amenazas. Son acciones defensivas que buscan mantener la estabilidad y operatividad del centro.

Ejemplo real líneas estratégicas

Estrategias ofensivas (FO)

1. Aprovechar la alta satisfacción de alumnos y familias (fortaleza) para promocionar la escuela en redes sociales y atraer nuevas matrículas (oportunidad).

    — **Estrategia:** desarrollar una campaña de marketing en redes sociales destacando testimonios positivos de alumnos y familias actuales. Crear vídeos y publicaciones que muestren las experiencias satisfactorias y los logros alcanzados por los estudiantes en el centro.

2. Fortalecer el bilingüismo y la educación en valores (fortaleza) aprovechando la tendencia creciente hacia la educación bilingüe y emocional (oportunidad).

    — **Estrategia:** implementar un programa integral de educación bilingüe que incluya no solo clases en dos idiomas, sino también actividades extracurriculares que fomenten el uso del segundo idioma (por ejemplo, montar una mesa de idiomas en el comedor donde solo podamos hablar en inglés y los alumnos vayan rotando día a día). Además, promover la educación en valores a través de talleres y proyectos comunitarios (por ejemplo, carreras, mercadillos o teatros solidarios).

Estrategias defensivas (FA)

1. Utilizar la cualificación del profesorado (fortaleza) para destacar en campañas de marketing y enfrentar la competencia creciente (amenaza).

    — **Estrategia:** destacar en las campañas de marketing las cualificaciones y logros del profesorado. Publicar perfiles de los profesores en el sitio web del centro y en redes sociales, resaltando sus credenciales, experiencia y contribuciones significativas al éxito de los estudiantes.

2. Aprovechar las buenas instalaciones deportivas (fortaleza) para atraer a alumnos interesados en el deporte, mitigando el impacto de la competencia de otros centros (amenaza).

    — **Estrategia:** organizar eventos deportivos abiertos al público y competiciones intercolegiales en las instalaciones del centro.

Promover estos eventos a través de campañas de marketing y colaboraciones con clubes deportivos locales para atraer a familias interesadas en programas deportivos sólidos.

Estrategias de reorientación (DO)

1. Implementar una plataforma de comunicación interna (debilidad) para mejorar la coordinación y aprovechar la tendencia hacia la integración de tecnologías en la educación (oportunidad).

    — **Estrategia:** desarrollar e implementar una plataforma digital que facilite la comunicación entre el equipo directivo, el profesorado y las familias. Ofrecer formación para asegurar que todos los miembros del personal utilicen la plataforma de manera efectiva, mejorando así la coordinación interna y la comunicación con las familias.

2. Crear un plan de acción tutorial claro (debilidad) que responda a la creciente demanda de atención personalizada y apoyo emocional en la educación (oportunidad).

    — **Estrategia:** diseñar un plan de acción tutorial que incluya sesiones de mentoría individualizadas, asesoramiento emocional y apoyo académico. Formar a los tutores en habilidades de mentoría y establecer un sistema de seguimiento para evaluar y ajustar el plan según las necesidades de los estudiantes.

Estrategias de supervivencia (DA)

1. Desarrollar una campaña de comunicación efectiva (debilidad) para mostrar los logros y actividades del centro, mejorando la percepción pública (amenaza).

    — **Estrategia:** crear un blog en el sitio web del centro y publicar regularmente sobre eventos, logros de los estudiantes y actividades escolares. Además, utilizar las redes sociales y boletines informativos para difundir esta información y mejorar la visibilidad y reputación del centro.

2. Incrementar la implicación del profesorado (debilidad) para contrarrestar la competencia creciente de otros centros educativos en la zona (amenaza).

    — **Estrategia:** establecer un programa de incentivos y reconocimiento para los profesores que participen activamente en proyectos innovadores y extracurriculares. Ofrecer formación y desarrollo profesional continuo para mantener al profesorado motivado y comprometido. Además, crear un sistema de *feedback* donde los profesores puedan aportar ideas y sugerencias, fomentando así un ambiente de colaboración y mejora continua.

8.2.7. *Objetivos*

Tras realizar el análisis, estarás en disposición de poder fijarte los objetivos. Recuerda que estos deben ser SMART (específicos, medibles, alcanzables, realistas y con un horizonte temporal).

Podemos agrupar los objetivos del plan de marketing de un centro educativo en las siguientes categorías:

8.2.7.1. Matrículas

— **Aumento de la tasa de conversión en matriculación:** incrementar el porcentaje de visitas al centro que se convierten en nuevas matrículas.
— **Conseguir una ocupación del 100 % en todas las etapas:** asegurar que todas las plazas disponibles en cada etapa educativa estén ocupadas.

8.2.7.2. Reducción de bajas/fugas

— **Reducir las bajas o fugas entre etapas o interetapas:** minimizar el número de alumnos que abandonan el centro al pasar de una etapa educativa a otra.
— **Aumentar la retención de alumnos al pasar de Primaria a Secundaria:** organizar eventos de integración y orientación para los alumnos de último año de Primaria y realizar encuestas de satisfacción para identificar y abordar preocupaciones específicas.

8.2.7.3. Posicionamiento

— **Incrementar el posicionamiento de marca en Google:** mejorar la visibilidad del centro en los motores de búsqueda, asegurando que aparezca entre los primeros resultados.

— **Conseguir mejorar o mantener la reputación** *online:* gestionar activamente la presencia del centro en internet para asegurar que las opiniones y comentarios *online* sean positivos.

8.2.7.4. Satisfacción del cliente interno y externo

— **Aumentar el porcentaje de prescripción que las familias hacen de tu centro:** incrementar el número de familias que recomiendan el centro a otras, basándose en su experiencia positiva.
— **Incrementar la satisfacción de las familias, alumnos, docentes y personal PAS:** mejorar la satisfacción general de todos los grupos implicados en la comunidad educativa.

8.2.7.5. OKR *(Objectives and Key Results)*

Para hacer los objetivos más manejables y medibles, introducimos el concepto de OKR *(Objectives and Key Results)*. Los OKR son una metodología de gestión que vincula los objetivos de la organización con resultados específicos y medibles, proporcionando un marco para alinear las actividades y medir el progreso.

— **Objetivo (O):** es lo que queremos lograr.
— **Resultados clave (KR):** son los hitos medibles que nos indican si estamos logrando nuestro objetivo.

Ejemplos de OKR para un centro educativo:

1. **Matrículas**

   — **O:** aumentar la tasa de conversión en matriculación.

     • **KR1:** incrementar la tasa de visitas convertidas en matrículas del 30 % al 50 % en un año.
     • **KR2:** realizar al menos cinco campañas de marketing dirigidas en redes sociales y medios locales.

   — **O:** conseguir una ocupación del 100 % en todas las etapas.

     • **KR1:** completar todas las plazas disponibles para el próximo ciclo escolar.
     • **KR2:** organizar diez jornadas de puertas abiertas y eventos informativos durante el año.

2. **Reducción de bajas/fugas**

   — **O:** reducir las bajas o fugas entre etapas o interetapas.

   • **KR1:** disminuir la tasa de abandono en un 15 % para el final del año académico.
   • **KR2:** implementar un programa de tutoría personalizada para el 80 % de los estudiantes.

   — **O:** aumentar la retención de alumnos al pasar de Primaria a Secundaria.

   • **KR1:** organizar al menos tres eventos de integración y orientación para los alumnos de último año de Primaria.
   • **KR2:** realizar encuestas de satisfacción y reuniones con padres y alumnos para identificar y abordar preocupaciones específicas antes del cambio de etapa.

3. **Posicionamiento**

   — **O:** incrementar el posicionamiento de marca en Google.

   • **KR1:** lograr estar en el top 3 de resultados de búsqueda para las palabras clave relevantes en seis meses.
   • **KR2:** publicar 12 artículos de blog optimizados para SEO en el sitio web del centro.

   — **O:** conseguir mejorar o mantener la reputación *online*.

   • **KR1:** obtener un promedio de calificación de 4,5 estrellas en Google y otras plataformas de reseñas.
   • **KR2:** responder a todas las reseñas y comentarios *online* dentro de las 48 horas.

4. **Satisfacción del cliente interno y externo**

   — **O:** aumentar el porcentaje de prescripción que las familias llevan a cabo de tu centro.

   • **KR1:** incrementar el número de referencias familiares en un 20 % en el próximo año.
   • **KR2:** realizar encuestas trimestrales de satisfacción y mejorar las áreas identificadas como deficientes.

   — **O:** incrementar la satisfacción de las familias, alumnos, docentes y personal PAS.

- **KR1:** alcanzar una satisfacción general del 90 % en las encuestas anuales.
- **KR2:** implementar al menos tres iniciativas nuevas basadas en el *feedback* de la comunidad educativa.

Permítenos que te hablemos de los FCE (factores claves de éxito). Son las cuatro cosas importantes que tiene que hacer el centro para tener éxito en sus acciones. Los FCE deben estar presentes siempre al definir tus objetivos.

8.2.7.6. Factores claves de éxito (FCE)

— **Identificación de factores críticos para el éxito del centro:** ¿qué cosas deberían pasar para que mi centro tenga éxito?
— **Análisis de posibles riesgos y mitigación:** ¿qué cosas pueden hacer que mi centro fracase o quede comprometido?
— **Prevención de acciones contraproducentes:** ¿qué cosas deberían evitarse?
— **Aprendizaje de experiencias ajenas:** ¿qué factores han hecho fracasar a centros similares al mío?
— **Adopción de buenas prácticas:** ¿qué cosas han hecho triunfar a otros centros similares al mío?

Al responder a estas preguntas y considerar los FCE, el centro podrá establecer objetivos claros y efectivos que lo guiarán hacia el éxito.

8.2.8. *Plan de acción: tácticas y personas*

Una vez has definido tus objetivos, debes enumerar las acciones que te van a ayudar a conseguirlos. Aquí es muy importante que tu plan de marketing tenga trazabilidad, es decir, que seas capaz de unir a cada objetivo una o varias acciones para que todo el equipo sepa por qué se están llevando a cabo esas acciones.

Las tácticas no son más que dotar a cada objetivo de unas acciones, asignar personas responsables, establecer una fecha de inicio y fin, y asignar un presupuesto.

Ejemplos de plan de acción

Objetivo: aumento de la tasa de conversión en matriculación.

— **Acción 1:** mejorar el proceso comercial con las familias que visitan el centro.

- **Tareas:**

  – Preparar bien la entrevista.
  – Controlar los tiempos que estamos en sala.
  – Mostrar las instalaciones.

- **Responsables:** coordinador de admisiones.
- **Fecha de inicio:** 1 de septiembre.
- **Fecha de fin:** 30 de noviembre.
- **Presupuesto:** 500 € para materiales de formación.

— **Acción 2:** adecentar el *hall* y/o sala de espera.

- **Tareas:**

  – Redecorar el *hall* con plantas y elementos visuales atractivos.
  – Hay que asegurar que la sala de espera esté siempre limpia y ordenada.

- **Responsables:** responsable de mantenimiento.
- **Fecha de inicio:** 15 de septiembre.
- **Fecha de fin:** 30 de septiembre.
- **Presupuesto:** 300 € para decoración y limpieza.

— **Acción 3:** actualizar los materiales a entregar a las familias en la entrevista.

- **Tareas:**

  – Rediseñar el folleto informativo del centro.
  – Crear un perfil del alumnado.
  – Preparar un paquete de bienvenida.

- **Responsables:** departamento de marketing.
- **Fecha de inicio:** 1 de octubre.
- **Fecha de fin:** 31 de octubre.
- **Presupuesto:** 1.000 € para diseño e impresión.

— **Acción 4:** preparar audiovisuales a mostrar en la entrevista.

- **Tareas:**

  – Desarrollar un vídeo institucional sobre el proyecto educativo.
  – Crear presentaciones interactivas.

- **Responsables:** equipo de comunicación.
- **Fecha de inicio:** 10 de octubre.
- **Fecha de fin:** 30 de noviembre.
- **Presupuesto:** 2.000 € para producción audiovisual.

Objetivo: reducción de bajas/fugas entre etapas.

— **Acción 1:** implementar un programa de tutoría personalizada.

- **Tareas:**
  - Asignar un tutor a cada alumno que esté en proceso de transición entre etapas.
  - Organizar reuniones mensuales entre tutores, alumnos y padres.
- **Responsables:** jefe de estudios.
- **Fecha de inicio:** 1 de octubre.
- **Fecha de fin:** 31 de mayo.
- **Presupuesto:** 1.500 € para formación de tutores.

— **Acción 2:** realizar eventos de integración y orientación.

- **Tareas:**
  - Organizar jornadas de puertas abiertas para los alumnos de Primaria que van a pasar a Secundaria.
  - Planificar talleres de orientación académica y profesional.
- **Responsables:** departamento de orientación.
- **Fecha de inicio:** 1 de noviembre.
- **Fecha de fin:** 31 de marzo.
- **Presupuesto:** 2.500 € para eventos y talleres.

Objetivo: incrementar la satisfacción de las familias, alumnos, docentes y personal PAS.

— **Acción 1:** realizar encuestas de satisfacción trimestrales.

- **Tareas:**
  - Diseñar las encuestas.
  - Recoger y analizar los datos.
  - Implementar mejoras basadas en el *feedback*.

- **Responsables:** departamento de calidad.
- **Fecha de inicio:** 1 de octubre.
- **Fecha de fin:** 30 de junio.
- **Presupuesto:** 8.000 € para herramientas de encuestas.

— **Acción 2:** implementar iniciativas basadas en el *feedback* de la comunidad educativa.

- **Tareas:**
  - Crear un comité de mejora continua con representantes de todos los grupos (familias, alumnos, docentes y personal PAS).
  - Desarrollar y ejecutar planes de mejora basados en las sugerencias.

- **Responsables:** dirección del centro.
- **Fecha de inicio:** 15 de octubre.
- **Fecha de fin:** 30 de junio.
- **Presupuesto:** 3.000 € para iniciativas de mejora.

8.2.9. *Presupuesto del plan de marketing*

El presupuesto del plan de marketing es una herramienta esencial para planificar y asignar los recursos financieros de manera efectiva. Un presupuesto bien estructurado asegura que el centro educativo pueda llevar a cabo sus actividades de marketing de manera eficiente, maximizando el retorno de la inversión (ROI) y alcanzando los objetivos establecidos.

Para nuestra sorpresa, algunos centros educativos no disponen de un presupuesto anual para marketing y tienen que ir solicitando aprobación de la inversión para cada acción que realizan. Como comprenderás, debemos huir de esta mala práctica.

¿Cuáles son los elementos clave en el presupuesto del plan de marketing?

1. **Definición de objetivos y prioridades:** comentado anteriormente.

   — Antes de asignar recursos, es crucial definir claramente los objetivos del plan de marketing. Estos deben ser SMART (específicos, medibles, alcanzables, relevantes y temporales).

— Priorizar las acciones que tengan mayor impacto en el logro de estos objetivos.

2. **Identificación de las áreas de gasto:**

— **Publicidad y promoción:** incluye anuncios en redes sociales, Google Ads, publicidad exterior y campañas de *email* marketing.
— **Producción de materiales:** diseño e impresión de folletos, carteles, *banners* y otros materiales promocionales.
— **Eventos y actividades:** organización de jornadas de puertas abiertas, ferias educativas, escuelas de familias, cafés pedagógicos y talleres.
— **Desarrollo de contenidos digitales:** producción de vídeos, mantenimiento del sitio web, creación de contenido para blogs, pódcast y redes sociales.
— **Investigación y análisis:** estudios de mercado, encuestas de satisfacción y análisis de la competencia.
— **Formación y desarrollo:** formación del personal en técnicas de marketing y atención al cliente.

3. **Estimación de costes:**

— Detallar los costes fijos y variables en cada área de gasto. Revisar presupuestos anteriores y obtener presupuestos actualizados porque los precios suelen variar, aunque sea el incremento del IPC.

4. **Asignación de presupuesto:**

— Distribuir los recursos financieros según las prioridades y necesidades de cada área de gasto. Establecer un margen para imprevistos.

5. **Control del presupuesto:**

— Implementar un sistema de seguimiento y control para controlar el gasto en tiempo real. Comparar regularmente los gastos reales con los presupuestados y ajustar según sea necesario.

TABLA 8.1

Ejemplo de presupuesto para un centro educativo

Objetivo	Acción	Tareas	Responsables	Fecha de inicio	Fecha de fin	Presupuesto
Aumento de la tasa de conversión en matriculación.	Mejora del proceso comercial con las familias que visitan el centro.	• Preparar bien la entrevista. • Controlar los tiempos en sala. • Mostrar las instalaciones.	Coordinador de admisiones.	1/sep.	30/nov.	500 € para materiales de formación.
	Adecentar el *hall* y/o sala de espera.	• Redecorar el *hall*. • Asegurar limpieza y orden en la sala de espera.	Responsable de mantenimiento.	15/sep.	30/sep.	300 € para la decoración y limpieza.
	Actualizar los materiales a entregar a las familias en la entrevista.	• Rediseñar el folleto informativo. • Crear un perfil del alumnado. • Preparar un paquete de bienvenida.	Departamento de marketing.	1/oct.	31/oct.	1.000 € para diseño e impresión.
	Preparar audiovisuales a mostrar en la entrevista.	• Desarrollar un vídeo institucional. • Crear presentaciones interactivas.	Equipo de comunicación.	10/oct.	30/nov.	2.000 € para producción audiovisual.
Reducción de bajas/fugas entre etapas.	Implementar un programa de tutoría personalizada.	• Asignar un tutor a cada alumno. • Organizar reuniones mensuales.	Jefe de estudios.	1/oct.	31/may.	1.500 € para formación de tutores.

TABLA 8.1 *(continuación)*

Objetivo	Acción	Tareas	Responsables	Fecha de inicio	Fecha de fin	Presupuesto
Reducción de bajas/fugas entre etapas.	Realizar eventos de integración y orientación.	• Organizar jornadas de puertas abiertas. • Planificar talleres de orientación académica y profesional.	Departamento de orientación.	1/nov.	31/mar.	2.500 € para eventos y talleres.
Incrementar la satisfacción de las familias, alumnos, docentes y personal PAS.	Realizar encuestas de satisfacción trimestrales.	• Diseñar las encuestas. • Recoger y analizar datos. • Implementar mejoras basadas en *feedback*.	Departamentos de calidad.	1/oct.	30/jun.	800 € para herramientas de encuestas.
	Implementar iniciativas basadas en el *feedback* de la comunidad educativa.	• Crear un comité de mejora continua. • Desarrollar y ejecutar planes de mejora basados en las sugerencias.	Dirección del centro.	15/oct.	30/jun.	3.000 € para iniciativas de mejora.

Fuente: Kapta Estrategias.

Al implementar un sistema de control del presupuesto te puedes asegurar de que los recursos se utilicen de manera eficiente y de que las acciones de marketing se ajusten a los objetivos establecidos, maximizando así el retorno de la inversión y mejorando la eficacia del plan de marketing del centro educativo.

8.2.10. *Medición de resultados*

Llegamos a una parte muy importante en el plan de marketing. Ninguna acción de marketing se da por finalizada hasta que no se mide.

En esta parte te recomendamos que te hagas un cuadro a modo de cuadro de control en el que especifiques lo siguiente:

Objetivo	Acciones	Presupuesto	Responsable	Métricas

La medición del plan de marketing es fundamental para evaluar el éxito de las estrategias implementadas y asegurar que los objetivos establecidos se estén cumpliendo. Un sistema de medición eficaz permite realizar ajustes necesarios a tiempo, optimizar los recursos y mejorar continuamente las acciones de marketing.

Lo que vamos a hacer es darte unas pautas de medición para luego mostrarte en la práctica cómo lo haríamos nosotros siguiendo con los objetivos y acciones definidas en apartados anteriores.

Elementos clave en la medición del plan de marketing

1. **Definición de *Key Performance Indicator* (indicadores clave de desempeño):**

   — Seleccionar los KPI más relevantes que permitan medir el progreso hacia los objetivos. Ejemplos de KPI pueden ser: tasa de conversión de visitas en matrículas, nivel de satisfacción de las familias, número de visitas a la web del centro, *engagement* en redes sociales, etc.

2. **Herramientas de medición:**

   — Utilizar herramientas adecuadas para recopilar y analizar los datos. Entre las más comunes se encuentran Google Analytics, plataformas de CRM, encuestas de satisfacción, y herramientas de análisis de redes sociales como Metricool.

3. **Periodicidad de la medición:**

— Establecer una frecuencia regular para la revisión de los KPI. Esta puede ser mensual, trimestral o semestral, dependiendo de la naturaleza del objetivo y la estrategia.

4. **Análisis de resultados:**

— Comparar los resultados obtenidos con los objetivos establecidos. Identificar las áreas de éxito y aquellas que requieren mejoras.
— Analizar las tendencias y patrones que emergen de los datos para entender mejor el comportamiento de las familias y ajustar las estrategias en consecuencia.

5. **Ajustes y optimización:**

— Basado en el análisis de resultados, realizar los ajustes necesarios en las estrategias de marketing. Esto puede incluir cambiar tácticas, redistribuir el presupuesto o redefinir los objetivos.
— Optimizar las campañas y acciones de marketing para mejorar continuamente el rendimiento.

Ejemplo de medición para un centro educativo

1. **KPI definidos:**

— Tasa de conversión de visitas en matrículas: medir el porcentaje de familias que visitan el centro y finalmente matriculan a sus hijos.
— Nivel de satisfacción de las familias: recoger datos a través de encuestas de satisfacción posvisita y posmatrícula.
— Número de visitas a la web del centro: utilizar Google Analytics para medir el tráfico web y las páginas más visitadas.
— *Engagement* en redes sociales: analizar las interacciones (*likes*, comentarios, compartidos) en las publicaciones de redes sociales a través de Metricool.

2. **Frecuencia de revisión:**

— Realizar revisiones mensuales de los KPI para tener una visión actualizada y poder tomar decisiones rápidas si es necesario.

3. **Análisis de resultados:**

   — Comparar los datos mensuales con los objetivos establecidos al inicio del año escolar. Identificar si la tasa de conversión está aumentando, si el nivel de satisfacción de las familias es alto, etc.

4. **Ajustes y optimización:**

   — Si se observa que la tasa de conversión es baja, se puede revisar y mejorar el proceso de visita y entrevista con las familias.

   — Si el *engagement* en redes sociales es bajo, se puede ajustar el tipo de contenido publicado para hacerlo más atractivo y relevante para la audiencia.

8.2.11. *Plan de contingencias*

Un plan de contingencias es crucial para anticipar posibles problemas y definir estrategias de respuesta que permitan al centro educativo mantener su rumbo y cumplir con sus objetivos, incluso en situaciones adversas. A continuación, te damos algunos ejemplos de cómo desarrollar un plan de contingencias basado en algunos de los OKR (objetivos y resultados clave) definidos anteriormente.

Elementos clave en el plan de contingencias

1. **Identificación de riesgos potenciales:**

   — Enumerar los posibles riesgos que pueden afectar al logro de los objetivos. Estos pueden incluir cambios en la legislación educativa, crisis económicas, baja inscripción, pérdida de personal clave, entre otros.

2. **Desarrollo de estrategias de respuesta:**

   — Definir estrategias específicas para mitigar cada uno de los riesgos identificados. Estas estrategias deben ser claras y prácticas.

3. **Asignación de responsables:**

   — Determinar quiénes serán los responsables de ejecutar las estrategias de contingencia y asegurarse de que estén preparados para actuar rápidamente.

4. **Establecimiento de protocolos de comunicación:**

— Definir cómo se comunicará la información relevante a todas las partes interesadas (familias, personal, autoridades educativas) en caso de que se active una contingencia.

Ejemplos de plan de contingencias para un centro educativo

1. **Riesgo: baja tasa de conversión en matrículas**

— **Estrategia de respuesta:** si se observa una baja tasa de conversión en las primeras revisiones mensuales, implementar cambios en el proceso comercial tanto en personas como en procesos o materiales a entregar.
— **Responsable:** coordinador de admisiones y departamento de marketing.
— **Protocolo de comunicación:** informar a la dirección del centro sobre las acciones adicionales y los recursos necesarios para ejecutarlas.

2. **Riesgo: baja satisfacción de las familias**

— **Estrategia de respuesta:** en caso de recibir *feedback* negativo a través de encuestas de satisfacción, organizar reuniones con las familias para entender mejor sus preocupaciones y desarrollar planes de mejora específicos (mejorar la comunicación, ajustar los horarios de apertura y cierre, etc.).
— **Responsable:** dirección del centro y departamento de calidad.
— **Protocolo de comunicación:** informar a todas las familias sobre las medidas que se están tomando para mejorar la calidad del servicio y asegurar su satisfacción.

3. **Riesgo: baja presencia en redes sociales**

— **Estrategia de respuesta:** si se detecta un bajo *engagement* en redes sociales, ajustar la estrategia de contenido para hacerlo más interactivo y relevante (vídeos testimoniales, publicaciones en vivo, concursos, estrategias de #, utilizar más contenido vertical y dinámico, etc.).
— **Responsable:** equipo de comunicación y *community manager*.
— **Protocolo de comunicación:** informar al equipo sobre los nuevos enfoques y monitorear las métricas para evaluar el impacto de los cambios.

8.3. Ideas clave

1. **Beneficios del plan de marketing: una hoja de ruta estratégica.**
   Un plan de marketing ofrece claridad y dirección al centro educativo, ayudándolo a planificar acciones concretas para alcanzar sus objetivos. Esto evita tomar decisiones improvisadas y permite optimizar recursos, lo que resulta crucial en un entorno educativo competitivo.

2. **Fases del plan de marketing: del análisis a la medición.**
   El proceso incluye varias etapas clave: análisis interno y externo, definición de objetivos, diseño de estrategias, implementación de acciones y evaluación de resultados. Cada fase está diseñada para garantizar que el plan sea coherente y efectivo en su ejecución.

3. **¿Qué son los OKR? Establecer metas claras y medibles.**
   Los OKR *(Objectives and Key Results)* son una herramienta que permite definir objetivos estratégicos (O) y vincularlos a resultados clave (KR) que son específicos, medibles y con un tiempo definido. Facilitan el seguimiento del progreso y el ajuste de las estrategias.

4. ***Buyer* persona: entiende a tu público objetivo.**
   Definir el perfil del cliente ideal o *buyer* persona permite personalizar estrategias de captación y fidelización. Este perfil incluye detalles como edad, intereses, preocupaciones y expectativas educativas, ayudando a conectarse mejor con las familias.

5. **La importancia del DAFO: un diagnóstico estratégico.**
   La matriz DAFO (debilidades, amenazas, fortalezas y oportunidades) ayuda a identificar tanto los desafíos internos como las oportunidades externas que pueden afectar al centro. Es una herramienta clave para diseñar estrategias alineadas con la realidad del mercado.

8.4. Voces expertas

Manuel Ángel Maestro - Director del Área de Comunicación y Marketing de la FESD.

Miembro del Equipo de Gestión de la Fundación Educativa Santo Domingo - FESD y director del Área de Comunicación, Marketing y Desarrollo Digi-

tal de la Fundación (38 colegios y un centro elemental y profesional de música). Es licenciado por la Universidad de Friburgo en Suiza, país en el que residió trece años y por la Facultad de Teología San Esteban de Salamanca, es experto en Gestión y Dirección de Centros Educativos No Universitarios por la Universidad Pontificia Comillas de Madrid. Profesor en diversos centros de estudios y en la actualidad es también formador en comunicación y marketing en diferentes instituciones, acompañando en esta tarea a numerosos equipos directivos y claustros de profesores. Es miembro del Consejo Editorial del Diario Digital Éxito Educativo *dirigido a Líderes y Directivos en Educación.*

1. **¿Cuáles consideras los elementos más importantes para que un plan de marketing sea efectivo en un centro educativo?**

    Para que un plan de marketing sea efectivo en un centro educativo se requiere que quienes tienen que intervenir en la ejecución de este lo conozcan al detalle y se haya realizado un reparto de tareas adecuado entre los diversos intervinientes en la realización de dicho plan, intentando que cada participante haga únicamente lo que le corresponda. Previo a dicho plan es muy importante el análisis de la realidad del centro, del entorno en el que se sitúa y de los públicos a los que se dirige, que suelen ser variados, incluso cuando nos referimos al tipo de familias y alumnos y no solo al tipo de cliente interno, como son los educadores, *partners* o colaboradores. Un buen plan de marketing precisa de un buen marketing analítico, de un buen marketing estratégico y de una autocrítica no ingenua ajustada a la realidad del centro y sus intervinientes, al tiempo que un buen conocimiento de la competencia.

2. **¿Qué estrategias has utilizado para identificar y atraer a tu público objetivo dentro del sector educativo?**

    Pensar que un centro educativo dispone de un único público objetivo —familias o alumnos— suele ser un error. Por ello, identificar y conocer los diferentes «*buyer* persona» de cada centro de estudios es sin duda una prioridad. Por «*buyer* persona» entendemos, por ejemplo, los modelos de cliente —familias y alumnos— que existen en nuestro centro. Identificarlos, sin ignorar que podemos caer en estereotipos de cliente si no sabemos ajustarlos a cada uno de ellos en particular, nos permitirá entender mejor cuáles son sus verdaderas necesidades y preocupaciones, acomodando nuestra propuesta de servicios a las soluciones que buscan, sin renunciar por ello a nuestra identidad. Conocer las características de las diversas generaciones: *millennials*, X, Y, Z...

determinar las características de nuestros públicos en función de si son rurales o urbanos, de origen local o extranjero, con necesidades específicas y diversas que atender en su prole... nos ayudará sin duda a identificar expectativas y necesidades orientadas a buscar propuestas que se acomoden a lo que buscan y esperan nuestros clientes de nosotros, ofreciéndoles una respuesta más personalizada.

3. **¿Cómo comunicas y alineas el plan de marketing con el resto del equipo para garantizar su compromiso y participación?**

El elemento más importante en el campo de la comunicación y el alineamiento del plan de marketing con todo el personal del centro educativo y con toda la comunidad educativa es la implicación consciente y directa de los equipos directivos de los centros educativos, Si ellos no se implican, sino que delegan estas tareas de liderazgo y comunicación a otras personas, al margen de sí mismos, el plan de marketing no va a funcionar, los objetivos y las estrategias definidas en dicho plan no se van a alcanzar. La información, la comunicación, el alineamiento, la participación y el compromiso del equipo educativo con el plan de marketing de un centro son responsabilidad de todos, pero de un modo específico de la dirección de los colegios. Son ellos, más allá de las delegaciones que ejerzan, los primeros y últimos responsables de animar este proyecto y de comunicarlo en el día a día de su actividad.

4. **¿Qué aprendizajes clave has obtenido al implementar un plan de marketing en tu centro y cómo han influido en tus estrategias futuras?**

Hemos aprendido que en marketing no se puede nunca improvisar. Acertaremos o no en la planificación, en los objetivos propuestos, en las estrategias definidas, en los tiempos y en las personas a las que les hemos atribuido tareas, pero nos equivocaremos siempre si actuamos por modas o improvisación. Sin marketing analítico y estratégico no hay marketing que valga.

Y por otro lado hemos aprendido que el plan de marketing de un centro debe estar siempre alineado con su proyecto educativo, como elemento irrenunciable. Si mi proyecto no atrae deberé actualizarlo, mejorarlo o adaptarlo a las necesidades del cliente, pero sin renunciar por ello a mi identidad. Pues si tengo que renunciar a ella, porque no consigo enamorar, es que o mi marca no vale o no logro comunicarla como se merece.

9
ATENCIÓN AL CLIENTE

9.1. La satisfacción como base de la captación

En capítulos anteriores te comentábamos lo importante que es trabajar la captación desde dentro. Cuando en nuestro centro educativo tenemos familias muy fidelizadas, un alto porcentaje va a hablar bien del centro, van a querer «presumir» del colegio al que asisten sus hijos y, como consecuencia, van a generar prescripciones muy positivas.

Es muy importante tener esto en cuenta por varios motivos que te exponemos a continuación:

1. **Los nuevos clientes son más caros.** Adquirir nuevos alumnos siempre implica un coste más elevado en comparación con mantener a los actuales.
2. **Los clientes actuales son muy valiosos.** Las familias que ya forman parte de tu centro tienen un valor incalculable, no solo por su fidelidad, sino también por su potencial para recomendar nuestro colegio.
3. **Los clientes satisfechos perdonan tus errores con facilidad.** Un cliente satisfecho es más comprensivo ante pequeños errores o contratiempos que puedan surgir. Ya sabes que siempre aparecen.
4. **Son sensibles a cómo les tratemos más que a otra cosa.** Recuerda que el cliente desea sentirse único, no uno más. El trato personalizado es clave.
5. **Un cliente satisfecho hablará bien de tu centro a una media de cinco personas.** Si, por ejemplo, tenemos a 50 familias muy satis-

fechas, podremos llegar a impactar positivamente a 250 personas a coste cero.

Las familias (clientes) que nos dejan, lo hacen por estos motivos:

1. En un 8 % de las ocasiones por motivos ajenos al centro educativo.
2. En un 10 % se van a un centro de la competencia.
3. En un 16 % porque no les gusta nuestro producto (proyecto educativo, servicios, etc.).
4. En un 66 % por el trato personal.

9.2. La implicación de las familias en el centro

No hay nada mejor que hacer que las familias se sientan como en casa. En muchas ocasiones los centros educativos pretenden vender el valor de la cercanía, pero no llegan a saber cómo hacerlo tangible. Una de las claves del éxito para conseguir familias satisfechas es implicarlas al máximo en el centro. Aquí os dejamos varias estrategias:

1. **Figura de padres delegados:** involucrar a padres representantes en la toma de decisiones y en la organización de eventos. Padres que ayuden.
2. **Implicar al AMPA:** trabajar de la mano con la asociación de madres y padres de alumnos en proyectos y actividades.
3. **Jornadas de puertas abiertas:** permitir que las familias conozcan las instalaciones y el funcionamiento del centro de primera mano.
4. **Aulas abiertas:** ofrecer la oportunidad de que los padres asistan a clases y vean el proceso educativo en acción.
5. *Family day:* organizar un día especial donde las familias puedan participar en actividades recreativas y educativas.
6. **Plan acción tutorial:** implementar un plan donde los tutores mantengan una comunicación constante y personalizada con las familias.
7. **Cafés pedagógicos:** son encuentros con las familias de los niños que cambian de etapa, dirigidos a fidelizar a esas familias. De esto te hablaremos más detalladamente a continuación.
8. **Escuelas de familias:** son talleres y charlas formativas para los padres sobre temas de interés educativo y más adelante te vamos

a dejar algunos ejemplos que hemos implementado en centros educativos con un resultado exitoso.

9.2.1. *Cafés pedagógicos*

Los cafés pedagógicos son encuentros con las familias de los niños que cambian de etapa, dirigidos a fidelizar a esas familias y conseguir que se queden en el centro para seguir su educación. Están dirigidos a familias con niños que cambian de etapa, por ejemplo de 3.º de Infantil a 1.º de Primaria (5-6 años) y de 6.º de Primaria a 1.º de Secundaria (11-12 años).

Objetivo: el café pedagógico pretende acoger a los responsables de la formación académica de ambas etapas y exponer a las familias los aspectos pedagógicos de cada una. El objetivo es mostrarles el modelo continuista del centro para que las familias vean a este como la opción perfecta para la continuación de los estudios de sus hijos. Las familias tienen que ver una coherencia entre ambos modelos, haciendo especial incidencia en los elementos comunes sin dejar de lado el proyecto individual de la nueva etapa.

Desarrollo del café pedagógico:

— El director del centro habla de manera genérica sobre el centro y los proyectos actuales y futuros.
— Los tutores de cada etapa profundizan en el modelo pedagógico.
— Se convoca a un máximo de 10 familias por sesión para mantener un ambiente cercano y efectivo.
— Es importante seleccionar familias que sean constructivas y evitar figuras especialmente críticas que puedan boicotear la reunión.

Ejemplos específicos:

— **Cambio de etapa de 3.º Infantil a 1.º Primaria:** involucrar al director del centro, responsables del gabinete pedagógico de ambas etapas y a los tutores de 3.º Infantil y 1.º Primaria.
— **Cambio de etapa de 6.º Primaria a 1.º Secundaria:** en este caso el café pedagógico cobra aún más importancia para evitar fugas hacia institutos. Se debe destacar la línea educativa continuista, el

conocimiento del niño y la personalización y seguimiento en su educación.

9.2.2. *Talleres o escuelas de familias*

Las escuelas de familias son talleres y charlas formativas para los padres sobre temas de interés educativo. A continuación, te dejamos algunas ideas de talleres que puedas implementar en vuestro centro:

1. **Taller de higiene personal:** aprender sobre el lavado de manos, el cepillado de dientes y otras prácticas de higiene, incorporando juegos y canciones para hacerlo más divertido.
2. **Taller de preparación de meriendas saludables:** enseñar a los niños junto con sus padres a preparar meriendas saludables y equilibradas.
3. **Taller de seguridad vial:** educar a los niños sobre cómo cruzar la calle de manera segura y otras prácticas de seguridad vial.
4. **Taller de primeros auxilios básicos:** enseñarles cómo reaccionar en situaciones de emergencia.
5. **Taller de reciclaje y sostenibilidad:** mostrar la importancia del reciclaje y cómo separar los materiales adecuadamente.
6. **Taller de resolución de conflictos:** estrategias para resolver conflictos de manera pacífica.
7. **Taller de comunicación y escucha activa:** fomentar habilidades de comunicación efectivas.
8. **Taller de arte creativo:** fomentar la creatividad de los niños y padres al permitirles pintar, dibujar y hacer manualidades juntos.
9. **Taller de cuidado de plantas:** enseñar a cuidar y regar plantas, promoviendo la responsabilidad.
10. **Taller de cocina básica:** introducir recetas y técnicas de cocina simples para que los niños puedan preparar comidas sencillas.

Estos talleres no solo ayudan a los niños a adquirir nuevas habilidades, sino que también involucran a las familias en la vida del centro, creando un sentido de comunidad y pertenencia.

Ten en cuenta, a la hora de organizar eventos, que los padres deben ir a vivir experiencias únicas. Lo de ir a aplaudir a sus hijos ya dejó de ser una gran experiencia. Ahora lo que tienes que buscar son actividades donde los padres vayan a «hacer cosas». Ten por seguro que lo contarán en su entorno más cercano.

9.3. Las encuestas

Uno de los aspectos fundamentales en marketing, y todavía más en el marketing educativo al estar referido a servicios, es la satisfacción de las necesidades de vuestros clientes (en su sentido más amplio: alumnos, familias, personal y entorno). Pensamos que tú deberías trabajar para superar las expectativas que cada tipo de cliente tiene hacia tu centro y hacia lo que ofreces.

La calidad del servicio es el resultado del «veredicto» emitido por el cliente como consecuencia de la percepción que tiene sobre el trato y el servicio que tu centro le ha ofrecido. ¿Cómo puedes medir la satisfacción de tus clientes?

9.3.1. *Encuesta de satisfacción*

Las encuestas de satisfacción son una herramienta esencial para conocer la opinión de las familias y los alumnos sobre diversos aspectos del centro educativo. A continuación, te dejamos algunos puntos clave para diseñar una encuesta de satisfacción efectiva:

1. **Objetivos claros:** define qué aspectos deseas medir, como la calidad de la enseñanza, la comunicación, las instalaciones, entre otros.
2. **Preguntas específicas y relevantes:** asegúrate de que las preguntas sean claras y directamente relacionadas con los objetivos definidos.
3. **Formato accesible:** utiliza un formato fácil de entender y responder, como escalas de valoración, preguntas de opción múltiple y espacios para comentarios abiertos.
4. **Análisis y seguimiento:** una vez recopilados los datos, analiza los resultados y establece un plan de acción basado en las áreas de mejora identificadas.

La encuesta de satisfacción la podrías estructurar por bloques, dentro de cada bloque hacer preguntas específicas. Te mostramos un ejemplo.

1. **Elementos tangibles:** hace referencia a los aspectos más físicos y estéticos del centro.
   Ejemplos de preguntas:

   — ¿Estás satisfecho con las instalaciones deportivas del centro? (1-5).
   — ¿Crees que las aulas son confortables? (1-5).
   — ¿Consideras adecuado el equipamiento tecnológico del centro? (1-5).

2. **Fiabilidad:** se valora la planificación y organización del personal y del centro, así como la satisfacción con los procesos didácticos de enseñanza-aprendizaje y la evaluación.
   Ejemplos de preguntas:

   — ¿Estás satisfecho con el nivel académico del centro? (1-5).
   — ¿Cómo valorarías la metodología empleada por los profesores? (1-5).
   — ¿Consideras adecuado el volumen de tareas que tu hijo lleva para realizar en casa? (1-5).

3. **Capacidad de respuesta:** relacionado con la gestión de las quejas y el cumplimiento de las expectativas de los usuarios.
   Ejemplos de preguntas:

   — ¿Estás satisfecho con la forma en que el centro gestiona las quejas y reclamaciones? (1-5).
   — ¿Cómo valorarías la rapidez con la que el centro responde a tus inquietudes? (1-5).

4. **Empatía:** se refiere a la relación y comunicación entre los diferentes miembros de la comunidad educativa, especialmente entre los usuarios y el personal del centro.
   Ejemplos de preguntas:

   — ¿Estás satisfecho con el trato recibido por parte del personal docente? (1-5).
   — ¿Cómo valorarías la comunicación entre el centro y las familias? (1-5).

5. **Seguridad:** no se trata solamente del clima de convivencia que se vive en el centro, sino también de la credibilidad y el prestigio del que disfruta.
   Ejemplos de preguntas:

— ¿Consideras que el centro ofrece un ambiente seguro y acogedor para tu hijo? (1-5).
— ¿Estás satisfecho con las medidas de seguridad implementadas en el centro? (1-5).

Cada bloque debe incluir preguntas que permitan medir el grado de satisfacción de los usuarios en una escala de 1 a 5, donde 1 es «insatisfecho» y 5 es «muy satisfecho».

En muchas ocasiones necesitamos conocer respuestas concretas por etapas, puedes aprovechar y hacer un bloque específico para preguntas sobre esa etapa educativa en concreto. ¡Adelante!

9.3.2. *Encuesta de clima laboral*

El clima laboral en un centro educativo es crucial para el bienestar y la eficiencia del personal docente y administrativo. Aquí te dejamos algunos aspectos importantes a considerar en una encuesta de clima laboral:

1. **Ambiente de trabajo:** pregunta sobre la percepción del ambiente laboral, la colaboración entre compañeros y la relación con la dirección.
   Ejemplos de preguntas:

   — ¿Cómo describirías el ambiente de trabajo en nuestro centro? (1-5).
   — ¿Estás satisfecho con la colaboración entre compañeros? (1-5).

2. **Condiciones laborales:** incluye preguntas sobre la satisfacción con las condiciones de trabajo, como el horario, las instalaciones y los recursos disponibles.
   Ejemplos de preguntas:

   — ¿Estás satisfecho con tus condiciones laborales (horarios, instalaciones, recursos)? (1-5).
   — ¿Cómo valorarías el equilibrio entre tu vida laboral y personal? (1-5).

3. **Desarrollo profesional:** investiga la percepción sobre las oportunidades de formación y desarrollo profesional.
   Ejemplos de preguntas:

   — ¿Estás satisfecho con las oportunidades de formación y desarrollo profesional que ofrece el centro? (1-5).

— ¿Consideras que el centro fomenta tu desarrollo profesional? (1-5).

4. **Reconocimiento y valoración:** pregunta si los empleados se sienten valorados y reconocidos por su trabajo.
   Ejemplos de preguntas:

   — ¿Te sientes valorado y reconocido por tu trabajo en el centro? (1-5).
   — ¿Consideras que tu trabajo es apreciado por tus superiores y compañeros? (1-5).

9.3.3. *Encuesta de matriculación*

Ya te contamos en capítulos anteriores de la importancia que tiene que todos los años pases la encuesta de matriculación a las nuevas familias que se incorporan a tu comunidad educativa. Vamos a hacer un resumen de lo que te habíamos comentado anteriormente:

— Esta encuesta se pasa en el momento de la formalización de la matrícula porque así vas a conseguir un mayor porcentaje de respuestas. Tienes que integrarlo como un trámite más en la formalización de la matrícula, al igual que van a la secretaría o administración de tu centro a entregar los papeles o documentación necesarios; el último trámite debe ser responder a una breve encuesta como control de calidad del centro por el trato recibido durante el proceso de admisión.
— Esta encuesta debe ser muy breve, te recomendamos que sea *online,* de tal manera que la tabulación no la tengas que hacer manual e invertir horas innecesarias y, por supuesto, ser anónima.
— Los datos que vas a extraer de esta encuesta son los siguientes:

  • Por qué te eligen.
  • Qué otros centros han visitado.
  • Si se han sentido bien atendidos durante todo el proceso de investigación, comparación y decisión.

Te volvemos a dejar por aquí las preguntas tipo que nosotros os recomendamos que hagáis. Recuerda que simplemente es un borrador de preguntas tipo y tú las tendrás que adaptar a las circunstancias de tu centro educativo.

Ejemplos de preguntas para una encuesta de matriculación:

1. **Atención recibida:**

   — ¿La atención telefónica recibida por el colegio fue correcta? (Sí/No).
   — Desde la llamada telefónica, ¿le citaron a entrevista con rapidez? (Sí/No/Más de una semana).
   — ¿El día de la entrevista se le atendió a la hora citada? (Sí/No/Tuve que esperar).
   — ¿La información trasladada durante la entrevista fue completa? (Sí/No).
   — ¿Le resolvieron todas sus dudas? (Sí/No).
   — ¿Se le enseñó el centro? (Sí/No).

2. **Motivos de elección:**

   — ¿Por qué nos has elegido? (marca todas las que apliquen):

     • Proyecto educativo.
     • Instalaciones.
     • Profesorado.
     • Idiomas.
     • Actividades extraescolares.
     • Amplitud horaria.
     • Cercanía.
     • Innovación.
     • Tecnología.
     • Otros: _____

3. **Comparación con otros centros:**

   — ¿Has visitado otros centros? (Sí/No).
   — Si has visitado otros centros, por favor indica el nombre de estos:

     • Colegio 1.
     • Colegio 2.
     • Colegio 3.
     • Colegio 4.

4. **Experiencia general:**

— ¿Te has sentido bien atendido durante todo el proceso de investigación, comparación y decisión? (1-5).
— ¿Cómo calificarías tu experiencia global con el proceso de admisión en nuestro centro? (1-5).

9.4. Tipos de cliente

En un centro educativo identificar los tipos de cliente es esencial para adaptar tus estrategias de marketing y comunicación. Aunque cada cliente tiene sus particularidades, a lo largo de los años hemos observado ciertos perfiles comunes. Aunque en el capítulo 3 de este libro hemos definido los tipos de clientes, a continuación te compartimos los más frecuentes, con sus características y cómo te sugerimos abordarlos:

1. **El cliente ahorrador:**

   • **Características:** busca la mejor relación calidad-precio y valora los servicios que justifican la inversión. Está atento a ofertas y condiciones económicas.
   • **Recomendación:** destaca en tu comunicación los beneficios y servicios incluidos en el precio. Por ejemplo, una hoja de precios que ponga en valor cada detalle es clave.

2. **El cliente informado:**

   • **Características:** antes de visitarte, ya ha investigado *online* sobre tu centro y la competencia. Sabe qué preguntas hacer y qué puntos comparar.
   • **Recomendación:** mantén tu web actualizada, ofrece contenido relevante y prepara a tu equipo para responder con datos concretos. La transparencia será tu mejor aliada.

3. **El cliente reflexivo:**

   • **Características:** toma decisiones con calma. Prefiere comparar opciones y discutirlas en casa antes de dar un paso definitivo.
   • **Recomendación:** dale tiempo para decidir, pero asegúrate de mantener el contacto con un seguimiento cuidadoso. Un correo

electrónico de agradecimiento tras la visita puede ser un buen comienzo.

4. **El cliente que busca personalización:**

    - **Características:** valora que sus necesidades específicas sean atendidas, como programas adaptados o servicios extras.
    - **Recomendación:** resalta los aspectos flexibles de tu oferta educativa. Por ejemplo, si tienes actividades adicionales o adaptaciones curriculares, asegúrate de que las conozca.

5. **El cliente emocional:**

    - **Características:** su decisión depende mucho de la conexión que sienta con el colegio. Busca un ambiente cálido y acogedor para sus hijos.
    - **Recomendación:** prioriza la atención personalizada y asegúrate de que la visita transmita los valores y el ambiente único del centro.

6. **El cliente conectado socialmente:**

    - **Características:** se informa y toma decisiones basadas en opiniones de otras familias y recomendaciones en redes sociales.
    - **Recomendación:** cuida tu reputación *online* y fomenta testimonios positivos de las familias actuales. Invítale a compartir sus experiencias en plataformas públicas.

Recuerda que ningún cliente pertenece exclusivamente a un tipo, pero conocer estas características te ayudará a personalizar tu mensaje y ofrecer una experiencia única que los motive a elegir.

9.5. Gestión de la queja

En un entorno educativo, las quejas pueden surgir por diversos motivos y suelen seguir un recorrido que puede ser desde comentarios en redes sociales hasta llegar a reuniones en la dirección del centro. Una gestión adecuada de la queja no solo evita que escale, sino que también puede fortalecer la relación con la familia y mejorar la reputación del centro. A continuación, te vamos a decir cómo recomendamos que sean gestionadas dependiendo del origen de estas.

Tipos de quejas

1. **Quejas en redes sociales o en la ficha de Google:**

   — **Descripción:** estas suelen ser quejas públicas, visibles para otros usuarios y pueden referirse a diversos temas: insatisfacción con el servicio, problemas de comunicación o descontento con la atención.

   — **Acciones a llevar a cabo:**

     • **Respuesta rápida y empática:** responder en un máximo de 24 horas, siempre con un tono empático y educado, agradeciendo el *feedback* y mostrando disposición a resolver el problema.

     • **Desvío a un canal privado:** si la situación es delicada, invitar al usuario a continuar la conversación en privado (mensaje directo o correo electrónico), lo cual también ayuda a mitigar la situación.

     • **Seguimiento posterior:** tras la resolución, se puede hacer un seguimiento en público agradeciendo la oportunidad de mejora y, si es posible, solicitando la actualización de la reseña o comentario.

2. **Quejas en grupos de WhatsApp de padres:** estas son las que parece que tengamos menos controladas. Nosotros siempre decimos que debemos tener a un infiltrado dentro de cada grupo, ¡eso sería lo ideal!

   — **Descripción:** las quejas en estos grupos pueden extenderse rápidamente y generar un malestar colectivo, especialmente si no se atienden a tiempo. Pueden estar relacionadas con temas administrativos, actividades escolares o problemas de comunicación.

   — **Acciones a llevar a cabo:**

     • **Monitoreo indirecto:** aunque no se tiene control directo sobre estos grupos, es importante estar al tanto de los temas que se discuten a través de las familias o personal cercano.

     • **Mensaje global proactivo:** si la queja llega a conocimiento del centro, se puede emitir un mensaje general, sin personalizar, para aclarar el tema en cuestión, explicar las soluciones implementadas o recordar las vías de comunicación oficial para resolver dudas.

- **Fomentar el uso de canales oficiales:** reiterar a las familias la importancia de utilizar los canales formales (correo, teléfono, reuniones) para cualquier tipo de queja o sugerencia, evitando malentendidos en foros informales como WhatsApp.

3. **Quejas que llegan al despacho de dirección:**

   — **Descripción:** este tipo de queja es formal y generalmente es el último paso de un malestar que no se resolvió en los canales anteriores. Las familias que acuden a dirección suelen estar más afectadas y requieren una solución directa y personal.
   — **Acciones a llevar a cabo:**

     - **Escucha activa:** dar el espacio necesario para que la familia exprese su queja con detalle. La dirección debe mostrarse abierta, comprensiva y sin interrumpir.
     - **Análisis y resolución personalizada:** cada caso es diferente y la solución debe adaptarse a la situación concreta. Ofrecer una solución clara, con plazos y responsables.
     - **Registro y seguimiento:** registrar la queja formalmente para asegurar un seguimiento adecuado. Una vez resuelta, es conveniente contactar con la familia para confirmar que están satisfechos con las medidas adoptadas.

Pautas generales para abordar una queja en cualquier canal:

1. **Empatía y calma:** en todo momento es fundamental que el personal del centro trate la queja con serenidad y empatía. Las quejas son una oportunidad de mejora.
2. **Respuesta rápida:** el tiempo de respuesta es clave para evitar la escalada de una queja. Idealmente, se debe responder en un plazo de 24 horas en los casos digitales.
3. **Canalización adecuada:** no todas las quejas deben resolverse en redes sociales o en espacios públicos. Es importante derivarlas hacia el canal más adecuado (correo, reunión personal) para tratar el problema de manera más eficaz.
4. **Solución y seguimiento:** no basta con resolver el problema, es esencial realizar un seguimiento posterior para asegurarse de que la solución implementada es efectiva y ha sido bien recibida.

9.6. Ideas clave

1. **La satisfacción como base de la captación.**

   Mantener a las familias satisfechas es clave, ya que generan recomendaciones positivas hacia el centro educativo. Las familias felices perdonan errores pequeños, valoran el trato personalizado y son potenciadoras del efecto boca a boca.

2. **La implicación de las familias en el centro.**

   Es crucial fomentar la cercanía y la integración de las familias a través de actividades como cafés pedagógicos, talleres y reuniones. Esto refuerza el sentido de pertenencia y la fidelización.

3. **Las encuestas como herramientas estratégicas.**

   Las encuestas de satisfacción, clima laboral y matriculación permiten identificar áreas de mejora, medir el desempeño y ajustar estrategias para atender mejor las necesidades de familias y empleados.

4. **Cafés pedagógicos y talleres.**

   Actividades informales como cafés pedagógicos o talleres familiares no solo educan, sino que también fortalecen los lazos entre el centro y las familias, aumentando la comunicación efectiva y la confianza.

5. **Importancia de un trato personalizado.**

   El trato hacia las familias es más determinante que el producto educativo en sí. El 66 % de las familias que dejan un centro lo hacen debido a un trato insatisfactorio, lo que subraya la necesidad de priorizar la atención personalizada.

9.7. Voces expertas

Federico Pedro Rodríguez Pérez - Director-Gerente del Colegio Casa Azul (La Orotava, Tenerife).

Licenciado en Ciencias Económicas y Empresariales por la Universidad de La Laguna. Técnico superior contable por la Escuela Superior de Investigación y Técnicas Empresariales. Gestor de empresas educativas por el Instituto Canario de Formación y Empleo y gestor turístico por la Universidad Nacional de Educación a Distancia. Tiene 31 años de experiencia en el sector educativo, impartiendo la docencia de matemáticas, economía y educación, financiera. En la dirección del colegio acumula 14 años en los que ha procurado adaptar la enseñanza que se imparte en el centro a las necesidades competenciales del siglo XXI.

1. **¿Qué importancia tiene la atención al cliente en la experiencia de las familias en tu centro?**

   Dada la forma jurídica de nuestro centro como cooperativa de padres, es obvio que la atención al cliente resulta esencial. Mucho antes de la llegada de la tecnología y el marketing en redes sociales, nuestra forma de llegar a las familias era el tradicional «boca a boca», y gracias a la satisfacción de este cada año se llenaban nuestras aulas, lo cual hoy en día sigue siendo de vital importancia. Para lograr dicha satisfacción, trabajar día a día el sentimiento de pertenencia es sin duda nuestra principal herramienta de captación. Bajo nuestra marca #sentimientocasaazul, son nuestros propios alumnos los que diariamente llevan consigo la experiencia de sentirse arropados, fomentando relaciones positivas con las familias y aumentando así su grado de implicación en el proceso educativo.

2. **¿Cómo gestionas las quejas y sugerencias de las familias para mejorar la relación con ellas?**

   Sin duda mantener los canales de comunicación abiertos permite lograr una escucha activa las 24 horas del día, lo que nos posibilita analizar y responder rápidamente a las quejas o sugerencias recibidas. Buscamos en este proceso la mayor transparencia posible, facilitando que las familias se sientan cómodas compartiendo sus pensamientos y haciéndoles partícipes de un ambiente de retroalimentación. Es fundamental que sientan que han sido atendidas.

3. **¿Qué actividades llevas a cabo para involucrar a las familias en el centro y mejorar su satisfacción?**

   Hacer partícipes a las familias de las actividades del centro constituye nuestro principal punto de partida. El encuentro de todos los miembros de la comunidad educativa en eventos en los que el alumnado actúa como protagonista, mentor o facilitador, resulta crucial para demostrar y sembrar el sentimiento de pertenencia. Bajo esta perspectiva desarrollamos distintas iniciativas como la presentación de proyectos diferenciadores a las familias y *open days* a cargo del alumnado; eventos y festivales a lo largo del curso escolar; talleres y charlas en un espacio de formación con temáticas de interés para las familias de las distintas etapas; encuentros semanales en el aula con las familias de Educación Infantil o el día de la familia CCA, entre otras.

4. **¿Qué herramientas o encuestas utilizas para medir la satisfacción de las familias y cómo actúas sobre sus resultados?**

Partiendo de la base de que sin duda la mejor herramienta es el contacto directo y cara cara con la familia para poder medir cuál es su grado de satisfacción, es cierto que hoy día hay herramientas que nos permiten medir de manera inmediata todos aquellos actos o eventos que se realizan en el centro. Los resultados de las encuestas nos sirven para valorar si el camino trazado es el correcto y en caso de no ser así poder reaccionar de manera inmediata solicitando información acerca de lo que demanda nuestro cliente.

10
COMUNICACIÓN INTERNA EN CENTROS EDUCATIVOS

10.1. Importancia de la comunicación interna

Hemos observado que la comunicación interna es un pilar fundamental en cualquier centro educativo. Una buena comunicación interna no solo mejora el clima laboral y la cohesión del equipo, sino que también asegura que todos los miembros de la comunidad educativa estén alineados con los objetivos y valores del centro.

Beneficios de una comunicación interna efectiva, siempre desde nuestra experiencia:

1. **Fortalecimiento del clima laboral:**

   — Una comunicación clara y constante ayuda a reducir malentendidos y conflictos, promoviendo un ambiente de trabajo positivo y colaborativo.
   — Cuando los empleados se sienten informados y escuchados, su motivación y compromiso con el centro aumentan significativamente.

2. **Mejora de la cohesión del equipo:**

   — La comunicación efectiva fomenta la colaboración entre diferentes departamentos y roles dentro del centro.
   — Facilita la coordinación de actividades y proyectos, asegurando que todos los miembros del equipo estén en la misma «onda».

3. **Alineación con los objetivos del centro:**

   — Mantener a todos informados sobre los objetivos y metas del centro educativo garantiza que el esfuerzo colectivo esté dirigido en la misma dirección.
   — Ayuda a cada miembro de la comunidad educativa a comprender su papel y contribución al éxito del centro.

4. **Prevención de malentendidos y conflictos:**

   — Una comunicación clara y estructurada minimiza la posibilidad de malentendidos que puedan generar conflictos.
   — Proporciona un canal para resolver dudas y aclarar información, evitando rumores y desinformación.

5. **Fomento de la transparencia y la confianza:**

   — La transparencia en la comunicación crea un ambiente de confianza donde los empleados se sienten valorados y respetados.
   — Facilita un *feedback* constructivo, permitiendo la mejora continua tanto a nivel individual como organizacional.

Nosotros te recomendamos que pongas un énfasis especial en desarrollar una comunicación interna sólida en tu centro educativo. La clave está en mantener a todos los miembros de la comunidad informados, involucrados y alineados con los objetivos del centro. A lo largo de este capítulo exploraremos cómo puedes estructurar y mejorar la comunicación interna en tu institución.

10.2. Objetivos

A veces entendemos que la comunicación interna es solo transmitir información, pero en realidad tiene objetivos mucho más amplios. Establecer objetivos claros para la comunicación interna es esencial para garantizar que todas las actividades comunicativas se alineen con los propósitos y objetivos del centro educativo. Una buena comunicación interna no solo informa y coordina, sino que también fortalece la relación con todos los miembros de la comunidad educativa, promoviendo la fidelización y el compromiso.

Objetivos de la comunicación interna y ejemplos de acciones:

1. **Fidelización de la comunidad educativa:**

   — **Descripción:** la fidelización no solo se refiere a retener a los estudiantes y sus familias, sino también a mantener un equipo docente y administrativo comprometido y satisfecho.
   — **Ejemplos de acciones:**

     • **Reconocimiento de logros:** crear un boletín mensual donde se reconozcan los logros de estudiantes y del personal.
     • **Celebración de hitos:** organizar eventos para celebrar aniversarios, logros académicos y actividades extracurriculares.
     • **Ambiente inclusivo:** implementar encuestas de satisfacción para recoger *feedback* y actuar en consecuencia.

2. **Transparencia y confianza:**

   — **Descripción:** promover una cultura de transparencia donde la información fluya de manera abierta y honesta.
   — **Ejemplos de acciones:**

     • **Informes regulares:** publicar un informe trimestral con actualizaciones sobre la gestión del centro.
     • **Canales de acceso:** establecer un buzón de sugerencias y preguntas donde los miembros de la comunidad puedan expresar sus inquietudes.
     • **Reuniones informativas:** programar reuniones periódicas con padres y personal para debatir asuntos importantes.

3. **Mejora del clima laboral:**

   — **Descripción:** crear un ambiente de trabajo positivo y colaborativo donde todos se sientan valorados y respetados.
   — **Ejemplos de acciones:**

     • *Feedback* **constructivo:** realizar reuniones semanales de equipo para discutir problemas y soluciones.
     • **Desarrollo profesional:** ofrecer talleres y cursos de formación continua para el personal.
     • **Actividades de *team building:*** organizar actividades recreativas y de integración para fortalecer las relaciones entre el personal.

4. **Coordinación y eficiencia operativa:**

   — **Descripción:** asegurar que todas las actividades y operaciones del centro educativo se realicen de manera eficiente y coordinada.
   — **Ejemplos de acciones:**

     • **Herramientas de gestión:** utilizar plataformas como Teams o Google Classroom para gestionar tareas y proyectos.
     • **Calendarios compartidos:** implementar un calendario digital accesible para todo el personal.
     • **Reuniones de planificación:** establecer reuniones semanales, quincenales o mensuales de planificación con los equipos involucrados.

5. **Alineación con los objetivos del centro:**

   — **Descripción:** mantener a todos los miembros de la comunidad educativa informados sobre los objetivos del centro para garantizar que el esfuerzo colectivo esté dirigido en la misma dirección.
   — **Ejemplos de acciones:**

     • **Comunicación de objetivos:** enviar boletines informativos que expliquen los objetivos estratégicos del año.
     • **Reuniones de seguimiento:** programar reuniones trimestrales para evaluar el progreso hacia los objetivos.
     • **Visualización de metas:** colocar carteles y gráficos en áreas comunes que muestren el progreso hacia las metas del centro.

6. **Prevención de malentendidos y conflictos:**

   — **Descripción:** minimizar la posibilidad de malentendidos y conflictos mediante una comunicación clara y estructurada.
   — **Ejemplos de acciones:**

     • **Protocolos de comunicación:** establecer guías claras sobre cómo y cuándo se deben transmitir las diferentes informaciones.
     • **Formación en comunicación:** ofrecer talleres sobre habilidades comunicativas y resolución de conflictos para el personal.
     • **Canales de resolución:** crear un sistema de mediación para resolver conflictos de manera efectiva.

Te dejamos ahora un ejemplo para que veas cómo podrías llevarlo a cabo desde ahora en tu centro.

Plan de acción para un colegio con objetivos y métricas de medición:

1. **Fidelización de la comunidad educativa:**

   — **Acción:** crear un boletín mensual para reconocer logros y celebrar hitos.
   — **Métrica de medición:**

     • **Tasa de apertura del boletín:** indica cuántas personas lo leen.

2. **Transparencia y confianza:**

   — **Acción:** publicar un informe trimestral con actualizaciones y establecer un buzón de sugerencias.
   — **Métricas de medición:**

     • **Número de descargas o lecturas del informe:** cuántas personas acceden al documento.
     • **Cantidad de sugerencias recibidas:** refleja el nivel de participación.

3. **Mejora del clima laboral:**

   — **Acción:** realizar reuniones semanales de equipo y ofrecer talleres de desarrollo profesional.
   — **Métricas de medición:**

     • **Asistencia a reuniones y talleres:** mide el nivel de compromiso del personal.

4. **Coordinación y eficiencia operativa:**

   — **Acción:** implementar un calendario digital y utilizar plataformas de gestión de tareas.
   — **Métricas de medición:**

     • **Tasa de adopción del calendario y plataforma:** mide el uso por parte del personal.
     • **Reducción en el tiempo dedicado a la planificación de actividades:** evalúa la eficiencia operativa.
     • **Cumplimiento de plazos en tareas y proyectos:** refleja la mejora en la gestión.

5. **Alineación con los objetivos del centro:**

   — **Acción:** enviar boletines informativos y programar reuniones trimestrales de seguimiento.
   — **Métricas de medición:**

     • **Asistencia y participación en reuniones:** muestra el nivel de interés.
     • **Porcentaje de objetivos cumplidos en cada revisión trimestral:** evalúa el progreso.

6. **Prevención de malentendidos y conflictos:**

   — **Acción:** establecer protocolos de comunicación y ofrecer formación en habilidades comunicativas.
   — **Métricas de medición:**

     • **Número de conflictos reportados:** mide la eficacia de los protocolos.
     • **Nivel de satisfacción del personal sobre la claridad de la comunicación:** encuestas específicas.

10.3. Públicos de la comunicación interna

Identificar claramente a los diferentes públicos de la comunicación interna es fundamental para adaptar los mensajes de manera efectiva y asegurar que lleguen a la audiencia correcta. En un centro educativo, los principales públicos son:

1. **Equipo directivo:** el equipo directivo, compuesto por las figuras que toman las decisiones estratégicas, es fundamental para la supervisión y gestión del centro. Es esencial mantenerles informados sobre todos los aspectos operativos, pedagógicos y corporativos del colegio. Esto incluye informes de gestión, actualizaciones sobre el plan estratégico del centro, avances en proyectos educativos, reconocimientos al personal y estudiantes, así como cualquier inversión importante en infraestructuras o remodelaciones.

2. **Docentes:** los docentes son responsables de la enseñanza y la formación de los estudiantes. Necesitan información detallada no solo sobre aspectos pedagógicos como horarios, eventos y cambios curriculares, sino también sobre el plan estratégico del

centro, proyectos educativos, reconocimientos a su labor y mejoras en el entorno educativo. Mantenerles informados y comprometidos es clave para el éxito del centro educativo.

3. **Personal administrativo y de servicios (PAS):** el PAS incluye al personal de administración, mantenimiento, comedor y otros servicios esenciales. A menudo este grupo es el gran olvidado en la comunicación interna. Sin embargo, es crucial que estén bien informados sobre todas las actividades y cambios en el centro, tanto pedagógicos como corporativos. Esto asegura que puedan desempeñar sus funciones de manera efectiva y se sientan valorados dentro de la comunidad educativa.

4. **Estudiantes:** los alumnos son el centro de la actividad educativa. Necesitan información clara y accesible sobre actividades, horarios, normativas, eventos especiales y cualquier cambio significativo en su entorno educativo. Utilizar herramientas digitales y canales directos para mantenerles informados es esencial para su participación y su bienestar en el centro.

5. **Padres y tutores:** las familias de los estudiantes son socios cruciales en el proceso educativo. Necesitan estar informadas no solo sobre el progreso académico de sus hijos, eventos escolares y políticas del centro, sino también sobre el plan estratégico del centro, proyectos educativos, inversiones en infraestructuras, reconocimientos a profesores y estudiantes, y cualquier cambio significativo en el entorno educativo. Una comunicación clara y regular con las familias fortalece la relación entre el colegio y la comunidad, promoviendo la confianza y el compromiso.

10.4. Canales de comunicación interna

Seleccionar los canales adecuados para la comunicación interna es crucial para asegurar que los mensajes lleguen de manera efectiva a todos los públicos de la comunidad educativa. Es importante utilizar una combinación de herramientas digitales y tradicionales, adaptándolas a las necesidades y preferencias de cada grupo.

Tipos de canales de comunicación interna:

1. **Plataformas educativas (Alexia, Educamos, etc.):**
   — **Descripción:** estas plataformas permiten una comunicación directa y organizada con toda la comunidad educativa, faci-

litando el seguimiento de actividades, anuncios y documentación pedagógica.

— **Uso:** se utilizan para comunicados oficiales, informes académicos, convocatorias a reuniones y eventos escolares.

— **Ventajas:** centralizan la información, son accesibles y facilitan el seguimiento de las comunicaciones.

2. *Email:*

— **Descripción:** el correo electrónico es una herramienta versátil y ampliamente utilizada para comunicados formales e informales.

— **Uso:** ideal para enviar boletines informativos *(newsletters)*, informes detallados, circulares y comunicación directa entre miembros del personal.

— **Ventajas:** permite una comunicación detallada, registro de intercambios y es accesible desde múltiples dispositivos.

3. **WhatsApp y Teams:**

— **Descripción:** estas aplicaciones de mensajería instantánea y colaboración son útiles para comunicaciones rápidas y coordinación de equipos.

— **Uso:** se emplean para mensajes urgentes, coordinación de actividades diarias y comunicación entre grupos específicos como equipos directivos, docentes y PAS.

— **Ventajas:** proporcionan una comunicación instantánea, son fáciles de usar y favorecen la colaboración en tiempo real.

4. **Reuniones presenciales:**

— **Descripción:** las reuniones cara a cara siguen siendo esenciales para discutir temas importantes, tomar decisiones colectivas y fomentar el sentido de comunidad.

— **Uso:** se utilizan para reuniones de equipo, juntas directivas, asambleas de estudiantes y reuniones con padres.

— **Ventajas:** facilitan la interacción directa, el *feedback* inmediato y la construcción de relaciones.

5. **Tablones de anuncios y pantallas digitales:**

— **Descripción:** los tablones de anuncios físicos y las pantallas digitales ubicadas en áreas comunes son herramientas tradicionales y efectivas para compartir información relevante.

— **Uso:** se utilizan para anunciar eventos, actividades, cambios en horarios y recordatorios importantes.
— **Ventajas:** son visibles para todos los miembros de la comunidad y permiten una actualización constante de la información.

6. **Boletines informativos** *(newsletters):*

— **Descripción:** los boletines periódicos (semanales, mensuales) son una forma estructurada de mantener a toda la comunidad educativa informada sobre las novedades y logros del centro.
— **Uso:** se emplean para resumir eventos recientes, anunciar futuros proyectos y destacar logros de estudiantes y personal.
— **Ventajas:** ofrecen una visión general de la vida escolar y fomentan el sentido de pertenencia.

Nosotros cuando trabajamos con centros educativos recomendamos estructuras de boletines *ad hoc,* para cada centro, pero con una parte común para todos ellos, que es la que te proponemos a continuación.

Estructura recomendada para boletines informativos **(newsletters):**

1. **Mensaje de la dirección:** un apartado donde la dirección del centro comparte información relevante, reflexiones o mensajes importantes.
2. **Proyecto educativo:** secciones dedicadas a las diferentes etapas educativas del centro, destacando actividades, logros y novedades pedagógicas.
3. **Mensaje de marketing:** espacio para resaltar logros del centro, como premios, certificaciones, *rankings* y otras noticias que refuercen la imagen del colegio.
4. **Calendario de eventos:** información sobre los eventos próximos, ya sea de la semana, mes o trimestre, según la periodicidad del boletín.
5. **Testimonios:** apartado donde antiguos alumnos, familias o personal del centro comparten sus experiencias y opiniones.
6. **¿Sabías qué?:** sección opcional para compartir curiosidades o datos interesantes sobre el centro.

Ejemplos de uso de canales de comunicación:

1. **Plataformas educativas:**

   — **Ejemplo:** utilizar Alexia para enviar las calificaciones y comentarios sobre el desempeño de los estudiantes a los padres.
   — **Medición:** monitorear la tasa de apertura y lectura de los mensajes enviados a través de la plataforma.

2. *Email:*

   — **Ejemplo:** enviar un boletín mensual a todo el personal del centro con actualizaciones sobre proyectos y logros destacados.
   — **Medición:** evaluar la tasa de apertura y el *feedback* recibido.

3. **WhatsApp y Teams:**

   — **Ejemplo:** crear grupos específicos para cada departamento en Teams para coordinar actividades y compartir recursos.
   — **Medición:** medir la frecuencia y efectividad de las interacciones dentro de los grupos.

4. **Reuniones presenciales:**

   — **Ejemplo:** organizar reuniones trimestrales con los padres para discutir el progreso del plan estratégico del centro.
   — **Medición:** evaluar la asistencia y el *feedback* de los participantes.

5. **Tablones de anuncios y pantallas digitales:**

   — **Ejemplo:** publicar el calendario de exámenes y eventos importantes en los tablones de anuncios ubicados en las entradas principales.
   — **Medición:** realizar encuestas para evaluar si los estudiantes y padres están al tanto de la información publicada.

6. **Boletines informativos *(newsletters)*:**

   — **Ejemplo:** distribuir un boletín semanal con noticias sobre actividades escolares, reconocimientos y próximos eventos.
   — **Medición:** monitorear la recepción y el nivel de interés de los lectores a través de encuestas.

10.5. Principales errores en la comunicación interna

A lo largo de nuestras consultorías hemos identificado varios errores comunes en la comunicación interna de los centros educativos. Reconocer y abordar estos errores es fundamental para mejorar la eficacia de la comunicación y evitar problemas que puedan afectar negativamente al ambiente escolar.

Principales errores y cómo evitarlos:

1. **Falta de un plan de comunicación definido:**
   Muchos centros educativos no cuentan con un plan formal de comunicación interna, lo que genera una comunicación desorganizada y reactiva. Esta carencia provoca inconsistencias en los mensajes, pérdida o malinterpretación de información y una falta de claridad sobre las responsabilidades. Para resolverlo, es fundamental desarrollar un plan de comunicación interna con objetivos claros, públicos específicos, canales adecuados y un calendario de actividades que se revisa y actualiza periódicamente.

2. **Descoordinación en los comunicados:**
   La falta de coordinación entre los miembros del personal puede causar la emisión de mensajes duplicados o contradictorios, lo que confunde a los destinatarios y genera pérdida de confianza en la comunicación del centro, además de una sobrecarga de información. Para solucionar este problema, es necesario establecer protocolos claros que definan las responsabilidades de envío de cada tipo de mensaje y utilizar herramientas de gestión que centralicen y coordinen los comunicados.

3. **Permisos mal asignados en plataformas educativas:**
   En ocasiones, los permisos de las plataformas educativas no están correctamente configurados, lo que permite que personas no autorizadas envíen comunicados importantes. Esto pone en riesgo la calidad de la información compartida y puede generar situaciones de crisis. Revisar y ajustar regularmente los permisos, asegurándose de que solo las personas autorizadas puedan enviar mensajes oficiales, es crucial para prevenir estos problemas, junto con la formación del personal en el uso de estas herramientas.

4. **Olvido del personal administrativo y de servicios (PAS):**
   El PAS, a pesar de desempeñar un rol clave en el funcionamiento del centro, a menudo está excluido de las comunicaciones internas importantes. Esto puede deberse a que, en algunos

casos, este grupo incluye personas cercanas a la jubilación que no están familiarizadas con las nuevas tecnologías o que incluso carecen de correo electrónico. Para evitar que se sientan desvalorizados o desinformados, es esencial incluirlos en las comunicaciones relevantes utilizando canales digitales y tradicionales, o notificaciones en papel si es necesario.

5. **Comunicación desordenada:**

    La ausencia de un orden lógico y una estructura clara en la comunicación interna puede llevar a malentendidos, pérdida de información vital y una disminución en la eficiencia operativa del centro. Para solucionar este problema se debe establecer un protocolo claro que defina el orden de prioridad y la secuencia en la difusión de la información. Además, es fundamental que el profesorado y el PAS sean informados antes que las familias para garantizar una adecuada preparación interna.

A continuación, te dejamos algunos ejemplos de situaciones problemáticas y soluciones que hemos dado a ciertos centros a lo largo de nuestros años de experiencia:

1. **Falta de plan de comunicación:**

    — **Situación:** un colegio sin un plan de comunicación formal experimenta confusión y desinformación entre el personal y las familias sobre en todo en fechas y plazos.

    — **Solución:** desarrollar e implementar un plan de comunicación que incluya un calendario de actividades, canales específicos para cada tipo de comunicación y responsables asignados.

2. **Descoordinación en los comunicados:**

    — **Situación:** un evento importante es comunicado por varios miembros del personal en diferentes momentos, causando confusión entre los destinatarios.

    — **Solución:** centralizar la coordinación de los comunicados a través de un responsable de comunicación interna y utilizar una herramienta de gestión de proyectos para programar y monitorear los envíos.

3. **Permisos mal asignados en plataformas educativas:**

    — **Situación:** un profesor despedido envía un comunicado negativo a toda la comunidad educativa a través de la plataforma escolar.

— **Solución:** revisar y ajustar regularmente los permisos en las plataformas educativas para asegurar que solo las personas autorizadas tengan acceso para enviar comunicados. Definir un plan de despedida.

4. **Olvido del PAS:**

— **Situación:** el personal de mantenimiento no es informado sobre un cambio de horario en el uso de las instalaciones, causando desorganización y malentendidos.
— **Solución:** incluir al PAS en todas las listas de distribución de comunicados importantes y, cuando sea necesario, utilizar notificaciones en papel para asegurarse de que reciban la información.

5. **Comunicación desordenada:**

— **Situación:** los profesores se enteran de cambios importantes a través de los padres, quienes recibieron la información antes.
— **Solución:** establecer un protocolo claro donde el profesorado y el PAS sean informados primero a través de los canales oficiales antes de comunicar a las familias.

10.6. Cómo estructurar la comunicación interna

Estructurar adecuadamente la comunicación interna es vital para asegurar que la información fluya de manera eficiente y efectiva entre todos los miembros de la comunidad educativa. Para lograr una comunicación interna bien organizada y funcional es importante seguir varios pasos clave:

— **Desarrollar un plan de comunicación interna** detallado y adaptado a las necesidades específicas del centro educativo. Este plan debe incluir objetivos claros, la identificación de los públicos destinatarios, la selección de los canales de comunicación adecuados y un calendario de actividades.

Por ejemplo, un plan bien estructurado puede establecer metas para mejorar la comunicación entre el equipo directivo, los docentes, el personal administrativo y de servicios (PAS), los estudiantes y las familias, así como definir los mensajes clave para cada público y los plazos para la difusión de información.

— **Definir roles y responsabilidades** es fundamental para asegurar que cada miembro del equipo sepa exactamente cuál es su papel en la comunicación interna. Esto incluye asignar tareas específicas, como la redacción de boletines, la gestión de plataformas digitales o la coordinación de reuniones.

Por ejemplo, designar a un responsable de comunicación interna que supervise y coordine todas las actividades comunicativas del centro puede mejorar significativamente la claridad y la eficiencia en la comunicación.

— **Seleccionar y utilizar los canales adecuados** es otro aspecto crucial. Es importante elegir los canales más apropiados para cada tipo de mensaje y cada público. Utilizar una combinación de plataformas digitales y métodos tradicionales asegura que la información llegue a todos.

Por ejemplo, las plataformas educativas pueden utilizarse para comunicados oficiales, el *email* para boletines informativos *(newsletters)*, WhatsApp para mensajes urgentes y los tablones de anuncios para recordatorios.

— **Crear un calendario de comunicación** permite planificar con antelación todas las actividades y comunicaciones del centro educativo. Un calendario bien organizado establece fechas y plazos para el envío de comunicados, la realización de eventos y reuniones.

Por ejemplo, un calendario anual puede incluir fechas de exámenes, eventos escolares, reuniones de padres y actividades extracurriculares, asegurando así una planificación anticipada que evite solapamientos y asegure una comunicación fluida y organizada.

— **Establecer protocolos de comunicación** es esencial para definir procedimientos claros para la difusión de información dentro del centro. Determinar el orden en que se comunica la información y los canales a utilizar en cada etapa ayuda a mantener la coherencia y efectividad en la transmisión de mensajes.

Por ejemplo, un protocolo puede asegurar que el profesorado y el PAS sean informados primero a través de los canales oficiales antes de comunicar cualquier información a las familias.

— **Implementar un sistema de** *feedback* es vital para recoger opiniones y sugerencias de todos los miembros de la comunidad educativa. Utilizar encuestas, reuniones de *feedback* y buzones de sugerencias permite evaluar y mejorar la comunicación interna continuamente.

Por ejemplo, realizar encuestas trimestrales para medir la satisfacción con la comunicación interna y ajustar las estrategias según los resultados puede llevar a una comunicación más participativa y efectiva.

— **Formación y desarrollo del personal** en habilidades comunicativas y el uso de herramientas digitales son cruciales para mantener una comunicación interna eficaz. Organizar talleres y cursos que ayuden al personal a mejorar sus competencias en comunicación interna puede resultar en un personal mejor capacitado y más competente.

Por ejemplo, talleres de formación en el uso de plataformas educativas y estrategias de comunicación efectiva pueden ser muy beneficiosos.

10.6.1. *Diagnóstico de la comunicación interna*

Antes de implementar cualquier estrategia de comunicación interna es esencial realizar un diagnóstico detallado para evaluar el estado actual de la comunicación en el centro educativo. Este diagnóstico nos permitirá identificar fortalezas y debilidades así como áreas de mejora. A continuación, se presentan los pasos clave para llevar a cabo un diagnóstico efectivo.

1. **Análisis de la situación actual:**

    — **Existencia de un plan de comunicación:** es fundamental determinar si el centro cuenta con un plan de comunicación formal. Si existe, es importante revisar cuándo fue la última vez que se actualizó y cómo se está implementando.
    — **Identificación de públicos:** identificar claramente a los diferentes públicos objetivos, como el equipo directivo, los docentes, el PAS, los estudiantes y las familias. Evaluar si estos públicos están definidos y si se realizan análisis regulares para identificar cambios o nuevas necesidades.
    — **Canales de comunicación utilizados:** analizar qué canales se están utilizando actualmente y evaluar su efectividad. Es crucial considerar tanto los medios tradicionales como los digitales.
    — **Modelos de comunicación:** evaluar si se están utilizando plantillas unificadas y actualizadas, y si incluyen elementos de *branding* como logos y colores institucionales.

— **Planificación y calendario:** verificar la existencia de un calendario de comunicación y analizar si se están solapando los comunicados. También es importante considerar las quejas o sugerencias recibidas de las familias, alumnos y personal.

— **Categorización de las comunicaciones:** asegurarse de que las diferentes comunicaciones estén categorizadas de manera clara, diferenciando entre las comunicaciones de dirección, secretaría, profesores, etc.

— **Permisos de comunicación:** revisar los permisos y asegurarse de que los profesores y el PAS tengan los permisos adecuados para enviar comunicados. Evaluar si existen políticas claras sobre quién puede enviar qué tipo de comunicados.

2. **Evaluación de los canales de comunicación:**

— **Padres:** las plataformas educativas (Alexia, Educamos, etc.), el *email*, la cartelería interna, las redes sociales, canales de difusión (WhatsApp y Telegram) y las reuniones presenciales son canales esenciales para mantener informadas a las familias. También es importante incluir boletines informativos *(newsletters).*

— **Profesores:** las herramientas como Teams, el *email*, WhatsApp, los tablones de anuncios y las reuniones presenciales son cruciales para mantener una comunicación fluida y efectiva con el profesorado.

— **PAS:** dado que el PAS puede incluir personal que no está familiarizado con las nuevas tecnologías, es esencial utilizar tanto canales digitales como tradicionales. En algunos casos, puede ser necesario utilizar notificaciones en papel.

— **Estudiantes:** las plataformas educativas, el *email*, los tablones de anuncios y las redes sociales son canales efectivos para comunicarse con los estudiantes.

— **Proveedores:** el *email* y las reuniones presenciales son los canales más utilizados para mantener una comunicación efectiva con los proveedores.

3. **Evaluación y mejora continua:**

— **Herramientas de evaluación:** utilizar herramientas como encuestas de satisfacción para medir la eficacia de la comunicación interna. Evaluar los resultados y adaptar las estrategias según sea necesario.

— **Proceso de** *feedback:* implementar mecanismos de retroalimentación continua, como buzones de sugerencias y reuniones de *feedback,* para recoger opiniones y sugerencias de todos los miembros de la comunidad educativa.

Un ejemplo práctico de diagnóstico de la comunicación interna podría incluir:

— **Revisión del plan de comunicación:** evaluar si existe un plan y cuándo fue la última vez que se actualizó.
— **Identificación de públicos:** asegurarse de que los públicos objetivos estén claramente definidos y analizar si se realizan evaluaciones regulares.
— **Evaluación de canales:** determinar qué canales se están utilizando y su efectividad. Por ejemplo, evaluar la tasa de apertura de los *emails* y la participación en las plataformas educativas.
— **Modelos de comunicación:** verificar si se utilizan plantillas unificadas y consistentes.
— **Planificación:** revisar el calendario de comunicación para evitar solapamientos y asegurar que las comunicaciones se realicen a tiempo.
— **Permisos de comunicación:** asegurarse de que los permisos estén bien asignados y que solo las personas autorizadas puedan enviar comunicados oficiales.

10.7. Equipo de comunicación interna

Un equipo de comunicación interna bien estructurado y capacitado es esencial para garantizar una comunicación efectiva y coherente dentro de un centro educativo. A continuación, se presentan los componentes clave para formar y mantener un equipo de comunicación interna eficiente.

Composición del equipo:

El equipo de comunicación interna debe estar compuesto por miembros que representen diferentes áreas del centro educativo, asegurando una visión integral y diversa. Idealmente, el equipo debería incluir:

— **Responsable de comunicación interna:** persona encargada de supervisar todas las actividades de comunicación interna, coordinar el equipo y asegurar que los mensajes sean consistentes y alineados con los objetivos del centro.

— **Representantes de cada departamento:** miembros de distintos departamentos, como administración, docentes, personal de mantenimiento y servicios, y dirección. Esto asegura que todas las áreas estén representadas y que la información fluya adecuadamente.

— **Personal con habilidades en comunicación y tecnología:** miembros del equipo que tengan experiencia o habilidades en comunicación, redacción, diseño gráfico y manejo de herramientas digitales.

Competencias necesarias:

Para que el equipo de comunicación interna sea efectivo, es importante que sus miembros posean ciertas competencias clave:

— **Habilidades comunicativas:** capacidad para redactar y transmitir mensajes claros y concisos, tanto por escrito como verbalmente.

— **Conocimiento de herramientas digitales:** familiaridad con plataformas de gestión de comunicación, herramientas de diseño gráfico y software de colaboración.

— **Capacidad organizativa:** habilidad para planificar, coordinar y ejecutar múltiples tareas y proyectos de comunicación de manera eficiente.

— **Empatía y habilidades interpersonales:** capacidad para comprender y abordar las necesidades y preocupaciones de los diferentes públicos internos.

Funciones y responsabilidades del equipo de comunicación interna:

El equipo de comunicación interna debe tener funciones y responsabilidades bien definidas para asegurar una operación eficiente y coherente:

— **Planificación de la comunicación:** desarrollar y mantener el plan de comunicación interna, asegurando que esté alineado con los objetivos del centro.

— **Creación de contenidos:** redactar, diseñar y distribuir boletines informativos, comunicados, informes y otros materiales de comunicación.

— **Gestión de canales:** supervisar y gestionar los diferentes canales de comunicación, asegurando su correcto funcionamiento y efectividad.

— **Evaluación y mejora continua:** realizar evaluaciones periódicas de las estrategias de comunicación y adaptar las tácticas según los resultados obtenidos y el *feedback* recibido.

Ejemplo práctico de equipo de comunicación interna en un colegio concertado religioso

Para montar el equipo de comunicación interna en un colegio concertado religioso es importante asegurarse de que todas las áreas y etapas educativas estén representadas adecuadamente. Aquí se describe una estructura sugerida y las personas que podrían formar parte de este equipo.

Composición del equipo

1. **Responsable de comunicación interna:**

   — **Perfil:** una persona con experiencia en comunicación, preferiblemente con conocimientos en educación y en el entorno religioso del centro. Esta persona será la encargada de coordinar todas las actividades del equipo y asegurar la coherencia en los mensajes.

   — **Funciones:** supervisar la planificación y ejecución de las estrategias de comunicación, coordinar las reuniones del equipo y servir de enlace entre la dirección del centro y los distintos departamentos.

2. **Representante del equipo directivo:**

   — **Perfil:** un miembro del equipo directivo, como el director o subdirector, que pueda aportar la visión estratégica y las directrices del centro.

   — **Funciones:** asegurar que las estrategias de comunicación estén alineadas con los objetivos del centro y aportar información relevante para la toma de decisiones.

3. **Representante del departamento de pastoral:**

   — **Perfil:** un miembro del equipo pastoral, responsable de las actividades religiosas y espirituales del colegio.

— **Funciones:** comunicar eventos y actividades relacionadas con la pastoral, asegurando que los valores y la misión del colegio estén reflejados en todas las comunicaciones.

4. **Representantes de etapas educativas:**

   — **Infantil:** un docente del segundo ciclo de Infantil.
   — **Primaria:** un docente de Educación Primaria.
   — **Secundaria:** un docente de Educación Secundaria.
   — **Bachillerato:** un docente de Bachillerato.
   — **Funciones:** asegurar que las necesidades y eventos específicos de cada etapa educativa estén representados en las comunicaciones internas. Proporcionar información y contenido relevante sobre actividades académicas y extracurriculares.

5. **Representante del PAS (personal administrativo y de servicios):**

   — **Perfil:** un miembro del personal administrativo, como el secretario o una persona del equipo de administración.
   — **Funciones:** asegurar que las comunicaciones administrativas sean claras y efectivas. Mantener informado al PAS sobre eventos y cambios relevantes.

6. **Especialista en comunicación y tecnología:**

   — **Perfil:** una persona con habilidades en comunicación digital, diseño gráfico y manejo de herramientas tecnológicas.
   — **Funciones:** diseñar y gestionar boletines informativos *(newsletters)*, mantener actualizadas las plataformas digitales y redes sociales del centro, y crear materiales visuales atractivos para las comunicaciones internas.

7. **Representante de familias:**

   — **Perfil:** un padre o madre que actúe como enlace entre las familias y el colegio.
   — **Funciones:** proporcionar *feedback* desde la perspectiva de las familias y ayudar a comunicar eventos y noticias relevantes a otros padres y tutores.

Funciones y responsabilidades del equipo:

— **Planificación y estrategia:** desarrollar un plan de comunicación que incluya objetivos claros, públicos destinatarios, y un calendario de actividades. Este plan debe ser revisado y actualizado periódicamente.

— **Creación y distribución de contenidos:** redactar y diseñar boletines informativos, comunicados y otros materiales de comunicación, asegurando que sean atractivos y efectivos.
— **Gestión de canales:** supervisar y gestionar los diferentes canales de comunicación, como plataformas educativas, *email,* WhatsApp, y tablones de anuncios.
— **Evaluación y mejora continua:** realizar evaluaciones periódicas de la efectividad de las estrategias de comunicación y ajustar las tácticas según los resultados obtenidos y el *feedback* recibido.
— **Formación del personal:** organizar talleres y cursos para mejorar las habilidades comunicativas y el uso de herramientas digitales entre el personal del centro.

10.8. Comunicación de crisis

En cualquier centro educativo pueden surgir situaciones de crisis que requieren una respuesta rápida y efectiva para minimizar el impacto negativo en la comunidad educativa y en la reputación del centro. La comunicación de crisis es una parte esencial de la gestión de crisis y debe ser abordada de manera sencilla y práctica.

Pasos clave en la comunicación de crisis:

1. **Detección de la crisis:**

   — **Descripción:** el primer paso es identificar rápidamente la situación de crisis. En este caso se detecta que un niño se ha intoxicado comiendo en el comedor del colegio.
   — **Acciones iniciales:** informar inmediatamente al equipo directivo y al personal responsable de la salud y seguridad del colegio. Hay que asegurarse de que el niño recibe atención médica adecuada y que se investiga la causa de la intoxicación.

2. **Intervención en la crisis:**

   — **Coordinación del equipo:** reunir a un equipo de gestión de crisis compuesto por el director, el responsable de comunicación interna, un representante del personal de cocina y el personal de salud del colegio.

    — **Comunicación inicial:** enviar un comunicado urgente a los padres y al personal del colegio, informando sobre la situación y las medidas que se están tomando. Utilizar canales como *email*, WhatsApp y plataformas educativas para asegurar una comunicación rápida y efectiva.

    — **Transparencia y empatía:** es importante mantener la transparencia y mostrar empatía en todas las comunicaciones. Informar sobre los hechos, las medidas tomadas para garantizar la seguridad y cómo se está protegiendo a la comunidad educativa.

    — **Actualizaciones regulares:** proporcionar actualizaciones regulares a medida que se dispone de más información. Asegurarse de que todos los afectados estén informados y tranquilos.

3. **Análisis poscrisis:**

    — **Evaluación de la respuesta:** una vez gestionada la crisis, realizar una evaluación exhaustiva de la respuesta. Identificar qué funcionó bien y qué podría mejorarse.

    — **Mejora continua:** utilizar los aprendizajes obtenidos para actualizar el plan de crisis y mejorar la preparación para futuras situaciones. Incluir recomendaciones específicas para evitar que se repita una situación similar.

10.9. Ideas clave

1. **Fortalecimiento del clima laboral.**

    Una comunicación clara y constante es esencial para reducir malentendidos y conflictos, promoviendo un ambiente de trabajo positivo y colaborativo. Cuando los empleados se sienten informados y escuchados, su motivación y compromiso con el centro aumentan considerablemente, lo que impacta favorablemente en el entorno laboral y en la percepción de la comunidad educativa.

2. **Mejora de la cohesión del equipo.**

    La comunicación interna efectiva fomenta la colaboración entre diferentes departamentos y roles dentro del centro educativo. Esto facilita la coordinación de actividades y proyectos, asegurando que todos los miembros del equipo estén alineados y trabajando hacia objetivos comunes, lo que refuerza el sentido de unidad y pertenencia.

3. **Alineación con los objetivos del centro.**

   Mantener a todos los miembros de la comunidad educativa informados sobre los objetivos y metas del centro es crucial para garantizar que los esfuerzos colectivos estén dirigidos en la misma dirección. Además, una comunicación eficaz permite a cada miembro comprender su rol y cómo contribuir al éxito del centro, fortaleciendo el compromiso con la misión institucional.

4. **Prevención de malentendidos y conflictos.**

   Una comunicación clara y bien estructurada minimiza la posibilidad de malentendidos que puedan derivar en conflictos. Establecer canales de comunicación para resolver dudas y aclarar información contribuye a evitar rumores y desinformación, generando un entorno más armónico y eficiente.

5. **Fomento de la transparencia y la confianza.**

   La transparencia en la comunicación interna crea un ambiente de confianza donde los empleados se sienten valorados y respetados. Esto no solo fortalece las relaciones internas, sino que también facilita una retroalimentación constructiva que promueve la mejora continua tanto a nivel individual como organizacional.

10.10. Voces expertas

Enrique Escandón Sánchez - Global Marketing Manager en Sek International School.

Es especialista en dirección y marketing educativo, además de haber dirigido centros internacionales en España. Sus equipos atesoran diferentes premios de innovación educativa y son característica común en sus equipos un fuerte liderazgo orientado a resultados y sobre todo a mimar la experiencia cliente, que hace que sus centros sean conocidos y reconocidos en el sector.

A lo largo de los últimos 25 ha desarrollado diferentes funciones directivas en varios colegios, pero con una característica común: ser centros que al poco tiempo tienen lista de espera.

1. **¿Qué estrategias utilizas para mejorar la comunicación interna dentro del centro?**

   Sin duda una de las estrategias más complejas en una institución educativa es definir cómo vamos a optimizar una política eficaz de comunicación.

A la hora de **desarrollar un plan de comunicación interna** es esencial definir objetivos claros identificando los diferentes públicos (directivos, docentes, personal administrativo, estudiantes y padres) y seleccionar los canales más adaptados al uso de esos perfiles, de forma que todos los mensajes sean coherentes con la cultura de la institución y lleguen a su destinatario de manera efectiva. Mediante **un calendario de comunicación** enviar *newsletters* que expliquen los objetivos estratégicos del año ayuda a mantener a todos los miembros del equipo alineados con la visión y misión del centro. Es importante que todos comprendan cómo sus roles contribuyen al logro de estos objetivos.

2. **¿Cómo logras que todos los miembros del equipo estén alineados con los objetivos del centro?**

Es fundamental tener al máximo de miembros del equipo alineados con la cultura de la institución. Para ello es fundamental que se sientan parte importante, participando de forma que podamos alinear a todos los miembros del equipo con los objetivos del centro, mediante sesiones de planificación estratégica donde se discuten y se acuerdan las metas de forma que integren la visión del centro.

No olvidemos que promover una cultura de transparencia donde la información fluya de manera abierta y honesta es clave para construir confianza, de forma que podamos, además, fidelizar a la comunidad educativa.

3. **¿De qué manera abordas los problemas de comunicación interna cuando surgen?**

Cuando surgen problemas de comunicación es muy importante abordarlos de forma inmediata y dependiendo de la gravedad definir procedimientos claros para la difusión de mensajes determinando el interlocutor y responsable de enviar cada tipo de mensaje y a través de qué canales. Lo primero es realizar un **diagnóstico de la comunicación interna** evaluando el estado actual de la comunicación en el centro educativo como primer paso para identificar áreas de mejora.

Tras ello el **establecimiento de protocolos de resolución mediante** guías claras sobre cómo y cuándo se deben transmitir las diferentes informaciones para prevenir malentendidos y conflictos.

Hoy en día es fundamental **formar a nuestro equipo en habilidades comunicativas,** especialmente sobre resolución de conflictos y comunicación efectiva para mejorar la capacidad del personal para manejar problemas de comunicación.

4. **¿Qué canales de comunicación resultan más efectivos en tu centro para asegurar una comunicación fluida?**

Plataformas educativas tipo Alexia o Sek Familias, *email* corporativo, Teams, canales de WhatsApp o Telegram... hoy en día acercan al domicilio de la familia nuestra información de forma rápida y efectiva.

No obstante, los canales tradicionales siguen dado mucho juego, tal y como pueden ser las reuniones presenciales y los antiguos tablones de anuncios, ahora transformados en las pantallas digitales que solemos tener en nuestras secretarías.

11
COMUNICACIÓN DIGITAL EN CENTROS EDUCATIVOS

11.1. Importancia de la comunicación en centros educativos

La comunicación en los centros educativos desempeña un papel crucial en la creación de un entorno colaborativo y eficiente. No solo facilita la transmisión de información, sino que también contribuye a la construcción de relaciones sólidas entre docentes, alumnos, padres y la comunidad en general. Nuestra experiencia como profesionales del marketing educativo nos revela que una comunicación abierta y constante fomenta un ambiente de confianza y respeto. Los estudiantes y el personal se sienten más valorados y apoyados, lo que mejora el clima escolar.

Además, observamos que muchos centros educativos realizan actividades extraordinarias que no se comunican adecuadamente. Si no se informa de estas actividades, es como si no se hicieran. Otras veces se comunica una sola vez sin darle la mínima importancia, resultando en un impacto mínimo. Por eso, es fundamental que los centros trabajen en una estrategia de comunicación efectiva que permita destacar todas las acciones relevantes de forma continua y estructurada.

La comunicación debe trabajarse a lo largo de todo el año, no solo en momentos puntuales. Es necesario trazar un plan de comunicación que abarque aspectos como la cultura corporativa, la identidad visual, la comunicación institucional, la publicidad y la comunicación interna. Este plan debe estar alineado con la estrategia general del centro para asegurarse de que todos los mensajes sean coherentes y refuercen la imagen deseada.

11.2. Enfoque y estructura de una web educativa

Te recomendamos que la página web educativa esté bien diseñada y enfocada a la venta, no solo a informar. Lejos quedaron los días en los que una web de centro educativo solo mostraba lo que acontece en el día a día. Ahora, debe vender el proyecto educativo y destacar las razones por las que una familia debe elegir ese centro sobre otros. A continuación, te describimos los elementos clave para una estructura web efectiva:

— **Página de inicio:** debe ofrecer una visión clara y concisa del centro educativo, con enlaces directos a las secciones más importantes. Es crucial que funcione como una *landing page,* cuyo objetivo es vender. Debe incluir testimonios de familias y alumnos, y transmitir los valores del centro.
— **Contenidos del menú:** en cuanto a los menús, no deben faltar las siguientes secciones:

  • Etapas educativas.
  • Proyecto educativo.
  • Servicios.
  • Por qué elegirnos: resaltando las razones y ventajas de escoger este centro.
  • Perfil de salida del alumnado: detallando las habilidades y competencias que adquirirán los estudiantes al finalizar su educación en el centro.
  • Sección de noticias y/o blog.
  • Contacto.

— **Datos de contacto:** deben estar bien visibles, permitiendo un contacto fácil e inmediato. Considera la implementación de un chat de WhatsApp o similar para facilitar la comunicación en tiempo real.
— *Footer* **de la web:** el *footer* es una sección importante que debe contener:

  • Información de contacto completa (dirección, teléfono, *email*).
  • Enlaces a redes sociales.
  • Mapa del sitio.
  • Enlaces a políticas de privacidad y términos de uso.
  • Información legal y derechos de autor.

— **Adaptación a dispositivos móviles:** es importante que la página web esté bien adaptada a cualquier tipo de dispositivo, dando

prioridad a los dispositivos móviles, ya que más del 90 % de las visitas se hacen desde móviles.
— **SEO:** la web debe estar diseñada con el objetivo de tener un buen posicionamiento en buscadores (SEO), asegurando así que sea fácilmente localizada por las familias que buscan información *online*.

11.3. Redes sociales: qué son y diferencia frente a otros medios de comunicación

Las redes sociales son estructuras formadas en un entorno digital por personas u organizaciones que se conectan a partir de intereses o valores comunes. A través de ellas se crean relaciones entre individuos o empresas de forma rápida, sin jerarquía o límites físicos.

La principal diferencia de las redes sociales frente a otros canales de comunicación es su naturaleza bidireccional y su disponibilidad permanente. Las redes sociales son los canales más consultados por la gente diariamente, abarcando una amplia franja de perfiles sociodemográficos. Esto las convierte en uno de los principales canales de comunicación para los centros educativos. Sin embargo, es importante recordar que las familias no entran en las redes sociales para ver lo que publica el colegio de sus hijos, sino para divertirse, entretenerse o documentarse sobre diversos temas. Por tanto, el contenido debe ser relevante y atractivo para captar su atención.

11.4. Equipo de comunicación digital

11.4.1. *Quién lo conforma*

Desde nuestra experiencia, un buen equipo de comunicación digital debe estar formado por representantes de cada una de las etapas educativas del centro. Si el centro tiene pastoral, debe incluir un representante de pastoral, alguien de TIC y alguien del equipo directivo que esté al tanto de lo que hace el equipo de comunicación digital. En centros más grandes el equipo puede ampliarse para incluir, por ejemplo, al departamento de orientación o al representante del club deportivo si es relevante.

11.4.2. *Cómo organizar el trabajo*

Te recomendamos que el equipo de comunicación digital se organice mediante reuniones regulares y el uso de herramientas de colaboración como, por ejemplo, Google Drive, Teams y Google Calendar. La clave es tener un calendario de contenidos compartido en una nube, que se cumpla rigurosamente. El calendario debe especificar qué tipo de contenido se va a crear, quién lo hará, en qué formato se publicará (foto, vídeo, carrusel, etc.) y el *copy* y *hashtags* que lo acompañarán.

11.4.3. *El community manager y sus funciones*

En un centro educativo, el *community manager* debe ser una persona capacitada y experimentada, no un becario o un «sobrino de». Las funciones del *community manager* incluyen:

— **Gestión de redes sociales:** publicar contenido, responder a comentarios y mensajes, y monitorear la actividad en las redes.
— **Creación de contenido:** desarrollar contenido atractivo y relevante.
— **Análisis de métricas:** evaluar el desempeño de las publicaciones y ajustar la estrategia según sea necesario.
— **Interacción con la comunidad:** fomentar la participación y responder a las inquietudes de los miembros de la comunidad.

Además, es importante que haya creadores de contenido en el equipo, que pueden ser cualquier persona que trabaje en el centro. Animamos a los colegios a tener un blog muy potente en su web, donde cada persona que trabaja en el centro redacte uno o dos artículos al año. Esto no solo enriquece el contenido de la web y mejora el posicionamiento en Google, sino que también alimenta los perfiles de redes sociales del centro.

Algunos centros educativos con los que hemos trabajado han tenido a un *community manager* subcontratado, ya sea un *freelance* o una agencia de comunicación. En nuestra experiencia, en más del 80 % de los casos, la comunicación en redes sociales no ha sido adecuada. Por ello, insistimos en que el equipo de redes sociales debe estar conformado por personal del centro. Somos conscientes de que el personal del centro ha estudiado una carrera relacionada con la pedagogía y no comunicación, periodismo, marketing o publicidad, pero con nuestra asesoría y acompañamiento son capaces de hacer un trabajo muy profesional en un entorno en el que son expertos. Nosotros podemos aportar lo que a ellos les falta, que es la formación y el seguimiento. Hemos trabajado con muchos centros y, finalmente, esto acaba siendo un éxito. En muchas ocasiones, hablamos de estos centros como casos de éxito en los congresos de marketing educativo a los que asistimos como ponentes.

Los motivos principales por los que defendemos que debe ser personal del centro quien gestione las redes son:

1. **Respuesta adecuada:** sabemos la respuesta que debemos dar ante una pregunta o una gestión de crisis.
2. **Conocimiento del ámbito educativo:** conocemos perfectamente el ámbito educativo y cómo las familias pueden entender lo que les estamos queriendo decir. En resumen, hablamos el mismo lenguaje que las familias porque tenemos un contacto diario con ellas.
3. **Visión global:** tenemos la visión global del plan de acción del centro, especialmente cuando hay un plan de comunicación interna definido y bien implementado.
4. **Prioridad:** para un *freelance* o una agencia probablemente nunca serás la prioridad porque están trabajando con más marcas, ya sean centros educativos u otras marcas de otros sectores.
5. **Enfoque especializado:** un *freelance* o una agencia no siempre tienen por qué ser especialistas en educación. Aunque existen agencias especializadas en marketing y comunicación en redes sociales para colegios, no es lo más común. Cuando una agencia publica un *post* en Instagram para tu colegio, a los dos minutos puede estar hablando de protección solar o pantalones vaqueros para otras marcas, perdiendo el foco de tu sector.

En resumen, hay tres cosas fundamentales: el tiempo de respuesta, el conocimiento del servicio del que estás hablando y el lenguaje que estás utilizando para que tu comunidad te pueda entender.

11.4.4. *Herramientas de trabajo para equipos de comunicación*

Hay muchas herramientas que son gratuitas para centros educativos y otras que, aunque son de pago, su coste es muy bajo comparado con el ahorro de tiempo y la eficiencia que aportan. Algunas de las herramientas recomendadas incluyen:

— **Gestión de redes sociales:** en estos momentos recomendamos Metricool y Meta principalmente.

— **Diseño gráfico:** Canva y Adobe Spark.
— **Análisis y métricas:** Google Analytics, estadísticas de cada red social, Metricool.
— **Gestión de anuncios:** Meta permite gestionar tanto la parte orgánica como la de Ads de Facebook e Instagram, ofreciendo una plataforma integral para administrar y optimizar campañas publicitarias. TikTok y el resto de las redes disponen de sus administradores de anuncios.
— **ChatGPT o herramientas similares:** pueden generar análisis rápidos de tendencias en redes sociales y sugerencias para mejorar el contenido basado en interacciones previas.

11.5. Flujo de comunicación en entornos digitales

11.5.1. *Embudo o* funnel *de conversión*

En el ámbito educativo, el embudo de conversión es una herramienta crucial para gestionar el flujo de comunicación con las familias. Este concepto se refiere al proceso por el cual una familia pasa desde la primera toma de contacto con el centro hasta la matrícula de su hijo o hija. El embudo se divide en varias fases:

1. **Atracción:** en esta fase el objetivo es captar la atención de las familias potenciales. Los puntos de contacto iniciales pueden ser la página web del centro, publicaciones en redes sociales o anuncios en medios digitales.
2. **Interés:** una vez captada la atención, se debe generar interés. Aquí es donde los contenidos de valor, como blogs, testimonios y vídeos informativos juegan un papel importante. Las familias buscan información más detallada sobre el proyecto educativo, los valores del centro y las actividades extracurriculares.
3. **Consideración:** en esta etapa las familias están evaluando sus opciones. Es crucial mantener una comunicación activa y personalizada, resolviendo dudas y proporcionando información adicional que resalte las ventajas del centro educativo.
4. **Decisión:** finalmente, las familias deciden inscribir a su hijo o hija en el centro. El proceso debe ser sencillo y claro, facilitando el acceso a formularios de inscripción y ofreciendo soporte durante todo el trámite.

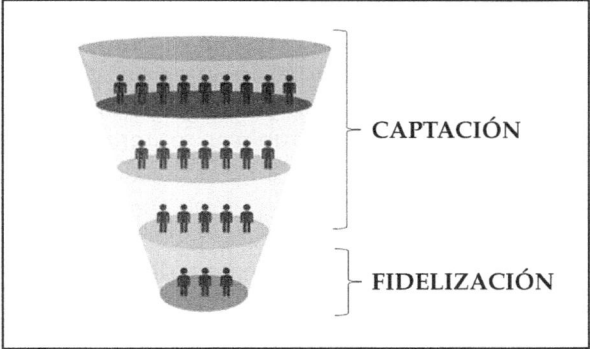

Figura 11.1. Embudo o *funnel* de conversión. (Fuente: Kapta Estrategias.)

11.5.2. *Las redes sociales en el embudo: objetivo en cada etapa*

Las redes sociales juegan un papel fundamental en cada etapa del embudo de conversión. A continuación, se detallan los objetivos específicos en cada fase:

1. **Atracción:** publicar contenido atractivo y relevante que capte la atención de nuevas familias. Utilizar anuncios segmentados para llegar a públicos específicos.
2. **Interés:** compartir historias de éxito, testimonios de padres y alumnos, y contenido educativo que resuene con las preocupaciones y aspiraciones de las familias.
3. **Consideración:** interactuar activamente con los seguidores, respondiendo preguntas y participando en conversaciones. Utilizar mensajes directos para proporcionar información más detallada y personalizada.
4. **Decisión:** facilitar el proceso de inscripción mediante enlaces directos a formularios y páginas de registro. Publicar recordatorios sobre plazos y fechas importantes, y ofrecer asistencia en tiempo real a través de chat en redes sociales.

11.5.3. *Errores comunes en el embudo*

Los errores más comunes que observamos en los centros educativos incluyen:

1. **Focalización excesiva en la fidelización:** muchos centros se centran únicamente en la fase de fidelización y tienden a publicar el día a día del centro, descuidando las etapas previas del embudo. Esto limita la capacidad de captar nuevas familias.
2. **Contenido poco atractivo:** publicar contenido que no genera interés o que no está adaptado a las necesidades e intereses de las familias.
3. **Falta de interacción:** no responder a comentarios o mensajes en redes sociales puede dar una imagen de desinterés y afectar negativamente a la percepción del centro.
4. **Procesos complicados:** un proceso de inscripción complejo y poco claro puede desalentar a las familias en la fase de decisión.

Desde nuestra experiencia en el marketing educativo, insistimos en la importancia de una estrategia de contenido bien definida, que abarque todas las fases del embudo y se adapte a las necesidades cambiantes de las familias.

11.6. Mapa de contenidos

El mapa de contenidos es una herramienta muy útil a la hora de establecer los temas y formatos de los contenidos tanto en la web como en las redes sociales. Te recomendamos definir un mapa de contenidos que atienda a los intereses de tu público objetivo en cada fase del embudo de conversión.

Ejemplo de mapa de contenidos:

1. **Madre que busca un colegio para su hijo de tres años:**
   — **Atracción:** artículos sobre la importancia de la Educación Infantil, publicaciones en redes sociales con imágenes y vídeos de las instalaciones y actividades para niños pequeños.
   — **Interés:** testimonios de padres con hijos en esa etapa, vídeos de actividades diarias, información sobre el currículo educativo.
   — **Consideración:** entrevistas con docentes, detalles sobre las metodologías de enseñanza, acceso a *webinars* informativos.
   — **Decisión:** guía paso a paso para la inscripción, vídeos explicativos sobre el proceso de adaptación escolar, asistencia en tiempo real.

2. **Alumno que busca un Ciclo Formativo de Administración y Finanzas:**

   — **Atracción:** publicaciones en redes sociales sobre las salidas profesionales de la formación, infografías sobre las ventajas del ciclo, empresas colaboradoras con el centro para prácticas y bolsa de trabajo, certificaciones que se obtendrán y el porcentaje de empleabilidad de los graduados.
   — **Interés:** testimonios de exalumnos, vídeos sobre proyectos y prácticas profesionales, información detallada del currículo.
   — **Consideración:** sesiones informativas *online,* entrevistas con profesores y coordinadores del ciclo, visitas virtuales a las instalaciones.
   — **Decisión:** información sobre becas y ayudas, pasos para la inscripción, contacto directo con el departamento de admisiones.

11.7. Cómo fijar objetivos en redes sociales

Para poder fijar objetivos coherentes, lo primero que necesitamos es saber dónde estamos. No podemos fijar objetivos si no hacemos previamente un análisis de nuestro punto de partida. A partir de ahí podemos fijar objetivos que sean realistas, medibles y alcanzables.

11.7.1. Análisis previo como punto partida

Es necesario realizar un análisis exhaustivo del estado actual de nuestras redes sociales y de nuestra comunicación digital. Esto incluye revisar las métricas actuales, la calidad del contenido, la interacción con la audiencia y la efectividad de las campañas publicitarias.

11.7.2. Objetivo SMART

Los objetivos deben ser SMART: específicos, medibles, alcanzables, relevantes y con un tiempo definido. Ejemplos de objetivos SMART pueden incluir aumentar el número de seguidores en un 10% en los próximos tres meses, incrementar la interacción (*likes*, comentarios, compartidos) en un 20% en seis meses, o duplicar el tráfico web proveniente de redes sociales en un año.

11.7.3. *Ejemplos de objetivos*

— **Aumentar seguidores:** incrementar el número de seguidores en Instagram en un 15 % en el próximo trimestre mediante campañas publicitarias y contenido atractivo.
— **Captación de** *leads:* obtener 50 nuevos registros en la base de datos de contactos a través de formularios en la web y promociones en redes sociales.
— *Branding:* mejorar la percepción de la marca del centro educativo mediante la publicación de testimonios y casos de éxito, y aumentar el número de menciones positivas en un 30 %.
— **Tráfico web:** aumentar el tráfico hacia la página web desde las redes sociales en un 25 % en seis meses.
— **Reproducciones de vídeo:** incrementar las reproducciones de vídeos en un 40 % mediante la creación de contenido audiovisual atractivo y relevante.
— **Interacción** *(engagement):* aumentar la tasa de interacción en las publicaciones de Facebook en un 20 % en el próximo semestre.
— **Fidelización:** mejorar la retención de familias mediante la comunicación continua de las actividades y logros del centro, y el uso de *newsletters* y mensajes personalizados.

Figura 11.2. Objetivos en redes. (FUENTE: Kapta Estrategias.)

11.8. Frecuencia de publicación en cada red social y formato de los contenidos

Para mantener una presencia activa y relevante en redes sociales es importante definir la frecuencia de publicación y los formatos de contenido que mejor funcionen en cada plataforma.

11.8.1. *Formatos*

Cada red social tiene sus propios formatos que funcionan mejor:

— **Instagram:** fotos, carruseles, vídeos *(reels), stories*. Los vídeos verticales y dinámicos son los que mejor funcionan en 2024.
— **Facebook:** publicaciones con imágenes, vídeos, enlaces a artículos del blog, eventos. Los vídeos en directo también tienen una buena acogida.
— **X (anteriormente Twitter):** tuits cortos y directos, hilos explicativos, imágenes, GIF. Es recomendable publicar varias veces al día.
— **LinkedIn:** publicaciones profesionales, artículos largos, vídeos informativos, actualizaciones del centro educativo. Tres publicaciones por semana pueden ser suficientes.
— **TikTok:** vídeos cortos, creativos y divertidos que capturen la atención rápidamente. Publicar entre cinco y siete veces a la semana.
— **YouTube:** vídeos más largos y detallados, con contenido educativo y promocional. Los *shorts,* que son vídeos cortos, pueden ayudar a captar rápidamente la atención y dirigir tráfico a los vídeos más largos.

11.8.2. *Estrategia divide y multiplica*

No todo lo que publiques debe ser contenido nuevo. La estrategia «divide y multiplica» se basa en aprovechar el contenido existente y presentarlo en diferentes formatos para maximizar su alcance y efectividad. Por ejemplo, un artículo de blog puede convertirse en una serie de tuits, un carrusel de Instagram, un vídeo de YouTube o un *reel* de Instagram. Esta estrategia no solo ahorra tiempo y recursos, sino que también permite que el contenido llegue a diferentes públicos en diversas plataformas. Además, puedes actualizar y reutilizar contenido antiguo, dándole un nuevo enfoque o formato, para mantenerlo relevante y atractivo (véase figura 11.3).

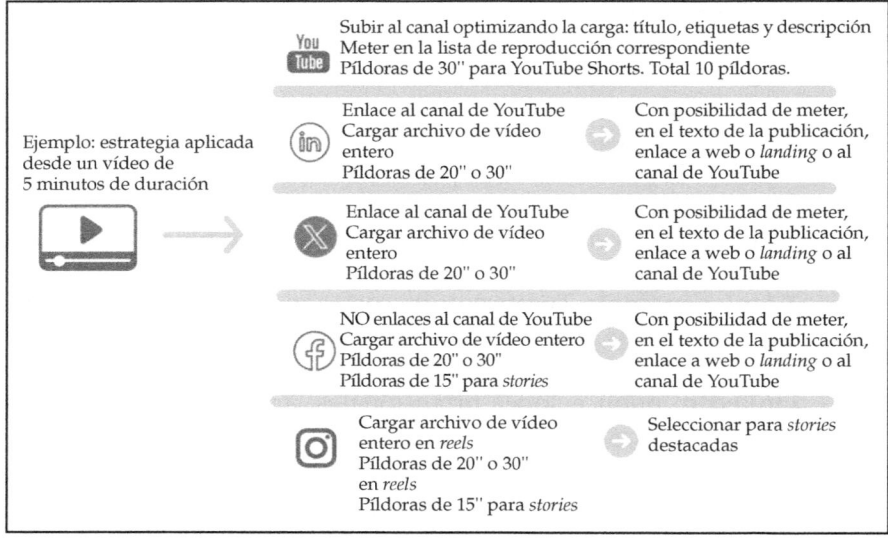

Figura 11.3.   Ejemplo de estrategia en redes. (FUENTE: Kapta Estrategias.)

11.9. *Content calendar*

El calendario de contenidos es una herramienta esencial para planificar y organizar las publicaciones en redes sociales. A continuación, te explicamos qué es, sus beneficios y cómo elaborarlo paso a paso.

11.9.1. *Qué es un calendario de contenidos*

Un calendario de contenidos es un plan detallado que especifica qué contenido se va a publicar, en qué plataformas, en qué formato y en qué fecha. Ayuda a mantener una publicación constante y coherente en las redes sociales.

11.9.2. *Beneficios del calendario de contenidos*

— **Organización:** permite planificar con antelación y evita la improvisación.
— **Consistencia:** asegura que haya una presencia continua y coherente en las redes sociales.
— **Eficiencia:** facilita la gestión del tiempo y los recursos.
— **Colaboración:** mejora la coordinación entre los miembros del equipo de comunicación.

11.9.3. ¿Cómo elaborarlo paso a paso?

1. **Reunión inicial:** el equipo de comunicación debe reunirse semanal o quincenalmente para elaborar el calendario de contenidos. Se recomienda comenzar con reuniones semanales y, a medida que se gane experiencia, pasar a reuniones mensuales.
2. **Definición de temas y objetivos:** establecer los temas y objetivos de las publicaciones, asegurándose de cubrir todas las fases del embudo de conversión y los intereses de los diferentes públicos.
3. **Asignación de responsabilidades:** nombrar responsables para cada tarea, desde la creación de contenido hasta la programación y publicación.
4. **Uso de herramientas de colaboración:** compartir el calendario en una nube (Google Drive, Dropbox, etc.) para que todos los miembros del equipo tengan acceso y puedan actualizarlo en tiempo real.
5. **Revisión y ajuste:** evaluar regularmente el desempeño del contenido publicado y ajustar el calendario según sea necesario para mejorar los resultados.

11.9.4. ¿Quién lo elabora?

El calendario de contenidos debe ser elaborado por el equipo de comunicación del centro, que puede incluir representantes de cada etapa educativa, el *community manager* y otros miembros relevantes. Este equipo debe trabajar en conjunto para asegurar que el contenido sea coherente y alineado con los objetivos del centro educativo. Actualmente, son muchos centros educativos los que realizan estas planificaciones con herramientas de inteligencia artificial.

11.10. *Tips* de *copywriting* para centros educativos

El *copywriting* es el arte de escribir textos persuasivos que motiven a la audiencia a realizar una acción específica. En el contexto de los centros educativos, un buen *copywriting* puede mejorar significativamente la efectividad de la comunicación con las familias.

Somos conscientes de que a muchas personas del equipo de redes sociales del centro les puede resultar desafiante redactar contenido atractivo y efectivo. Afortunadamente, hoy en día contamos con herramientas de inteligencia artificial que pueden facilitar mucho esta labor. Estas herramientas pueden generar borradores de texto, sugerir títulos y frases atractivas, y adaptar el tono del mensaje según el público objetivo. Utilizando la inteligencia artificial podemos ahorrar tiempo y esfuerzo en la creación de contenidos, permitiendo que el equipo se enfoque en la estrategia y la creatividad.

A continuación, te ofrecemos algunos consejos clave junto con ejemplos prácticos:

1. **Conoce a tu audiencia:** antes de escribir, es fundamental entender quién es tu audiencia. Identifica sus necesidades, intereses y preocupaciones para crear mensajes que resuenen con ellos. En el contexto educativo, tu audiencia principal suelen ser las familias y los alumnos, y no es lo mismo dirigirse a unos que a otros. Por ejemplo, cuando te diriges a las familias el enfoque debe estar en la seguridad, el desarrollo integral y el futuro académico de sus hijos. En cambio, al dirigirte a los alumnos, especialmente en etapas más avanzadas como Secundaria y Bachillerato, el enfoque puede estar en las actividades extracurriculares, la vida social del centro y las oportunidades de aprendizaje práctico.
2. **Sé claro y conciso:** evita el uso de jerga y términos complicados. Utiliza un lenguaje sencillo y directo que sea fácil de entender.
3. **Enfócate en los beneficios:** resalta cómo el centro educativo puede satisfacer las necesidades y deseos de las familias. En lugar de simplemente enumerar características, explica los beneficios concretos que aportan.
4. **Utiliza llamadas a la acción (CTA):** incluir CTA claros y atractivos en tus textos puede guiar a la audiencia a realizar la acción deseada, como inscribirse, asistir a un evento o solicitar más información.
5. **Cuenta historias:** las historias pueden ser una herramienta poderosa para conectar emocionalmente con la audiencia. Comparte testimonios y experiencias de estudiantes, padres y profesores para ilustrar los valores y logros del centro.
6. **Prueba y ajusta:** el *copywriting* efectivo requiere pruebas y ajustes constantes. Experimenta con diferentes enfoques y mide los resultados para identificar qué funciona mejor con tu audiencia.

Ejemplos de *copies*:

1. **Testimonial de una familia:**
   «En el Colegio XYZ hemos encontrado el lugar ideal para que nuestros hijos crezcan felices y se desarrollen integralmente. ✻ La dedica-

ción y cercanía de los profesores, junto con unas instalaciones increí-
bles, hacen que cada día sea una experiencia enriquecedora para ellos.

¡Estamos encantados de formar parte de la familia XYZ y lo reco-
mendamos 100 %!» 💚 🫶

#FamiliaXYZ #EducaciónDeCalidad #FelicidadEnElCole

2. **Consejos de un profesor o del servicio de orientación:**

«¿Sabías que preparar los exámenes puede ser una experiencia positiva? Aquí tienes tres consejos clave para ayudar a tu hijo
o hija de Secundaria y Bachillerato a afrontar la semana de exámenes con confianza y sin estrés:

1. Planificad juntos un horario de estudio realista.
2. Incluye pausas activas para recargar energías.
3. Prácticas técnicas de relajación para mantener la calma.

✨ Recuerda: el descanso es tan importante como el estudio.
¡Con tu apoyo, el éxito está al alcance! 🫶 👏 #OrientaciónXYZ
#ConsejosParaFamilias #SemanaDeExámenes»

3. **Campaña de captación de alumnos de primer ciclo de Infantil**
(0-3 años):

«¿Quieres que tu pequeño o pequeña crezca feliz mientras apren-
de? En el Colegio XYZ creamos experiencias mágicas en nuestra aula
multisensorial y les sumergimos en el inglés de forma natural todos
los días. ✨ *Porque su primera etapa escolar debe ser especial, ven a*
conocernos y descubre cómo potenciamos su desarrollo jugando 🫶 💚
#ColegioXYZ #EducaciónConAmor #AulaMultisensorial #InglésDi-
vertido»

11.11. Claves para un trabajo de éxito en redes sociales

Para garantizar el éxito de tu estrategia en redes sociales, ten en
cuenta las siguientes claves:

1. **Planificación:** un buen plan es la base de cualquier estrategia
   exitosa. Define tus objetivos, públicos y mensajes clave.
2. **Consistencia:** mantén una frecuencia de publicación constante.
   Esto ayuda a mantener el interés de tu audiencia y a mejorar tu
   visibilidad.
3. **Calidad sobre cantidad:** es mejor publicar contenido de alta calidad menos frecuentemente que publicar contenido de baja
   calidad de forma constante.

4. **Interacción:** responde a los comentarios y mensajes de tu audiencia de manera oportuna. La interacción es crucial para construir una comunidad leal.

5. **Análisis y ajuste:** revisa regularmente tus métricas para entender qué funciona y qué no. Ajusta tu estrategia en consecuencia.

11.12. Ideas de publicaciones semanales

Para mantener una presencia activa y atractiva en redes sociales, es importante planificar las publicaciones con antelación. Aquí te ofrecemos algunas ideas de publicaciones semanales:

1. **Lunes de testimonio:** comparte el testimonio de un estudiante, padre o profesor sobre su experiencia en el centro.

2. **Martes de proyecto educativo:** publica sobre aspectos clave del proyecto educativo, como el programa de bilingüismo. Explica cómo se implementa y los beneficios que aporta a los estudiantes.

3. **Miércoles de actividades:** comparte fotos o vídeos de actividades recientes en el centro, como proyectos, eventos o excursiones.

4. **Jueves de perfil de salida:** destaca el perfil de salida del alumnado. Por ejemplo, publica sobre el perfil «emprendedor», explicando por qué y qué hace el centro para dotar a los estudiantes de esta característica.

5. **Viernes de reconocimiento:** destaca los logros de estudiantes y profesores, celebrando sus éxitos y contribuciones.

6. **Sábado de comunidad:** publica contenido que fomente la interacción y el sentido de comunidad, como encuestas, preguntas abiertas o desafíos.

7. **Domingo de instalaciones:** muestra las instalaciones del centro, enfocándote en áreas remodeladas o modernas, como un aula STEAM. Incluye imágenes y descripciones de las características y ventajas de estos espacios.

Ejemplos de *copies* para las nuevas publicaciones:

1. **Martes de proyecto educativo (bilingüismo):**
   «¡En el Colegio XYZ, nuestros estudiantes se benefician de un programa de bilingüismo de alta calidad! 🌍 🗨 *A través de clases diarias de inglés y actividades inmersivas, nuestros alumnos desarrollan habilidades lingüísticas que les abren puertas a nivel global. Conoce más sobre*

nuestro enfoque educativo y cómo preparamos a nuestros estudiantes para un futuro sin fronteras. #BilingüismoXYZ #EducaciónGlobal»

2. **Jueves de perfil de salida (emprendedor):**

   «En el Colegio XYZ, fomentamos el espíritu emprendedor desde temprana edad. ● ̣ Nuestros estudiantes desarrollan habilidades críticas como la creatividad, el liderazgo y la resolución de problemas. A través de proyectos innovadores y mentorías, los preparamos para ser líderes y emprendedores del mañana. Descubre cómo creamos un perfil de salida emprendedor en nuestros alumnos. #EmprendedoresXYZ #FuturoLíderes»

3. **Domingo de instalaciones (aula STEAM):**

   «¡Conoce nuestra moderna aula STEAM en el Colegio XYZ! ⁄ ⚒ ● Diseñada para fomentar la innovación y el aprendizaje interdisciplinario, nuestros estudiantes exploran ciencia, tecnología, ingeniería, arte y matemáticas en un entorno interactivo y colaborativo. ¡Descubre cómo nuestras instalaciones preparan a los estudiantes para los desafíos del siglo XXI! #AulaSTEAM #InnovaciónEducativa»

11.13. Ideas clave

1. **El equipo de comunicación digital debe ser interno.**

   Consideramos esencial que las personas encargadas de la comunicación digital del centro trabajen en el propio centro educativo. Esto garantiza un conocimiento profundo de los valores, objetivos y cultura del centro, lo que se traduce en una comunicación auténtica y alineada con la identidad de la institución.

2. **Composición ideal del equipo de redes sociales.**

   Un equipo de gestión de redes sociales debe contar con uno o dos *community managers* responsables de la administración y estrategia, apoyados por un grupo de creadores de contenido. Este equipo colaborativo es clave para producir contenido atractivo y efectivo, optimizando la presencia digital del centro.

3. **Aprovechamiento de herramientas de inteligencia artificial.**

   Actualmente, las herramientas de IA permiten planificar y generar contenido para redes sociales en tiempo récord. Estas tecnologías facilitan la creación de mensajes adaptados a diferentes plataformas, optimizando recursos y aumentando la eficiencia del equipo.

4. **Colaboración entre el equipo directivo y el equipo de redes.**
   Los equipos de redes sociales necesitan líneas estratégicas claras por parte de los equipos directivos. Muchas veces la falta de comunicación fluida deja al equipo de redes sin una guía efectiva. Es fundamental establecer un flujo de información constante para alinear la estrategia comunicativa.
5. **La web como herramienta de captación.**
   Las páginas web de los centros educativos ya no son simples sitios informativos. Actualmente, están diseñadas como herramientas de venta, enfocadas en captar nuevos alumnos y resaltar las fortalezas del centro de manera profesional y convincente.

11.14. Voces expertas

Juan Antonio Sánchez Medina - Vicepresidente y Coordinador de Desarrollo Organizativo en Educación Activa Complutense.

Maestro de Lengua Extranjera y Educación Infantil por la Universidad Cardenal Cisneros.

Máster en Alta Dirección, especializado en Scaling Up: *Estrategias de Crecimiento Empresarial por EAE.*

Profesor en Educación Activa desde el año 2009, responsable de Calidad y miembro del Consejo Rector entre 2016 y 2023. Actualmente, responsable de las áreas técnicas de Marketing, Recursos Humanos, Calidad e Internacional para Educación Activa en GSD Alcalá.

1. **¿Cómo ha evolucionado la comunicación digital en el centro educativo en los últimos años?**
   «No sopla viento favorable para el que no sabe dónde va». Esta frase, atribuida a Séneca, define muy bien cómo fueron los primeros pasos dados por los centros educativos en la comunicación digital.
   Aparentemente, muchos supieron ver la conveniencia de estar presentes: había que estar. La comunicación digital había llegado para quedarse y era una herramienta excelente para llegar a las familias, atraer potenciales clientes y diferenciarse de la competencia. Sin embargo, pocos —muy pocos— acertaron con el *cómo*. Y casi nadie con el *para qué*.

Lo que se comunicaba era aburrido y poco cuidado, poco más que un diario visual acompañado de textos redundantes. Pero el error más grave era que no respondía a ninguna estrategia de comunicación o interés comercial.

Afortunadamente, en los últimos tiempos ese *para qué* ha pasado a estar en el centro de la estrategia. La comunicación digital ahora tiene propósito, sentido y objetivos definidos y medibles, que responden a las necesidades del negocio. Planificar la comunicación teniendo en cuenta las vacantes disponibles, el público objetivo y el aspecto concreto de la propuesta de valor del centro que se quiere destacar es, hoy en día, lo habitual y, sin duda, la clave del éxito.

2. **¿Qué redes sociales son las más efectivas para conectar con las familias de tu centro?**

La red social más efectiva está compuesta por el claustro de profesores, el equipo directivo de los centros y las familias. No es digital, es humana; pero es red, y es social. Para mí, cuenta.

Las personas que forman parte de esta red —que somos todos— debemos cuidar nuestro *perfil:* nuestra imagen pública, tanto profesional como personal; nuestros *contenidos*, aportando valor en cada interacción con las familias; y nuestras *conexiones e interacciones,* que deben ser bidireccionales, fluidas y atentas a las necesidades del interlocutor (empáticas).

En este sentido, hay una frase sobre la empatía que me resulta brillante: «La empatía no es solo la capacidad de identificarse con alguien y compartir sus sentimientos, sino actuar como el otro necesita que tú actúes». Pues eso, invitaría a prescindir del ego y a atender a alumnos y familias con verdadera vocación de servicio.

Respecto a las redes sociales digitales, seré breve. Hay que replicar la receta anterior en Instagram, trabajar el Google Business Profile (lo que Google muestra de ti tras una búsqueda), cuidar tu web y estar atento a YouTube y TikTok, por si hay que meter la patita. Las *newsletters* y las comunidades de WhatsApp son interesantes, pero necesitarían un capítulo completo, no solo unas líneas.

3. **¿Cómo defines el contenido que publicas en las plataformas digitales para captar y fidelizar familias?**

El mejor contenido es el que se crea aplicando el método de inspiración y transpiración, o lo que es lo mismo, imaginación y trabajo duro.

En marketing nada funciona para muchos, y lo que funciona para unos pocos, no lo hará por mucho tiempo, por eso es importante la reflexión y el trabajo continuo. Captar y fidelizar son dos cosas diferentes y el contenido, aunque relacionado, también debe ser diferenciado.

Para captar debes conectar el problema que solucionas con las necesidades de las familias y destacar los beneficios que los potenciales clientes recibirán con tu propuesta de valor.

Para fidelizar es fundamental saber relacionar tu propuesta de valor con la experiencia cliente. Debes darles la oportunidad de sentirse bien, reafirmando su decisión de elegir tu centro. Además, necesitas transmitir historias que los padres y madres puedan replicar, permitiéndoles presumir ante su entorno, familia y amigos, de lo que están viviendo.

4. **¿Podrías compartir una experiencia en la que la comunicación digital haya sido clave para una inscripción?**

En marketing, si nadie te ve, no existes; y si existes, pero aburres, peor aún, para eso, mejor no existas.

Por eso, más que comunicar, buscamos conectar: divertir, sorprender y, sobre todo, dejar una impresión que hable de quiénes somos.

Nuestra estrategia es clara: captar la atención primero y, luego, transmitir un mensaje auténtico que refleje nuestros valores. Un ejemplo de esto lo vivimos tras publicar una actividad en redes sociales donde alumnos de Secundaria e Infantil trabajaban juntos en un taller. Poco después, una madre nos escribió un mensaje directo por Insta mostrando interés en visitarnos.

El día de la visita fue inolvidable: llegó con dos sobres de matrícula ya completados y un currículum personal. Estaba tan entusiasmada con nuestro proyecto que no solo quería inscribir a sus hijos, sino también formar parte de nuestro equipo. Lamentablemente, no teníamos plazas disponibles, ni para sus hijos ni para ella. Sin embargo, ese encuentro nos dejó algo igual de valioso: una seguidora fiel que, desde entonces, participa activamente en nuestras publicaciones con comentarios muy inspirados.

12

ESTRATEGIA PUBLICITARIA PARA CENTROS EDUCATIVOS

12.1. Campañas *online*

En nuestra experiencia trabajando con centros educativos, hemos visto cómo las campañas *online* se han convertido en una herramienta indispensable. Estas campañas nos permiten conectar con un público amplio y diverso a través de diferentes plataformas digitales, lo que es fundamental en la era digital en la que vivimos. Gracias a la capacidad de segmentar y personalizar los mensajes publicitarios, hemos logrado atraer y convertir a muchos clientes potenciales en estudiantes o familias que deciden elegir un centro educativo.

Para entender mejor cómo dirigimos nuestras campañas, es importante explicar la clasificación de los públicos:

— **Públicos fríos:** son aquellos que no conocen el centro educativo o tienen muy poco conocimiento sobre él. El objetivo principal con este grupo es generar conciencia y despertar interés inicial.
— **Públicos templados:** estos individuos ya han interactuado de alguna manera con el centro educativo, como visitar el sitio web o seguir las redes sociales. Aquí buscamos profundizar su interés y compromiso.
— **Públicos calientes:** son personas que han mostrado un fuerte interés, quizá inscribiéndose en eventos o descargando información detallada. El enfoque con este grupo es convertir su interés en acciones concretas, como inscripciones. E incluso en este grupo están ya nuestros clientes.

A continuación, compartiremos los objetivos, la segmentación de públicos, la asignación de presupuestos y los canales más efectivos que hemos utilizado en nuestras campañas *online* a lo largo de estos años.

12.1.1. *Objetivos*

Los objetivos de las campañas *online* para centros educativos pueden variar dependiendo de la etapa del embudo de conversión en la que se encuentren los potenciales clientes. A continuación, te indicamos los objetivos específicos para cada etapa del embudo de conversión:

1. **Públicos fríos:**

   — **Reconocimiento de marca:** incrementar la visibilidad del centro educativo en el entorno digital.
   — **Captación de seguidores:** atraer nuevos seguidores en las redes sociales para aumentar la base de audiencia.
   — **Tráfico al sitio web:** generar visitas al sitio web del centro para que los usuarios conozcan más sobre los programas y ofertas educativas.
   — **Objetivo:** crear conciencia y despertar el interés inicial por el centro educativo.

2. **Públicos templados:**

   — **Interacción con publicaciones:** fomentar la participación y el compromiso mediante comentarios, *likes* y compartidos en las redes sociales.
   — **Promoción de eventos:** publicitar eventos como jornadas de puertas abiertas, *webinars* y ferias educativas para atraer a posibles alumnos y sus familias.
   — **Reproducciones de vídeo:** incrementar la visualización de vídeos informativos y promocionales que expliquen las ventajas y características del centro educativo.
   — **Objetivo:** profundizar el interés y comenzar a construir una relación más estrecha con los usuarios.

3. **Públicos calientes:**

   — **Generación de *leads*:** captar registros a través de formularios en *landing pages,* incentivando a los usuarios a dejar sus datos para recibir más información.

— **Ventas y matriculaciones:** convertir el interés en inscripciones efectivas a los programas educativos ofrecidos por el centro.

— **Remarketing:** recuperar usuarios que hayan mostrado interés previamente pero no completaron el proceso de inscripción, mediante campañas de remarketing dirigidas.

— **Objetivo:** convertir el interés en acciones concretas y fidelizar a familias y alumnado.

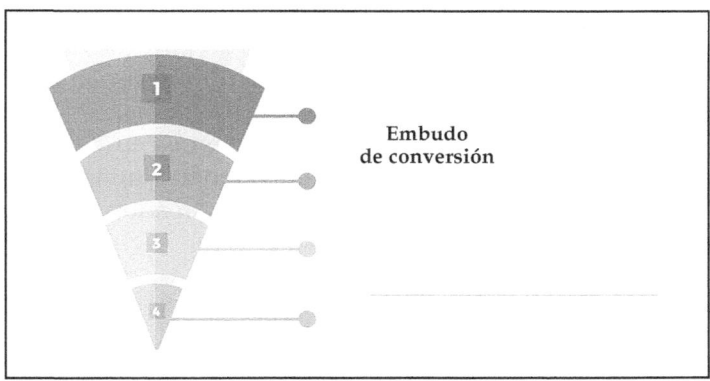

Figura 12.1.   Gráfico del embudo de conversión. (FUENTE: Kapta Estrategias.)

12.1.2. *Segmentación de públicos*

La segmentación de públicos es clave en la publicidad digital. Nos permite dirigir nuestros mensajes a las personas más relevantes según diferentes criterios. Desde nuestra experiencia, combinar métodos tradicionales con las capacidades de la inteligencia artificial (IA) ha transformado la efectividad de nuestras campañas para centros educativos.

Métodos tradicionales de segmentación

Aún hoy, en diciembre de 2024, muchos métodos tradicionales siguen siendo muy útiles. Aquí te compartimos algunos:

1. **Segmentación demográfica:**

— Clasificamos a la audiencia según edad, género, ubicación, nivel educativo e ingresos.

— Por ejemplo, podemos dirigirnos a padres de adolescentes en áreas urbanas para promocionar programas específicos.

2. **Segmentación por intereses:**

— Definimos intereses específicos relacionados con la educación, actividades extracurriculares y más.

— Aunque útil, a veces no es tan preciso como las segmentaciones basadas en comportamientos complejos.

3. **Uso de píxeles y *cookies:***

— Instalamos un píxel en el sitio web para rastrear visitas y crear públicos basados en el comportamiento de navegación.

— Sin embargo, con los cambios recientes en las políticas de *cookies* y privacidad, esto puede tener limitaciones, ya que muchos usuarios optan por no ser rastreados. Nosotros ya no utilizamos este tipo de segmentación.

4. **Subida de bases de datos:**

— Subimos listas de correos electrónicos y datos de contacto para crear públicos personalizados en diversas plataformas.

— Esto nos permite dirigirnos específicamente a personas que ya han mostrado interés en el centro educativo.

Segmentación de públicos con IA

La IA ha llevado la segmentación a un nuevo nivel, permitiendo análisis más profundos y segmentaciones más precisas. Aquí te explicamos cómo la IA puede mejorar la segmentación en campañas *online,* más allá de solo redes sociales:

1. **Análisis de datos demográficos y comportamentales:**

— La IA puede analizar tanto datos demográficos como comportamentales. Por ejemplo, puede identificar patrones en el comportamiento de navegación, interacciones en correos electrónicos y actividad en diferentes plataformas *online.*

— Esto nos permite crear segmentos de audiencia altamente específicos y dirigir anuncios personalizados que resuenen mejor con cada grupo.

2. **Modelos predictivos:**

— Utilizamos modelos predictivos para anticipar el comportamiento de los usuarios. Estos modelos pueden prever qué usuarios tienen más probabilidades de inscribirse en ciertos programas educativos basándose en su comportamiento previo y características demográficas.
— Esto permite ajustar las estrategias en tiempo real y maximizar la conversión.

3. **Públicos similares** *(lookalike audiences):*

— La IA nos permite crear públicos similares no solo en redes sociales, sino también en campañas de *display* y búsqueda de Google. Analiza los perfiles de los usuarios que ya han mostrado un fuerte compromiso y encuentra nuevos usuarios con características similares.
— Esto es especialmente útil para expandir nuestro alcance y atraer a nuevos usuarios que son más propensos a interesarse por tu centro educativo.

4. **Segmentación en tiempo real:**

— La IA permite la segmentación en tiempo real, ajustando los segmentos de audiencia sobre la marcha en función de las interacciones actuales de los usuarios con nuestros anuncios y contenidos.
— Esto es aplicable en plataformas de publicidad programática y campañas de remarketing en motores de búsqueda.

5. **Optimización multicanal:**

— La IA puede optimizar la segmentación a través de múltiples canales, integrando datos de diversas fuentes como sitios web, aplicaciones móviles y correos electrónicos.
— Esto asegura una experiencia de usuario coherente y personalizada, aumentando la probabilidad de conversión.

6. **Consideraciones de privacidad:**

— Es crucial tener en cuenta las regulaciones y políticas de privacidad al utilizar datos de usuarios para segmentación. Debes asegurarte de cumplir con las leyes y políticas vigentes para proteger la privacidad de los usuarios.

12.1.3. *Presupuesto de campaña*

Cuando hablamos de presupuestos para campañas *online*, sabemos que una de las primeras preguntas que nos hacen los clientes es: «¿Cuánto debería invertir?». La verdad es que no existe una respuesta única ni exacta. El presupuesto adecuado para una campaña depende de muchos factores, como los objetivos, el público al que se quiere llegar y el tiempo que se planea mantener la campaña activa.

Presupuesto en redes sociales

Para campañas en redes sociales, nuestra experiencia nos dice que hay algunas recomendaciones generales que podemos seguir. Aunque siempre enfatizamos que cada caso es diferente y que las cifras pueden variar, aquí te dejamos algunas pautas:

— **Campañas de conversión:** si lo que buscas es conversión directa, como inscripciones o generación de *leads*, te recomendamos invertir al menos entre 10 y 20 euros al día. Esto permite que las campañas tengan el alcance suficiente para lograr resultados en un mes.
— **Campañas de *branding* e interacción:** si el objetivo es aumentar la visibilidad de la marca, generar interacciones o aumentar las reproducciones de vídeo, a veces es posible lograr buenos resultados con presupuestos más modestos, incluso con uno o dos euros al día. Sin embargo, es importante aclarar que esta inversión es muy baja y está más orientada a pequeñas acciones de *branding*.

Dicho esto, no significa que invertir uno o dos euros al día sea suficiente para campañas robustas. Especialmente para centros educativos como colegios concertados con presupuestos limitados, es fundamental ajustar las expectativas y definir claramente qué se puede lograr con el presupuesto disponible.

Presupuesto en Google Ads

En cuanto a Google Ads, la situación es similar. La competencia y el coste por clic (CPC) pueden variar mucho dependiendo de las palabras clave que se quieran atacar y la ubicación geográfica. Aquí, las recomendaciones serían:

— **Palabras clave específicas:** si te enfocas en palabras clave muy específicas y de nicho, es posible que necesites un presupuesto menor, pero esto también dependerá de la competencia en esos términos.

— **Campañas generales:** para campañas más generales o en sectores altamente competitivos, es recomendable establecer un presupuesto más amplio para asegurar que los anuncios se muestren con la frecuencia necesaria.

Distribución eficiente del presupuesto

Para distribuir el presupuesto de manera eficiente, te recomendamos seguir estos pasos:

1. **Definir objetivos claros:**

   — Antes de distribuir el presupuesto, es fundamental tener claros los objetivos de la campaña. ¿Buscas aumentar el reconocimiento de marca, generar *leads* o mejorar las conversiones? Tus objetivos influirán directamente en cómo distribuyes el presupuesto entre los diferentes canales.

2. **Asignar un presupuesto base:**

   — Comienza por asignar un presupuesto base para cada canal en función de su importancia para tus objetivos. Por ejemplo, si tu objetivo principal es la conversión, una mayor parte del presupuesto podría ir a Google Ads o campañas de remarketing en redes sociales.

3. **Reservar una parte para pruebas:**

   — Siempre es recomendable reservar entre un 10 % y un 20 % del presupuesto total para pruebas. Esto incluye pruebas A/B en anuncios, experimentación con diferentes plataformas y ajustes en tiempo real. Las pruebas te permiten identificar qué estrategias están funcionando mejor y ajustar el presupuesto en consecuencia.

4. **Optimizar en tiempo real:**

   — La optimización en tiempo real es clave para una distribución eficiente. Monitorea constantemente el rendimiento de las campañas y redirige el presupuesto hacia los canales y anuncios que estén generando mejores resultados.

5. **Evaluar y redistribuir:**

— Al final de cada ciclo de campaña, evalúa los resultados y ajusta la distribución del presupuesto para futuras campañas. Si una plataforma ha demostrado ser especialmente efectiva, considera aumentar su presupuesto en la siguiente campaña.

6. **Considerar el ciclo de vida del cliente:**

— Ajusta la distribución del presupuesto según el ciclo de vida del cliente. Por ejemplo, durante las épocas de inscripción, podrías destinar más fondos a campañas de conversión, mientras que, en períodos de menor actividad, puedes enfocarte en *branding* y generación de *leads*.

Ejemplo real para diferentes objetivos

A continuación, «vamos a mojarnos más» y te presentamos un ejemplo de cómo podríamos distribuir un presupuesto para un centro educativo con los siguientes objetivos:

1. **Obtener 200 *leads* en tres meses** para convertir a 100 familias en matriculaciones (tasa de conversión de *lead* a matrícula del 50%).
2. **Obtener 50 *leads* para un ciclo formativo de turismo** con capacidad para 25 alumnos (tasa de conversión de *lead* a matrícula del 50%).
3. **Lanzar una campaña de *branding*** que alcance a 3.000 personas diariamente durante un mes, lo que quiere decir que necesitamos más de 3.000 impresiones, aproximadamente 5.000.

Objetivo 1: 200 *leads* en tres meses para matrículas

Presupuesto total estimado: 5.000 € (1.666 € por mes).

— **Google Ads (60% del presupuesto):** 3.000 € (1.000 € por mes):

• **Palabras clave:** «colegio privado en [ciudad]», «mejor colegio para niños», «inscripciones escolares», «colegio bilingüe».

- **CPC estimado:** 1,50 € por clic.
- **Estimación de clics:** 2.000 clics (aproximadamente 670 clics por mes).
- **Conversión esperada:** con una tasa de conversión del 10 % en la captación de *leads* y una tasa del 50 % en la conversión de entrevistas a matrículas, se espera obtener 200 *leads* y 100 matriculaciones a partir de los 2.000 clics.

— **Redes sociales (40 % del presupuesto):** 2.000 € (666 € por mes):

- **Plataformas:** Instagram y TikTok.
- **Segmentación:** mujeres, madres entre 25 y 40 años, con niños de dos a tres años. Intereses en Educación Infantil, maternidad y cuidado de niños.
- **CPC estimado:** 0,80 € por clic.
- **Estimación de clics:** 2.500 clics (aproximadamente 830 clics por mes).
- **Conversión esperada:** con una tasa de conversión del 8 % en la captación de *leads* y del 50 % en la conversión de entrevistas a matrículas, se espera obtener 200 *leads* y 100 matrículas a partir de los 2.500 clics.

Objetivo 2: 50 *leads* para ciclo formativo de turismo

Presupuesto total estimado: 1.000 € (en un mes).

— **Google Ads (50 % del presupuesto):** 500 €:

- **Palabras clave:** «ciclo formativo turismo», «cursos de turismo en [ciudad]», «formación profesional turismo».
- **CPC estimado:** 1,20 € por clic.
- **Estimación de clics:** 416 clics.
- **Conversión esperada:** con una tasa de conversión del 12 % en la captación de *leads* y del 50 % en la conversión de entrevistas a matrículas, se espera obtener 50 *leads* y 25 matriculaciones a partir de los 416 clics.

— **Redes sociales (50 % del presupuesto):** 500 €:

- **Plataformas:** LinkedIn, Instagram y TikTok.
- **Segmentación:** jóvenes entre 18 y 25 años interesados en turismo, formación profesional, y carreras en el sector servicios.

- **CPC estimado:** 0,70 € por clic.
- **Estimación de clics:** 714 clics.
- **Conversión esperada:** con una tasa de conversión del 7 % en la captación de *leads* y del 50 % en la conversión de entrevistas a matrículas, se espera obtener 50 *leads* y 25 matrículas a partir de los 714 clics.

Objetivo 3: campaña de *branding* general

Presupuesto total estimado: 1.500 € (durante un mes).

— **Google Display Network (50 % del presupuesto):** 750 €:

- **Estrategia:** campaña de *banners* orientada a la visibilidad de marca en sitios web relevantes para familias y educación.
- **CPC estimado:** 0,20 € por impresión.
- **Alcance estimado:** 3.750 impresiones diarias, 112.500 impresiones en un mes.

— **Redes sociales (50 % del presupuesto):** 750 €:

- **Plataformas:** Facebook, Instagram, TikTok y YouTube.
- **Segmentación:** público amplio, padres y tutores de niños en edad escolar. Campaña con enfoque en *awareness*, mostrando vídeos promocionales del colegio.
- **CPC estimado:** 0,15 € por impresión.
- **Alcance estimado:** 5.000 impresiones diarias, 150.000 impresiones en un mes para llegar a las 3.000 personas diarias, que es nuestro objetivo.

Resumen de presupuesto

— **Google Ads total:** 4.250 €.
— **Redes sociales total:** 3.250 €.

Total: 7.500 € para los tres objetivos.

12.1.4. *Canales*

En este apartado vamos a hablar sobre los diferentes canales *online* que utilizamos para nuestras campañas publicitarias en centros educativos. Nos enfocaremos en las plataformas más efectivas, como las utilizamos para alcanzar los objetivos planteados, y las métricas clave de rendimiento (KPI) que seguimos para medir el éxito de cada canal.

a) **Google Ads**

Google Ads es una de las herramientas más potentes para la publicidad *online*. Nos permite llegar a usuarios que ya están buscando activamente lo que ofrecemos, lo que lo convierte en un canal ideal para campañas de conversión.

Estrategias de Google Ads:

— **Búsqueda** *(Search Ads):* utilizamos anuncios de búsqueda para captar a los usuarios que están buscando términos específicos relacionados con la educación, como «mejor colegio en [ciudad]» o «cursos de formación profesional en turismo». Estos anuncios se muestran en la parte superior de los resultados de búsqueda de Google.

— *Display (Display Ads):* empleamos anuncios gráficos en la red de *Display* de Google para aumentar la visibilidad de la marca. Estos anuncios aparecen en sitios web relevantes y aplicaciones móviles, siendo ideales para campañas de *branding*.

— **Remarketing:** Google Ads nos permite hacer remarketing, que consiste en mostrar anuncios a usuarios que ya han visitado nuestro sitio web, pero no han completado una acción (como llenar un formulario de inscripción). Esta técnica nos ayuda a mantenernos presentes en la mente de los usuarios y aumentar la tasa de conversión.

Métricas clave de rendimiento (KPI) en Google Ads:

— **CTR** *(Click-Through Rate):* mide el porcentaje de personas que hicieron clic en el anuncio después de verlo. Un CTR alto indica que el anuncio es relevante para el público objetivo. Por ejemplo, en el sector educativo un CTR del 2-3 % suele ser considerado bueno. Si el CTR es consistentemente bajo, puede ser señal de que el anuncio no es relevante o atractivo para el público objetivo. En este caso, prueba diferentes creatividades, textos o segmentaciones.

— **CPC (coste por clic):** mide cuánto pagas por cada clic en tu anuncio. Es crucial mantener un CPC competitivo para optimizar el presupuesto. Un CPC alto no siempre es malo si el retorno de inversión (ROI) es positivo. Si los clics son costosos, pero están generando conversiones valiosas, puede ser justificado.

— **Tasa de conversión:** mide el porcentaje de usuarios que realizaron la acción deseada (por ejemplo, completar un formulario) después de hacer clic en el anuncio. Divide la tasa de conversión por canal, dispositivo y segmento de audiencia. Esto te ayudará a identificar qué elementos de la campaña están funcionando mejor. Nosotros cuando trabajamos con centros educativos lo hacemos con varias tasas de conversión. Una de ellas es la conversión de entrevistas a matrículas, en estos momentos tener un 50 % es una buena tasa. La otra tasa de conversión es la de la campaña de captación cuando haces publicidad y pagas a una plataforma, y la damos por válida cuando está sobre el 10 %, pero no en todos los centros educativos, porque depende de muchos factores: número de competidores y de tu reputación, entre otras cosas.

— **ROAS (retorno sobre la inversión publicitaria):** mide el retorno de la inversión de la campaña. Un ROAS alto indica que la campaña es rentable. En muchos centros educativos nos encontramos con la reticencia de invertir en campañas de publicidad y cuando les hablamos del ROAS que van a obtener con solo captar un *lead* que matriculen se dan cuenta de que este tipo de campañas de publicidad *online* son muy fácil rentabilizarlas.

b) Social Media Ads

Las redes sociales son fundamentales para nuestras campañas publicitarias, ya que nos permiten segmentar audiencias de manera muy precisa y generar un alto nivel de interacción.

Plataformas clave:

— **Facebook e Instagram:** utilizamos estas plataformas para llegar a padres y jóvenes, dependiendo del tipo de campaña. Facebook es especialmente útil para *targeting* detallado, mientras que Instagram es más efectivo para campañas visuales y de alto impacto.

— **TikTok:** se ha convertido en una plataforma relevante, especialmente cuando nos dirigimos a audiencias más jóvenes. Es ideal para campañas creativas y virales que buscan captar la atención rápidamente.

— **LinkedIn:** aunque no es la primera opción para todas las campañas, LinkedIn es muy efectiva para *targeting* profesional, especialmente en campañas relacionadas con formación profesional o cursos especializados.

Estrategias en redes sociales:

— **Segmentación precisa:** utilizamos datos demográficos, intereses, comportamientos y la opción de crear públicos similares *(lookalike audiences)* para alcanzar a las personas más propensas a interesarse por lo que ofrece tu centro educativo.
— **Contenido visual:** en redes como Instagram y TikTok priorizamos el uso de contenido visual atractivo, como vídeos y *stories*, que generan un mayor nivel de interacción. En estos momentos, diciembre de 2024, el contenido que mejor funciona es el dinámico y en vertical *(reels, stories* y *tiktok)*.
— **Publicidad en vídeo:** en plataformas como Facebook, Instagram, TikTok y YouTube, los anuncios en vídeo son una herramienta poderosa. Estos vídeos pueden ser testimonios de estudiantes, recorridos virtuales por el colegio o explicaciones sobre tu proyecto educativo.

Métricas clave de rendimiento (KPI) en Social Media Ads:

— *Engagement rate:* mide el nivel de interacción de los usuarios con el contenido (*likes,* comentarios, compartidos). Un alto *engagement* indica que el contenido es relevante y atractivo.
— **CPC (coste por clic):** mide el coste por cada clic en el anuncio, similar a Google Ads.
— **CPM (coste por mil impresiones):** mide cuánto cuesta alcanzar a 1.000 personas con un anuncio. Es útil para evaluar el costo de las campañas de *branding.*
— *Conversion rate:* mide cuántas personas realizan la acción deseada después de interactuar con el anuncio. Esa acción puede ser: enviar wasap, rellenar un formulario, llamar, etc.
— **Frecuencia:** indica cuántas veces, en promedio, un usuario ha visto el anuncio. Es importante controlar esta métrica para evitar la saturación del público.
— **Coste por *lead* (CPL):** mide cuánto estás pagando por cada *lead* generado. Es fundamental para entender la eficiencia de la cam-

paña en términos de captación de contactos interesados. El CPL mide el coste de adquirir un *lead,* es decir, un potencial cliente que ha mostrado interés en tu colegio al proporcionar sus datos de contacto, generalmente a través de un formulario en una *landing page,* suscripción a un boletín, descarga de un recurso, etc.

c) **Otros canales**

Dependiendo de los propósitos y del público objetivo, también podemos considerar otros canales para nuestras campañas:

— **YouTube Ads:** YouTube es ideal para campañas de *branding* y *awareness*. Utilizamos esta plataforma para mostrar vídeos promocionales, testimonios y otros contenidos visuales que ayudan a construir la imagen del centro educativo.
— **Publicidad nativa:** a través de plataformas como Taboola y Outbrain, podemos integrar nuestros anuncios en el contenido editorial de sitios web relevantes. Esto ayuda a captar la atención de los usuarios de una manera menos intrusiva y más natural.
— *Email* **marketing:** aunque no es un canal publicitario tradicional, el *email* marketing sigue siendo una herramienta poderosa para nutrir *leads* y mantener a las familias informadas sobre las últimas noticias y eventos del centro educativo. Muchos centros educativos con los que trabajamos tienen estrategias de este tipo automatizadas en su CRM.
— **Publicidad en *streaming* de música y pódcast:** plataformas como Spotify o iVoox nos permiten llegar a audiencias mientras están escuchando música o pódcast. Esto puede ser efectivo para campañas de *branding* o para captar la atención de audiencias que consumen contenido auditivo.

Métricas clave de rendimiento (KPI) en otros canales:

— **CPM (coste por mil impresiones):** mide el coste por cada mil impresiones, útil en campañas de *branding*.
— *Open rate* **(email marketing):** mide el porcentaje de correos abiertos por los destinatarios, lo que indica la efectividad de las líneas de asunto y el interés del contenido.
— *Conversion rate:* similar a otros canales, mide cuántos usuarios realizan la acción deseada después de interactuar con el contenido.

12.2. Campañas *offline*

Aunque vivimos en una era digital, las campañas *offline* siguen siendo una parte esencial de la estrategia publicitaria para muchos centros educativos. Estas campañas complementan las acciones *online* y permiten llegar a segmentos de la población que pueden no estar tan presentes en el entorno digital o que responden mejor a medios tradicionales.

12.2.1. *Objetivos*

En nuestra experiencia, una de las principales confusiones que hemos observado en los centros educativos es el uso de los medios *offline* con el único objetivo de captar clientes potenciales. Sin embargo, creemos firmemente que estos canales son mucho más efectivos para campañas de *branding* y recuerdo de marca. Esto se debe principalmente a la poca capacidad de segmentación que ofrecen estos medios, lo que hace difícil dirigir el mensaje únicamente al público específico que podría estar interesado en un colegio bilingüe para niños de dos a tres años, por ejemplo.

Por tanto, recomendamos utilizar los medios *offline* para:

— **Generar visibilidad y reconocimiento de marca:** asegurando que el nombre del centro educativo sea conocido en la comunidad local, lo que puede ser crucial para captar estudiantes en su área geográfica inmediata.
— **Reforzar la imagen del centro educativo:** mantener una presencia constante en medios tradicionales ayuda a fortalecer la percepción del centro en la comunidad, posicionándolo como una opción confiable y de calidad.
— **Promover eventos específicos:** aunque es más difícil medir la efectividad, los medios *offline* pueden ser útiles para promocionar eventos como jornadas de puertas abiertas, especialmente si se combinan con elementos que permitan rastrear la respuesta, como códigos QR o números de teléfono únicos.

12.2.2. *Segmentación de públicos*

Uno de los desafíos de las campañas *offline* es la limitada capacidad de segmentación. A diferencia de las campañas *online*, donde podemos dirigir los anuncios a públicos muy específicos, los medios *offline* como la radio, prensa o vallas publicitarias tienen un alcance más generalizado. Esto significa que no podemos garantizar que solo las personas interesadas en la educación bilingüe para niños pequeños, por ejemplo, escuchen un anuncio de radio o vean una valla publicitaria.

Sin embargo, podemos hacer segmentación geográfica, enfocándonos en áreas específicas alrededor del centro educativo para maximizar el impacto de la campaña.

12.2.3. *Presupuesto de campaña y canales*

El presupuesto en campañas *offline* varía según el medio elegido y la duración de la campaña. Aquí te dejamos algunas consideraciones generales:

— **Radio:** es un medio accesible con un coste relativamente bajo y un buen alcance local. Podemos destinar entre 500 € y 1.500 € para una campaña de un mes, dependiendo de la frecuencia de los anuncios y la estación de radio elegida.
— **Vallas publicitarias:** las vallas son una excelente opción para generar visibilidad en áreas de alto tráfico. El coste de una valla publicitaria puede oscilar entre 1.000 € y 3.000 € por mes, dependiendo de la ubicación.
— **Buzoneo:** distribuir folletos directamente en los buzones de las familias es una estrategia directa. El coste puede ser de aproximadamente 0,05 € a 0,20 € por folleto, dependiendo de la calidad de impresión y la cantidad distribuida. Sin embargo, recomendamos incluir elementos como números de teléfono únicos, *emails* específicos o códigos QR dirigidos a *landing pages* exclusivas, para poder medir la efectividad de esta acción.
— **Prensa y revistas:** publicar anuncios en periódicos locales y revistas especializadas en educación o familia ayuda a alcanzar a padres y tutores que están buscando opciones educativas. Estos anuncios también son ideales para reforzar la marca. La publicidad en periódicos locales o revistas especializadas puede ser efectiva, aunque el coste varía significativamente según la publicación. Un anuncio en una publicación local puede costar entre 300 € y 1.000 €.
— **Otros canales:** podemos considerar otros canales tradicionales como patrocinios en eventos comunitarios, publicidad en transporte público, o colaboraciones con tiendas y comercios locales. Estos también deberían enfocarse principalmente en *branding*.

Estrategias para medir la efectividad de campañas *offline*

1. **Incremento en visitas y consultas directas:**

   — **Visitas al centro educativo:** si has lanzado una campaña *offline,* como cuñas de radio o vallas publicitarias, observa cualquier incremento en las visitas al centro educativo durante y después de la campaña. Si ves un aumento en las visitas, especialmente si coinciden con el período de la campaña, es probable que esta haya sido efectiva.

   — **Consultas telefónicas y presenciales:** puedes medir si hay un aumento en las llamadas telefónicas o consultas presenciales después del lanzamiento de la campaña. Es útil tener a los empleados capacitados para preguntar a los visitantes cómo conocieron el centro, lo que te permitirá identificar qué campañas están generando más tráfico.

2. **Uso de elementos rastreados:**

   — **Números de teléfono únicos:** asigna números de teléfono únicos a diferentes campañas *offline*. Por ejemplo, un número específico para una cuña de radio y otro para folletos de buzoneo, así puedes rastrear qué campaña está generando más llamadas.

   — *Emails* **específicos:** crea direcciones de correo electrónico únicas para cada campaña *offline*. Si utilizas diferentes correos electrónicos en tus folletos, anuncios en prensa o cuñas de radio, podrás identificar cuál de ellos está generando más respuestas.

   — **Códigos QR:** incluir un código QR en materiales impresos, como folletos o anuncios en revistas, es una forma efectiva de llevar a los usuarios a una página de destino específica. Los QR *codes* pueden rastrear cuántas personas han escaneado el código y accedido al contenido *online* relacionado con la campaña.

3. **Cupones y ofertas especiales:**

   — **Ofertas limitadas:** si ofreces una oferta limitada en tiempo, como un descuento en la matrícula durante el mes en que se lanza una campaña *offline,* puedes medir el incremento en matrículas durante ese período y atribuirlo a la campaña.

4. **Encuestas y retroalimentación directa:**

— **Encuestas a visitantes:** pregunta a las familias que visitan el centro cómo nos han conocido. Esto puede hacerse mediante encuestas rápidas al final de la visita o en formularios de inscripción. Las respuestas te darán una idea clara de qué medios están funcionando mejor. Ten en cuenta que la respuesta puede estar un poco sesgada porque pueden haberte visto por redes sociales, luego verte en Google y al ver la valla publicitaria deciden llamarte y dicen que te han conocido por la valla. La medición no será nunca exacta, pero siempre hay un medio al que se le asigna el *lead*.

— **Encuestas telefónicas:** si realizas una campaña de buzoneo o cuñas de radio, puedes realizar una encuesta telefónica en la zona para preguntar a las personas si han visto o escuchado la campaña y qué les pareció. Esto no solo mide la efectividad, sino que también recoge valiosa retroalimentación.

5. **Análisis de tráfico web y correlación con campañas** *offline:*

— **Aumento en el tráfico web:** si durante la campaña *offline* notas un aumento en el tráfico de tu sitio web, esto puede ser un indicativo de que la campaña está funcionando. Puedes analizar picos en el tráfico web y correlacionarlos con la duración y alcance de la campaña *offline,* sobre todo si estás teniendo un mayor porcentaje de tráfico directo a la web que es consecuencia del *branding* que has generado.

— *Landing pages* **específicas:** crear *landing pages* específicas para cada campaña *offline* y monitorizar el tráfico hacia esas páginas. Si un anuncio en una revista dirige a una página única en tu sitio web, las visitas a esa página te mostrarán la efectividad del anuncio.

6. **Comparación matriculaciones:**

Analiza el número de matriculaciones antes, durante y después de la campaña. Si observas un incremento durante el período de la campaña, esto puede atribuirse a la efectividad de las acciones *offline*.

Asegúrate de comparar los datos en el mismo período del año anterior para aislar el impacto de la campaña y evitar atribuir los resultados a factores estacionales u otras variables no relacionadas.

Herramientas y métodos de análisis

— **Google Analytics:** aunque es una herramienta *online*, puedes utilizar Google Analytics para rastrear aumentos en tráfico web que podrían estar correlacionados con una campaña *offline*, especialmente si utilizas *landing pages* específicas.
— **CRM:** usar un sistema de gestión de relaciones con clientes (CRM) que permita registrar el origen de cada *lead*, incluso si viene de una campaña *offline*, es crucial para analizar su efectividad a largo plazo.
— **Paneles de control:** configura un *dashboard* que integre todas las fuentes de datos relevantes (tráfico web, llamadas, visitas al centro, etc.) para tener una visión clara y en tiempo real del rendimiento de tus campañas *offline*.

Ejemplo campaña 360° para llenar tres aulas de niños de tres años

Objetivo general: llenar tres aulas de niños de tres años con 20 alumnos en cada aula (60 alumnos en total) mediante una campaña de marketing que combine acciones *online* y *offline*. La campaña también busca promocionar una jornada de puertas abiertas el 1 de febrero y facilitar las entrevistas individuales con las familias interesadas.

Duración de la campaña: tres meses (del 1 de noviembre al 31 de enero).

Estrategia *online*

— **Redes sociales (Instagram y TikTok):**
  • Publicaciones semanales y anuncios dirigidos a madres jóvenes en la localidad, promocionando la jornada de puertas abiertas y la oferta educativa.
  • **Presupuesto:** 1.500 € (500 € por mes).
  • **Fechas:** 1 de noviembre - 31 de enero.

— **Página web y *landing page*:**
  • Optimización de la *landing page* para captar registros para la jornada de puertas abiertas y entrevistas individuales.
  • **Presupuesto:** 500 €.
  • **Fechas:** 1 de noviembre - 31 de enero.

Estrategia *offline*

— **Buzoneo:**

- Distribución de *flyers* en áreas residenciales de la localidad, con un código QR para registrar la asistencia a la jornada de puertas abiertas.
- **Presupuesto:** 1.000 €.
- **Fechas:** 15 de enero - 25 de enero.

— **Prensa local:**

- Anuncios en periódicos locales y envío de notas de prensa para reforzar el *branding* y promocionar la jornada de puertas abiertas.
- **Presupuesto:** 1.000 €.
- **Fechas:** 10 de enero - 31 de enero.

Presupuesto total de la campaña 360°: 4.000 €

Calendario de la campaña:

— **Inicio de la campaña** *online:* 1 de noviembre.
— **Inicio del buzoneo:** 15 de enero.
— **Fin de la campaña:** 31 de enero (día antes de la jornada de puertas abiertas).

Este plan de campaña 360°, con un enfoque en redes sociales, buzoneo, y prensa local, está diseñado para maximizar el alcance y la efectividad en la captación de nuevos alumnos para el colegio, utilizando tanto medios digitales como tradicionales para asegurar el éxito de la jornada de puertas abiertas y las entrevistas individuales.

12.3. Ideas clave

1. **La publicidad** *online* **ofrece una segmentación superior a la** *offline.*

   La capacidad de segmentar audiencias de manera precisa según intereses, ubicación, comportamientos y datos demográficos es una de las mayores ventajas de la publicidad digital.

2. **Los costes de inversión publicitaria *online* son más económicos que los de la publicidad *offline.***

   Las campañas digitales permiten un control preciso del presupuesto, logrando resultados efectivos con inversiones más bajas en comparación con los medios tradicionales.

3. **La medición de la efectividad sigue siendo un desafío para muchos centros educativos.**

   A lo largo de los años, hemos observado que la mayoría de los centros no cuentan con sistemas adecuados para medir el impacto de sus campañas publicitarias, tanto *online* como *offline.*

4. **La integración de inteligencia artificial optimiza campañas y maximiza resultados.**

   Herramientas de IA permiten crear segmentaciones avanzadas, realizar ajustes en tiempo real y diseñar estrategias personalizadas que aumentan significativamente el retorno de la inversión.

5. **Las campañas deben alinearse con los objetivos estratégicos del centro.**

   Es crucial definir objetivos claros (*branding,* captación, fidelización) para orientar correctamente las inversiones publicitarias y maximizar la eficiencia de las campañas *online.*

12.4. Voces expertas

Manuel Albarrán García - #Clown #Educador - Director de Marketing y Comunicación en el Colegio Esclavas del Sagrado Corazón, Valencia.

Miembro del Equipo Nacional de Marketing de la Fundación Educativa ACI.
Formador de equipos directivos para Escuelas Católicas de Valencia y para Kapta Estrategias. Cuenta con 10 años de experiencia aprendiendo del mundo del marketing educativo y la comunicación. Ha obtenido varios reconocimientos en este campo tanto en el ámbito privado, público y concertado... entre ellos lograr para su centro, ser el más demandado en la Comunidad Valenciana en dos ocasiones.

1. **¿Qué tipo de publicidad encuentras más efectiva para atraer nuevas familias? Cuéntanos alguna estrategia.**

   Si utilizamos la publicidad para atraer a las familias es que nuestro *referral* marketing flojea y hemos de apostar con habilidad, para mostrar que somos la mejor opción. Apostar por elementos que sobre todo en web, hagan sentir. Que estén diseñados con facilidad de acceso, a la atracción.

Crear secciones destinadas a nuevas familias. Estancias del centro, nuevos proyectos, premios extraordinarios, académicos y deportivos, Google Street View, programas de plurilingüismo y certificaciones académicas, resultados PAU (pero sobre todo con porcentaje de alumnos presentados del total matriculados) cómo elemento de garantía de éxito académico...

Además, una amplia oferta de invitaciones para venir al centro... No únicamente en las JPA: apertura de año colegial, celebraciones de aprendizaje, momentos litúrgicos señalados, festivales, celebraciones falleras, día de la familia. «Ven y siéntenos».

Entusiasma al equipo de marketing con compañeros que se atrevan. Que encuentren en el humor un recurso eficaz y elegante de generar sonrisas, alegría y expectativa, y, con el tiempo, interacción segura.

2. **¿Cómo defines la segmentación de tus campañas publicitarias para llegar al público adecuado y qué debemos tener en cuenta?**

Tener claro el objetivo, el *buyer* de persona a la que nos dirigimos marcará nuestra acción, su estilo, la modalidad... y nos da pista del cómo y dónde (apostamos por web prioritariamente), y esto no podemos saltarlo, es previo a todo y es, garantía de éxito. ¿Qué queremos que sientan?

Si es necesario, invierte presupuesto. Dialoga los objetivos como medio de creación de otro tipo de mensaje que debe sorprender. Nadie habla de lo que no es diferente, utiliza siempre lo bello, lo alegre, lo positivo... siendo sincero y con muy buenas composiciones, de gran calidad. La gente amplía las fotos para ver el entorno... Sé hábil destacando lo que te interesa de ambientes, trabajos, estancias, instalaciones. Creatividad y mano izquierda al poder.

No hay que liarse con las herramientas a utilizar. Las «herramientas cristianas», es decir las justas y necesarias para crear un buen *post*, una buena imagen, un buen vídeo... Elegid siempre las mejores, las que podáis exprimir todas las funciones y las que ahorren trabajo. Y antes de todo tened en cuenta que las herramientas no te van a dar el estilo, es más bien al revés, es mi estilo el que elige la herramienta.

3. **¿Qué diferencias observas entre las campañas *online* y *offline* en términos de efectividad? ¿Qué debemos cuidar?**

El esfuerzo debe ir en la línea de equilibrio entre ambas. Los agentes de comunicación y el equipo directivo deben «calendarizar» las inversiones en ambos sentidos a corto y medio plazo (tres-cinco años).

Huir del «siempre se ha hecho así» o del miedo al qué dirán en ambas líneas. Evaluar, recoger y analizar datos, monitorear en las propuestas *online* y recrear entradas alegres, protocolos de atención, formación y tecnología que nos ayude en procesos de PAS, estancias acogedoras, pasillos alegres... Yo juego con el «humorketing» en muchos casos y en momentos destacados. Es un entrenamiento, una vitamina, un barniz, una inyección holística de equilibrio entre lo *online* de web, comunicaciones y las redes sociales y lo *offline* más de la cercanía, lo humano, lo relacional.

Sobre todo, porque tu centro tiene el caché de lo que hablen de ti y el cole vale lo que vale la suma de todos. A destacar tres cosas:

1. De lo que te diferencies en tu forma de comunicar.
2. El más importante, la confianza que generes en las familias *on* y *offline* en todos los detalles.
3. Y de lo satisfechos que estén con los servicios que das, pero, sobre todo, de cómo se lo comunicas...

4. **¿Podrías dar un ejemplo de una campaña que haya funcionado especialmente bien para captar alumnos?**

Hoy más que nunca hemos de cambiar la visión y la misión de toda la comunidad educativa. Darnos cuenta de que hemos de sentirnos agentes de comunicación, que no somos solo educadores, sino también edu-creadores.

Convencer a las familias con certezas, de que sois la mejor opción. Así que, si tu web no es atractiva, ni tus lenguajes, ni tus imágenes, ni tus campañas, ni siquiera tus fiestas, ni tus estancias, ni los canales que utilizas... te la estás jugando y será tarde.

Alguna idea de campañas valientes que nos han dado ser el mejor centro concertado, en demanda de matrícula de toda la Comunidad Valenciana, por dos años consecutivos:

1. Campaña para llenar un aula en Bachillerato triunfó desde el lema de la campaña de «Tráete a tu padre». Jugamos con

Star Wars y la segmentación nos llevó a alumnos en edad de venir de nuevo o cambiar de centro en Bachillerato, jugando con la simbología y la famosa frase de «yo soy tu padre».

2. Una más: surgió de casualidad al darnos cuenta al incrustar en la web Google Maps que estábamos rodeados de zonas verdes y que nunca lo habíamos «vassilado». Así que con el lema de «Desde siempre» y fotos antiguas, dimos paso a la actualización de un «obviously» y un «naturalmente» que nos permitió adelantarnos y diferenciarnos de los centros de nuestra zona.

Y para acabar el capítulo y animando a que el equipo de marketing no sea «cerrado», sino que más bien podamos *buscar a gente que puedas ilusionar en lo que sabe, decenas de carismas en una comunidad educativa, que crezca en lo que le gusta* offline y *online*, porque *el marketing es saber lo que hay que hacer y hacerlo.* Solo añadiría lo que comento al final de cursos y en muchas charlas, para ilusionar, que es posible la auténtica **rEVOLution del marketing:** «... Y si un trozo de madera supiera que va a ser un violín».

13

INTELIGENCIA ARTIFICIAL Y NUEVAS TENDENCIAS EN EL MARKETING EDUCATIVO[1]

13.1. Introducción

Como cierre de este libro, no queríamos dejar de hablar de las nuevas tendencias y herramientas que están revolucionando el sector educativo. A medida que la tecnología avanza, nos encontramos con cambios que parecían impensables hace solo unos años, y la inteligencia artificial (IA) está jugando un papel central en esta transformación.

Desde algoritmos que personalizan la experiencia de los estudiantes hasta chatbots que automatizan la atención a las familias, la IA está haciendo posible una gestión educativa más eficiente y personalizada. Noticias recientes han destacado el surgimiento de colegios experimentales sin profesores, donde la enseñanza se guía por sistemas de IA, lo que ha generado gran expectación y debate sobre el futuro de la educación.

Estas innovaciones no solo desafían la manera en que entendemos la enseñanza, sino también el marketing educativo.

¿Cómo captar a las familias cuando la tecnología está redefiniendo lo que buscan en un centro? ¿Cómo comunicarnos eficazmente en un entorno cada vez más digitalizado? En este capítulo exploraremos cómo la IA y las nuevas tendencias están abriendo oportunidades sin precedentes para los centros educativos, así como los retos que debemos afrontar para seguir siendo competitivos en este nuevo escenario.

---

[1] **¡Importante!** Los autores creemos en el valor insustituible del contacto humano en la educación. La inteligencia artificial es una herramienta poderosa que nos permite automatizar ciertos procesos y mejorar la eficiencia, pero nunca sustituirá el trato directo entre el personal del centro, las familias y los alumnos. Somos firmes defensores de que la tecnología debe complementar, no reemplazar, el factor humano.

13.2. Inteligencia artificial en el marketing educativo

La inteligencia artificial (IA) está modificando profundamente cómo los centros educativos se comunican y conectan con sus audiencias. En un entorno tan competitivo como el educativo, donde la captación y fidelización de alumnos es clave, la IA permite optimizar cada paso del proceso de marketing, desde la personalización de la experiencia hasta la automatización de tareas repetitivas. Sin embargo, es fundamental dejar claro que no defendemos que la IA sustituya el trato humano, ya que somos firmes defensores de la interacción directa entre el personal del centro, las familias y los alumnos. La IA debe verse como una herramienta que complementa y mejora la experiencia, pero no como un reemplazo del contacto personal.

13.2.1. *IA aplicada al análisis de datos*

Los centros educativos manejan una gran cantidad de información sobre sus estudiantes y familias. La IA permite analizar estos datos de forma eficiente, identificando patrones y comportamientos que pueden no ser evidentes a simple vista. A través del análisis predictivo, los colegios pueden anticipar las necesidades de las familias, prever cambios en las preferencias o detectar señales de deserción antes de que se produzcan.

Por ejemplo, la IA puede analizar las respuestas de encuestas de satisfacción para detectar tendencias de mejora o áreas de descontento. Además, el análisis de datos permite ajustar las estrategias de captación en función de los intereses que se detecten, segmentando las audiencias de manera más precisa.

13.2.2. *Automatización del marketing*

El marketing educativo está lleno de tareas rutinarias, como el envío de correos electrónicos, la segmentación de audiencias o la gestión de redes sociales. La IA ha facilitado la automatización de estos procesos, permitiendo a los equipos de marketing centrarse en estrategias de mayor valor añadido. Aunque la IA permite mejorar la eficiencia, no sustituye el valor insustituible de la interacción humana en la toma de decisiones clave y en la atención personalizada que requieren las familias.

Herramientas como chatbots y plataformas de *email* marketing permiten enviar comunicaciones personalizadas a familias de forma automática, basándose en su comportamiento anterior o sus preferencias. De esta manera, se puede asegurar que las familias reciben la información que les interesa en el momento adecuado, sin necesidad de intervención humana constante.

13.2.3. *Chatbots y atención al cliente*

Los chatbots impulsados por IA han transformado la manera en que los centros educativos interactúan con las familias. Estos asistentes virtuales pueden responder preguntas comunes las 24 horas del día, desde información sobre procesos de admisión hasta dudas sobre el calendario escolar. Esto no solo mejora la experiencia de los usuarios, sino que también libera tiempo del personal administrativo, quienes pueden centrarse en tareas que realmente requieren contacto humano.

Un chatbot puede integrarse en la web del centro y guiar a las familias en su recorrido por la oferta educativa del colegio, recomendando programas en función de sus intereses o resolviendo dudas frecuentes. Además, los chatbots pueden recopilar datos sobre las interacciones, permitiendo ajustes en las campañas de captación basados en la interacción real con los usuarios.

13.3. Personalización en la captación de alumnos

Uno de los mayores avances que ha traído la inteligencia artificial al marketing educativo es la capacidad de personalizar la experiencia de cada familia. En un sector tan competitivo, la personalización es clave para destacar entre las numerosas ofertas de colegios. Ya no es suficiente enviar información genérica, sino que es necesario adaptar el mensaje y los contenidos a las necesidades y expectativas específicas de cada familia.

13.3.1. *Segmentación avanzada*

La IA permite una segmentación mucho más precisa de las familias en función de diferentes variables, como su historial de interacción con el colegio, su perfil sociodemográfico o sus preferencias expresadas en visitas anteriores. Por ejemplo, si una familia está interesada en programas bilingües, la IA puede identificar ese interés y personalizar las comunicaciones, enviando información específica sobre esos programas.

13.3.2. *Contenidos personalizados*

Otra gran ventaja es la capacidad de generar contenidos personalizados en función del comportamiento y preferencias de las familias. Las plataformas que integran IA pueden crear páginas de aterrizaje o enviar correos electrónicos que incluyan información relevante para cada usuario. Esto hace que las familias se sientan más comprendidas y valoradas, aumentando las posibilidades de que elijan el centro para sus hijos.

13.3.3. *Recomendaciones automatizadas* y cross-selling

La IA también puede ofrecer recomendaciones automatizadas basadas en el comportamiento de los usuarios. Por ejemplo, si una familia ha mostrado interés en actividades extracurriculares, la IA puede sugerirles que exploren otros programas relacionados, como deportes, música o actividades culturales que podrían encajar con su perfil.

Aquí es donde entran en juego las técnicas de *cross-selling* (venta cruzada), que permiten sugerir actividades, servicios o programas complementarios que las familias no habían considerado previamente. Si un padre ha mostrado interés en el programa de inmersión lingüística, el sistema podría recomendar actividades extraescolares en inglés o campamentos de verano en el extranjero, ofreciendo así una oferta más amplia y adaptada a sus necesidades.

Es importante destacar que, aunque la IA facilita enormemente esta personalización, seguimos manteniendo que la interacción personal sigue siendo insustituible. La automatización es una herramienta para optimizar el proceso y dar respuestas inmediatas, pero el trato humano sigue siendo lo que diferencia a un centro educativo y lo que genera confianza y compromiso en las familias.

13.4. Nuevas tendencias en el marketing educativo

El marketing educativo ha evolucionado rápidamente en los últimos años, y las nuevas tendencias están impulsadas por la tecnología, la digitalización y los cambios en las expectativas de las familias. A continuación, exploramos algunas de las tendencias más relevantes que están marcando el futuro del marketing en el sector educativo.

13.4.1. *Marketing predictivo*

Gracias a la inteligencia artificial y al análisis de datos, el marketing predictivo permite a los centros educativos anticipar las decisiones de las familias. A través del análisis de patrones de comportamiento, la IA puede predecir qué tipo de familias están más inclinadas a matricular a sus hijos, qué programas resultan más atractivos o en qué momento es más probable que tomen una decisión.

Esta capacidad predictiva permite a los colegios ajustar sus campañas de marketing en tiempo real, personalizando los mensajes y las ofertas en función de los intereses y necesidades concretas de cada familia, aumentando así las tasas de conversión.

13.4.2. *Marketing de contenidos con IA*

Otra tendencia destacada es el uso de IA para la creación de contenidos. Herramientas avanzadas permiten generar textos, imágenes o incluso vídeos de manera automatizada y personalizada. Estas herramientas son especialmente útiles para gestionar redes sociales, blogs o *newsletters,* proporcionando un flujo constante de contenido relevante y adaptado a los intereses de las familias.

Desde Kapta Estrategias ya comenzamos a mediados de 2024 a impartir formación a los centros educativos en el uso de estas tecnologías.

13.4.3. *Gamificación y experiencias inmersivas*

La gamificación y las experiencias inmersivas están transformando la manera en que los colegios captan el interés de los estudiantes y las familias. Estas técnicas utilizan elementos de juego y tecnología avanzada, como la realidad virtual (VR) o la realidad aumentada (AR), para crear experiencias más atractivas y memorables.

Por ejemplo, los colegios pueden organizar recorridos virtuales interactivos, donde las familias exploren las instalaciones y participen en actividades lúdicas mientras aprenden sobre los valores y la oferta educativa del centro. Este tipo de experiencias no solo captan la atención, sino que también generan un impacto emocional positivo en las familias.

Estas tendencias no solo mejoran la captación de alumnos, sino que también refuerzan el compromiso de las familias ya matriculadas, creando una experiencia educativa más rica y conectada con la tecnología.

13.5. Recomendaciones para implementar IA en centros educativos

Implementar la inteligencia artificial en un centro educativo no tiene por qué ser un proceso complejo, pero sí requiere una planificación estratégica y la formación adecuada del personal. A continuación, ofrecemos algunas recomendaciones clave para que los centros educativos puedan comenzar a aprovechar los beneficios de la IA en sus procesos de marketing y captación de alumnos.

13.5.1. Formación del personal

El primer paso es formar al equipo en el uso de las herramientas de IA. Es importante que el personal docente y administrativo se familiarice con las plataformas y soluciones que se van a utilizar, desde chatbots hasta herramientas de análisis de datos o automatización de marketing.

13.5.2. Comenzar con pequeñas implementaciones

Una buena estrategia es empezar poco a poco, implementando la IA en áreas donde se puedan obtener resultados rápidos y medibles. Esto puede ser en la automatización de campañas de *email* marketing, la creación de contenidos personalizados para redes sociales o el uso de chatbots en la atención a las familias. A medida que el equipo se sienta cómodo con las herramientas, se puede escalar su uso a otras áreas del centro.

13.5.3. Selección de herramientas adecuadas

No todas las herramientas de IA son adecuadas para todos los centros educativos. Es importante realizar una evaluación de las necesidades del colegio y elegir las soluciones tecnológicas que mejor se adapten. Herramientas de análisis de datos, sistemas CRM con IA integrada o plataformas de creación de contenido automatizado son algunas de las opciones a considerar. La elección correcta dependerá de los objetivos de marketing y captación del centro.

13.5.4. Integración con sistemas existentes

Otro aspecto clave es asegurarse de que las herramientas de IA se integren bien con los sistemas de gestión que ya utiliza el centro, como plataformas educativas o sistemas de gestión de relaciones con los clientes

(CRM). Una integración adecuada garantiza que los datos fluyan sin problemas y que las familias reciban una experiencia personalizada y coherente.

13.5.5. *Monitoreo y mejora continua*

La implementación de la IA debe ir acompañada de un proceso de monitoreo y evaluación continua. Es esencial que los centros educativos revisen regularmente los resultados obtenidos, como las tasas de conversión o la satisfacción de las familias, para ajustar las estrategias y mejorar continuamente.

13.6. Conclusión

La implementación de la inteligencia artificial y la adopción de las nuevas tendencias en marketing educativo están transformando la forma en que los centros educativos interactúan con las familias, captan nuevos alumnos y optimizan sus procesos internos. Estas tecnologías ofrecen una oportunidad única para personalizar la experiencia, automatizar tareas repetitivas y mejorar la eficiencia operativa.

Sin embargo, es fundamental recordar que, aunque la IA y la tecnología pueden facilitar muchos aspectos de la gestión y el marketing educativo, nunca deben sustituir el trato humano. El contacto directo y personal entre el personal del centro, las familias y los alumnos sigue siendo el corazón de la experiencia educativa. Nosotros, como fieles defensores de la interacción humana, creemos que la IA es una herramienta para complementar, no reemplazar, ese contacto cercano. Permítenos que seamos tan repetitivos con esta idea.

A medida que los centros educativos sigan evolucionando en este entorno tecnológico, aquellos que sepan equilibrar la eficiencia de la IA con la calidez del trato humano serán los que se mantendrán a la vanguardia y logren una mayor satisfacción y fidelización de las familias.

13.7. Ideas clave

1. **La tecnología, especialmente la inteligencia artificial, debe ser un complemento y no un reemplazo del contacto humano.**

   La IA aporta valor automatizando procesos y optimizando recursos, pero el contacto humano sigue siendo insustituible en el sector educativo, especialmente en la interacción con familias y estudiantes.

2. **El avance de la inteligencia artificial en la educación apenas está comenzando (diciembre de 2024).**

   Aunque la IA está ganando terreno rápidamente, el alcance de su impacto aún es incierto, incluso para los expertos. Los centros educativos deben mantenerse atentos a su evolución para aprovechar las oportunidades que ofrece.

3. **La IA mejora la planificación y generación de contenidos digitales.**

   Herramientas de inteligencia artificial ya están siendo utilizadas para planificar estrategias de contenido en redes sociales, páginas web y blogs optimizados para SEO.

4. **Los centros deben prepararse para una nueva generación de familias más tecnológicas.**

   Las familias nativas digitales están acostumbradas a interactuar con tecnologías avanzadas, como chatbots. Los centros educativos deben adaptarse a estas preferencias y estar preparados para ofrecer una comunicación híbrida que combine lo digital y lo personal.

5. **La inteligencia artificial permite personalizar la experiencia educativa y comunicativa.**

   La IA puede analizar datos de interacción con las familias para personalizar la comunicación según sus intereses y necesidades. Esto abre la puerta a una relación más cercana y adaptada, aumentando la satisfacción y el compromiso con el centro.

13.8. Voces expertas

Pablo Labandeira Robés - Responsable de Comunicación Fundación Educativa Jesuitinas.

Licenciado en Periodismo y Diplomado en Educación Primaria por la Universidad de Santiago de Compostela.
Docente y miembro del Equipo Directivo del Colegio Miralba (Jesuitinas Vigo).
Miembro y coordinador del Equipo de Comunicación de la Provincia España-Italia de las Hijas de Jesús (2015-2018).
Desde su creación en 2018, responsable de comunicación de la Fundación Educativa Jesuitinas, que cuenta con 24 centros en España.

1. **¿Cómo estás incorporando la inteligencia artificial en las estrategias de marketing de tu centro?**

   La irrupción de la inteligencia artificial en los últimos años ha revolucionado radicalmente el mundo del marketing. Conscientes del enorme potencial que ofrece la IA para optimizar nuestras tareas, y ante el desafío de introducirla en nuestra estrategia, como red de colegios quisimos en primer lugar apoyar a los equipos de comunicación a través de la formación.

Hoy en día, utilizamos la IA principalmente para la planificación y creación de contenidos. Desde la identificación de las temáticas más relevantes para nuestra audiencia hasta la generación de ideas creativas, la IA nos proporciona una valiosa asistencia. Además, nos permite crear una gran variedad de materiales, como imágenes, vídeos y textos de alta calidad, de manera más eficiente y personalizada. Esta herramienta ha sido fundamental para adaptarnos a las demandas de un entorno digital cada vez más competitivo y exigente.

2. **¿Qué beneficios has observado al utilizar IA para personalizar la experiencia de las familias?**

Empezar a utilizar la inteligencia artificial en nuestras estrategias de marketing nos ha permitido evolucionar en la manera en la que nos relacionamos con las familias, al poder personalizar mejor la experiencia de cada usuario.

Por una parte, la IA nos permite generar contenidos que se ajustan mejor a los intereses y necesidades de cada familia, lo cual aumenta significativamente el *engagement* y la tasa de conversión.

La automatización de tareas repetitivas supone también un ahorro de tiempo para nuestros equipos, permitiendo que puedan enfocarse en tareas más estratégicas y creativas.

Mejorar en el análisis de los datos de que disponemos de las familias gracias a la IA nos ayudará a identificar patrones de comportamiento y preferencias. Así podremos segmentar de manera más precisa nuestra audiencia y continuar mejorando en la personalización de su experiencia.

3. **¿De qué forma aseguras que el uso de tecnología no sustituya el trato humano en la relación con las familias?**

El cuidado de las relaciones y la creación de un ambiente de cercanía y familiaridad ha sido siempre una tónica constante en nuestros centros.

No podemos negar el potencial que tiene la inteligencia artificial a la hora de automatizar tareas o analizar datos. Es más, debemos explotarlo al máximo. Así podremos centrarnos cada vez más en aquello que nos hace plenamente humanos: el cuidado de las relaciones, la gestión emocional, el desarrollo del pensamiento crítico, el fomento de la creatividad, la transmisión de valores.

La relación con las familias es fundamental para nosotros y la establecemos a través de una comunicación cercana, empática y personalizada. La IA nos permite optimizar ciertos procesos y liberar tiempo a nuestro equipo, lo que nos posibilita dedicar más a la atención a cada familia y fortalecer nuestros vínculos.

4. **¿Qué tendencias en marketing educativo consideras más relevantes y cómo las estás aplicando en tu centro?**

Consideramos que la diversificación de canales digitales y la creación de contenido interactivo e inmersivo son algunas de las tendencias más relevantes en marketing educativo.

Desde nuestros colegios estamos ampliando nuestra presencia en diversas plataformas y redes sociales y cuidando el uso de todas las herramientas disponibles para mantener una comunicación más personalizada con las familias.

El desarrollo de *tours* virtuales 360° de las instalaciones de nuestros colegios o la implementación de chatbots en las webs permitirán a las familias explorar nuestros centros desde cualquier lugar y obtener respuestas rápidas y eficientes a las preguntas frecuentes.

TÍTULOS PUBLICADOS

ARQUEROS DE LA PALABRA. El arte de comunicar, *M. Tchey.*
ATENCIÓN AL CLIENTE, *A. Blanco Prieto.*
BYE BYE MARKETING, *A. Medina.*
CANALES DE DISTRIBUCIÓN, *I. Cruz Roche.*
CLAVES PARA UN VENDEDOR CON ÉXITO, *I. Küster, W. Costa y P. Canales.*
CÓMO CONSEGUIR EL MAYOR PRECIO PARA MI EMPRESA, *E. Quemada Clariana.*
CONVERSACIONES CON 20 LÍDERES EN COMUNICACIÓN Y BRANDING, *G. Bosovsky.*
CURIOSIDADES DEL MARKETING, *J. M. Pina Pérez.*
DIFERENCIARSE O MORIR, *J. Trout, S. Rivkin y R. Peralba.*
ECONOMÍA Y GESTIÓN DE LA EXPERIENCIA DE CLIENTE, *L. Rubalcaba y L. Cortijo.*
EL CLIENTE NO SIEMPRE TIENE RAZÓN, *J. Ruiz Pardo.*
EL FUTURO DE LA COMUNICACIÓN, *A. Medina.*
EL PANEL DE HOGARES Y LA TOMA DE DECISIONES COMERCIALES, *C. Gómez, M.ª Requena y Y. Yustas.*
EL VENDEDOR PROFESIONAL, *M. Artal Castells.*
EN BUSCA DE LO OBVIO, *J. Trout y R. Peralba.*
¡ÉXITO COMPETITIVO!, *S. Soufi.*
GESTIÓN DE ALIANZAS ESTRATÉGICAS, *J.-L. Schaan, M. Kelly y D. Tanganelli.*
GESTIÓN POR CATEGORÍAS, *J. Garrido i Pavia.*
GESTIÓN DE STOCKS, *P. Zermati.*
GESTIONANDO ME!. Inteligencia emocional en la gestión de tu marca personal, *W. Costa.*
HOJA DE RUTA PARA EMPRENDEDORES, *A. Medina.*
IDEAS PARA TENER IDEAS, *A. Medina.*
IMAGEN POSITIVA, *J. Villafañe.*
INTRODUCCIÓN A LA PUBLICIDAD, *A. Medina.*
LA BUENA REPUTACIÓN, *J. Villafañe.*
LA GESTIÓN DEL TIEMPO, *T. M. Bañegil y F. J. Miranda González.*
LA LOGÍSTICA EN LA EMPRESA, *J. M.ª Castán Farrero, J. López Parada y A. Núñez Carballosa.*
LA NUEVA COMUNICACIÓN, *M. Díaz Méndez y Ó. R. González López.*
LA VENTA CONSULTIVA, *E. Redondo Usanos y J. C. Vidales Castro.*
LA VENTA COMPLEJA, *L. Dugas y B. Jourdan.*
LA VUELTA AL MUNDO DE LA EMPRESA EN 500 TWEETS, *A. Medina.*
MARKETING DE CRISIS, *Ariel Andrés Almada.*
MARKETING DE FIDELIZACIÓN, *B. García Gómez y A. Gutiérrez Arranz*
MARKETING DIGITAL Y COMERCIO ELECTRÓNICO, *I. Rodríguez-Ardura.*
MARKETING EDUCATIVO EN ACCIÓN, *J. Muñoz Senra y L. Sancho Martí.*
MARKETING INTERNACIONAL, *J. Cerviño.*
MARKETING INTERNO, *V. Tortosa, M. Á. Moliner, J. Llorens y R. M.ª Rodríguez.*
MARKETING DE LOS SERVICIOS DE LA SALUD PARA NO MARKETINIANOS, *M.ª Á. Jiménez.*
MARKETING PARA LAS EMPRESAS DE SERVICIOS PROFESIONALES, *J. C. Alcaide, J. Andrés, R. Hernández y C. Almarza (Coord. y col.).*
MARKETING SOLIDARIO, *A. Penelas Leguía, C. Galera Casquet, M. Galán Ladero y V. Valero Amaro*
NEUROPYMES, *J. Ruiz Pardo.*
PASIÓN POR LA EXCELENCIA EN LA VENTA, *J. Gómez Marinero.*
PRODUCT PLACEMENT (Emplazamiento de producto), *C. C. Bouton, Y. Yustas.*
PROMOCIONES EN EL PUNTO DE VENTA, *M. Muñiz Ferrer.*
¿PUEDO COMPRAR UNA EMPRESA?, *E. Quemada Clariana.*
QUIEN TIENE UNA MARCA TIENE UN TESORO, *A. Medina.*
REPOSICIONAMIENTO, *J. Trout, S. Rivkin y R. Peralba.*
RESPONSABILIDAD SOCIAL Y MARKETING EN EL SECTOR BANCARIO, *A. Pérez Ruiz e I. Rodríguez del Bosque.*
TALENTO NEGOCIADOR, *J. Gutiérrez Conde.*
TIEMPO ¿MUERTO? PARA INNOVAR, *D. Ivanovic y J. L. Larrea.*
TRADE MARKETING, *V. González Labajo.*
VALORES Y ESTILOS DE VIDA DE LOS CONSUMIDORES, *Francisco José Sarabia, María Dolores de Juan y Ana María González.*
VENDER A CLIENTES DIFÍCILES, *N. Caron.*
VENTAJA COMPETITIVA, *M. E. Porter.*

www.edicionespiramide.es